JN092785

大学院文化科学研究科

経済政策

松原隆一郎

社会経営科学プログラム

（改訂版）経済政策（'22）

装丁・ブックデザイン：畑中　猛

m-23

まえがき

本書は2017年に出版した『経済政策』の改訂版である。旧版刊行から４年が経ち，データを刷新した。また４年間に受けた質疑応答を踏まえ，内容を一部改めた。質問して下さった受講生諸氏には謝意を表したい。

2022年からのラジオ番組は完全に内容を入れ替え，対談形式とした。井上彰教授（東京大学），寺川隆一郎講師（帝京大学），原谷直樹准教授（群馬県立女子大），槇満信教授（鹿児島県国際大学），山本崇広非常勤講師（駒沢大学）に各回の要約と質問をしていただいた。より理解が深まることを期待している。

改訂に当たっては平圭一郎さんに編集の労をお執りいただいた。丁寧な作業に御礼申し上げます。

令和３年11月

松原隆一郎

目次

第Ⅰ部　市場を活用するための条件

1 「効率―公正」モデルから「不確実性―社会的規制」モデルへ

1.「効率―公正」モデル

経済政策とは何だろうか。一般には，次の4つが挙げられている。

(1)　格差の是正
(2)　完全競争の条件が満たされない場合の対処（不完全競争）
(3)　（狭義の）市場の失敗の補正（公共財・外部性）
(4)　景気対策としてのマクロ経済政策（財政・金融）

経済学にも考え方や立場の変化があり，市場には自動的に経済を秩序化する作用があってそれが円滑に働けば参加者の少なくとも1人はより幸せになるという考え方が現在は主流をなしている。その立場においては，政府は市場を有効に活用した上で経済政策を用いて補正するとして，次のように考える。まず市場が十分円滑に作動したとしても格差は残り，(1)で是正する。また(2)の不完全競争は市場が円滑に作動しない場合を想定し，独占禁止法を用いて対応する。(3)の市場の失敗とは市場を経由しては供給されない財・サービスが存在することで，政府は公共財を提供し，公害や環境問題のような外部不経済を管理する。景気とは市場の活動に活発・不活発の波があることで，(4)の財政・金融政策が平準化（安定化）させる。

この立場で想定される市場の「秩序化」とは，多くの市場で需要量と供給量が一致することである。そうした状態は価格の変化がもたらすとされ，「均衡」と呼ばれる。より幸せになるとは，それぞれの人が消費するか収入を得るかでもっと高い満足を得られる状態を指す。これは財

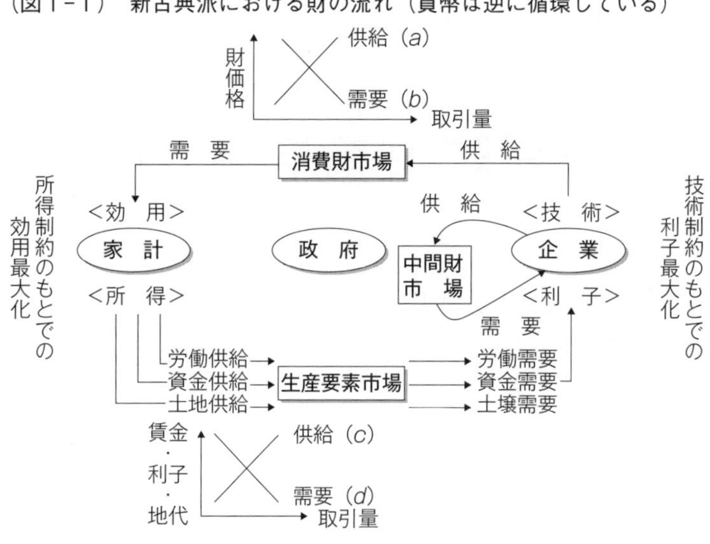

（図1－1） 新古典派における財の流れ（貨幣は逆に循環している）

が無駄に配分されなくなることを意味しており，「効率的」であるとか「パレート最適」と形容される。その内容についてはミクロ経済学の基本的なテキストで説明されている。

経済政策にかんするこの立場は，「完全競争」→「一般均衡」→「パレート最適」という連携を前提にしている。それぞれが「条件」→「事実」→「規範」である。完全競争の条件が現実と合致していれば一般均衡が実現し，それは公正さ（規範）としても理想的とされる。

もう少し詳しく述べよう。まず完全競争の条件が現実に成立しているとする。完全競争とは，第一に買い手と売り手がともに小規模かつ多数であり，市場で決まる価格を左右するほどの力をいずれの消費者も企業も持っておらず（price-taker である），市場価格に追随するだけである。第二に，消費財であれ労働・土地・資金という生産要素であれ，市場で取引されるすべての商品の価格や品質を全員が知っている（完全情報）。第三にすべての商品は同質であり，商標・特許・広告などによる相違が存在しない（同質性）。第四に，企業は長期において市場への参入・退出が自由である（参入障壁が存在しない）。

このとき各家計はそれぞれの消費財につき合理的に価格と消費量の関

係を個別需要曲線として想定し，各消費財の市場で家計全体を総和すると価格と需要量の関係が市場需要曲線となる。また各家計は労働・資金・土地について賃金・利子・地代との関係で供給曲線を想定し，市場で家計全体を総和すると労働供給曲線，資金供給曲線，土地供給曲線が定まる。

一方，各企業は所与の技術のもとで合理的に価格と供給量の関係を個別供給曲線として想定し，各消費財の市場で企業全体を総和すると価格と供給量の関係が市場供給曲線となる。また各企業は労働・資金・土地について賃金・利子・地代との関係で需要曲線を想定し，市場で家計全体を総和すると労働需要曲線，資金需要曲線，土地需要曲線が定まる。

ここで各市場においては，それぞれの商品ごとに需給が一致するまで価格もしくは需給量が変化し，消費者・企業ともにすべての商品につき相対価格を眺めつつ需要量・供給量を変更し，最終的には市場ごとに需給が均衡する。この状態を「一般均衡」と呼ぶ。これはL. ワルラスが1870年代に提唱したことだが，彼はとりわけ，完全競争のもとですべての市場が需給を合致させられることを強調した。それが「競争均衡（一般均衡)」である。ここで消費財市場も労働・資金・土地市場もすべて形式的には同じであり，市場の機能は「需要と供給」を価格によって調整し，一致させることとされる。

ここまでは事実としてそうなるはずという推論であるが，資源配分にかんする理想状態は「パレート最適」と呼ばれる。パレート非最適とは他の誰の経済厚生も悪化させることなく，特定の人の経済状態を改善することができる状態である。けれどもパレート最適になれば誰かの経済状態を悪化させることなしには，別の人の経済状態は改善できない。競争均衡がパレート最適でもあることは，1950年代にJ. K. アローとG. ドブルーが「厚生経済学の基本定理（第一定理)」によって論証した。

ここで言う主流の考え方とは，新古典派経済学を指す。それが　経済政策を論じる際に前提している枠組みを，本講では「効率―公正モデル」と呼ぶことにしよう。

2.「効率―公正」モデルにおける経済政策

「効率―公正モデル」は，完全競争の条件が守られれば，市場は狭義の失敗という例外を除き，相対価格だけを媒介として人々をより満足させるパレート最適に導くと主張する。本章の冒頭で，経済政策には（1）から（4）の4種があると述べたが，それはこの市場観にもとづいている。

まず（1）について述べる。「厚生経済学の基本定理」が成立する限りでは，資源配分は「パレート最適」になる。ところがそれは資源配分の異なる状態の集合であって唯一ではなく，格差をはらんでいる。しかしどの点もパレート最適であるから，効率性の観点からは優劣を判断できない。どの格差をもって良しとするかという「公正」はパレート最適以上に強い価値判断を必要とするため，経済政策は判断を放棄して政治判断に委ねられる。

これを「自由民主主義」という概念に引きつけて言うと，効率は経済における市場の自由，公正は政治における民主主義によって実現する。つまり新古典派経済学の「効率―公正」モデルは，自由民主主義に馴染みやすい立場なのである。

ただし民主主義といっても，各人があらゆる選択肢につきバラバラの選好を持っており，特定の者の選好が他の者のそれよりも優先されることがないような状況では，投票によって特定の価値判断を選択することはできないということが経済学者J. K. アローの『社会的選択と個人的価値』（1951）で論証されている。民主政についての「不可能性定理」であるが，それは民主主義に絶望するしかないというよりも，むしろバラバラで矛盾しかねない格差についての個人の判断が，民主主義の政治においては討議を経てある程度まで収束しうると言うべきであろう。

（2）は完全競争の条件のうち，「無数の生産者や消費者がいて，いずれも市場を左右できるほど大きくはない」という「プライステイカー」の仮定が規模の経済等によって満たされない状況を想定する。この場合，生産者が単独で市場需要曲線に直面するために価格や需要量を操作しうるという「独占」や，ライバルと共謀したり敵対したりする可能性を意識しなければならなくなる「寡占」の状況となって，パレート最適ではなくなる。そこでどうすべきかは，独占禁止法の適用をめぐる問題である。1970年に八幡製鐵と富士製鐵の合併により巨大企業である新日本製鐵が誕生しようとした際に是非が問われたようなケースがこれに当たる。

また完全情報が成り立たず，一部の情報につき取引する一方のみが知っているという「情報の非対称性」が生じる場合があり，とりわけ生命保険市場で顕著である。これは「情報の経済学」が扱う。

(3) の外部性は，市場を介さずに，つまり費用を支払わずに経済主体が互いに影響を及ぼす状況である。プラスの影響は「外部経済」と呼ばれ，生産に関しては果樹園と養蜂業者の関係が挙げられる。マイナスの影響である「外部不経済」に工場が廃液を垂れ流したときに下流で漁場が痛んだり，病人が出たりする場合があり，当事者の交渉や税金による対処が必要とされる。

「公共財」は有用な財・サービスのうち，消費しても減らなかったり消費を排除できないようなもので，消費しているのに「消費していない」として支払いに応じない「フリーライダー」が生じうるため，公的に供給される必要がある。道路やダムなどの社会インフラや国防やウィルスの防疫といった公共サービスがそれに相当する。

ここまでは，新古典派に属する経済学者の間ではあまり議論は分かれない。論争が起きるのは (4) の景気対策についてで，不況になったからといってケインジアン（ケインズの立場を支持する人々）が主張するように財政出動を行うと，市場から撤退した方がよい企業が残ったり，時間を通じた効率的な資源配分が損われる可能性があり，新自由主義や合理的期待形成論等の立場から批判されている。また金融政策は物価が上がるという予測（インフレ期待）の形成を誘導し，投資や消費に影響を及ぼしうるという主張に対しても，賛否両論がある。

3.「効率―公正モデル」の限界

以上が「効率―公正モデル」による経済政策論の概略だが，そこには根本的な問題がある。第一に，L. ワルラスが概略を構築したこのモデルは社会主義経済を描写するものであるために，「競争均衡」と表現するわりには価格による需給調整を説明するだけで，資本主義の経済社会において企業が様々な形で展開している競争について説明していない。他社よりもいち早く消費者の欲求の変化を見いだしたり，有利な取引機会を見出したりするのが競争であるから，情報の取得度合いの違いが競争の出発点となる。とりわけ注文を受けてから生産する「注文生産」よりも需要を見込んであらかじめ生産しておく「見込み生産」においては，需要がどのような状態にあるのかを予測することが必須である。ところが完全情報の仮定は商品について客観的な情報が普及しているとみなしており，それは競争が「終わった」状態である。

第二に，「効率―公正」モデルは「リスク risk」のみを考慮し，資本主義経済において本質的な要因である「不確実性 uncertainty」を考慮していない。F. ナイトによれば，リスクは雨が降る確率のような統計的な概念で，過去のデータの蓄積から何が起きるのか，頻度ないし確率がおおよそ経験的に分かっている。それに対して不確実性は，まったく予期していなかった出来事が起きるとか，頻度が低すぎて確率について確かなことが言えない状況を指す。とはいえ，何が起きるか分からないなりに「推定」することはできる。現実の市場競争には不確実性が満ちているが，ナイトによれば，不確実な状況で正しく推定しえた企業こそが利潤を獲得する。

社会主義は，貨幣がもたらす不確実性に対する一つの極端な回答である。需給を事前に調整したのちに取引するならば，自由市場に由来する不確実性は消滅する。けれどもそれに代わる計画経済は，注文生産でしか財が作られない，極端に効率の悪い制度に逆戻りしてしまう。市場社会とは，企業が存続する限りで企業やその主たる所有者である株主が中心となって不確実性を背負う制度であり，従業員や資金提供者（資本家），地主もまた企業の倒産により副次的に不確実性を分担しなければならなくなる。

第三に，利潤の追求が根本である資本主義経済においても，個人では対応に限界のある不確実性もある。アジア金融危機のような経済危機，阪神淡路大震災，東日本大震災のような大災害，新型インフルエンザのような感染症等である。そうした危機が勃発して個々人が不安を抱くと，市場経済では奇妙なことが起きる。危機を目の当たりにすると，いざというときのためにお金を貯めておこうと考える人が出てくるのである。家計は不要不急の消費を手控えるようになる。企業は，商品が売れるかどうか確信が持てないままでは設備投資を拡大するのをやめ，正規雇用の給与は固定費だからと非正規雇用に置き換えようとする。自分が非正規雇用の身分のままだと生涯所得の予想値が小さいため，結婚しなくなったり，しても子どもを作るのを諦めたりするかもしれない。つまり不確実性が高まり将来に不安を抱くと，投資や消費にお金を使わず需要が縮小するのである。

これは貨幣が経済の循環を媒介するからこそ生起する現象（広義の「流動性の罠」）であるが，需要不足から不況になり，いっそう不安が増すと，そのような個々人にとっては合理的な行動が，全体にとっては不合理になってしまう。「合成の誤謬」，つまり悪循環である。こうなるといくら日銀が金融緩和しようが日銀の中にお金が積み上がるだけという「タンス預金」の状態に陥ってしまう。個人は合理的に振る舞っているだけなので，国家にできることがあるならば，対策を施す必然性がある。これこそが経済政策が求められる理由である。

図１-２を見られたい。縦軸にある「レジリエンス（resilience）」は，2013年の世界経済フォーラム年次総会（いわゆるダボス会議）の主テーマで，会議ではこの図が示された。「レジリエンス」は生態学や心理学において発展した概念で，外部から強い衝撃を受けても生態系や心理が深刻な傷を残さずに回復しうるという「しなやかな強さ」（勁さ）を指す。レジリエンスが高いとは，備えや心構えがあり，平静が保てている状態である。金融危機が来ても財政危機にまでは陥らずに経済が平衡状

（図1－2） レジリエンスと経済的競争力の関係

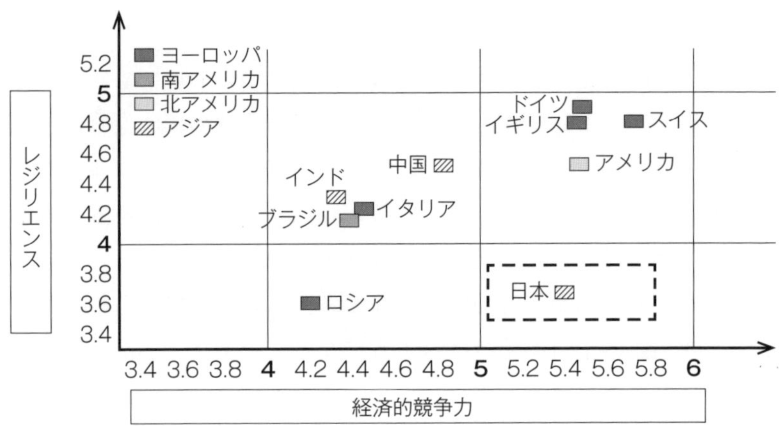

出所：World Economic Forum＊1

態に戻ったり，財産を失った人にしても精神的に立ち直れるような状態を言う。何が起きたとしても心の備えができており，「不安」が少ない状態と言い換えることができる。つまり上を「想定外」に備えていて不確実性が低い状態，下を「想定外」を考慮しないため不確実性が高い状態，もしくは上が心理的に安心，下が不安な状態と読み替えられるだろう。

図1－2によれば，全体の傾向としてレジリエンスの高い国は経済競争力も高く，双方のバランスが取れている。そのなかで唯一の例外が日本である。経済競争力は高いのに，レジリエンスはロシアに次いで低い。競争力が高く効率的であるのに，不確実性が高く不安が蔓延している状態といえる。

「構造改革」や「成長戦略」と呼ばれる経済政策は，現状よりもさらに効率性を高め競争力を上げようとするものである。けれども不確実性が存在し，国民が不安の解消を望んでいるなら，効率性だけを目指すの

＊1 世界経済フォーラムの「グローバルリスク報告書2012年度版」はレジリエンスの要因として50のグローバルリスクを挙げて5分野に分類し，各分野の中枢リスクとして「長期間にわたる財政不均衡（経済）」，「温室効果ガス排出量の増大（環境）」，「グローバルガバナンスの破綻（地政学）」，「持続不可能な人口増加（社会）」，「重要システムの故障（テクノロジー）」を指定している。

でなく不意の事故に備えるような上の方向，もしくはせめて競争力と安心のバランスがとれた状態が必要である。経済政策は不確実性のただ中においても推論を働かせ，人々に将来に向けて確信を持たせるべきである*2。

第四に，「効率―公正」モデルでは市場や商品を区別しないために，商品の生産・販売にかかわる「経済的規制」と，様々なモノやサービスを商品たらしめるための「社会的規制」とを明確に区別していない。規制には，商品の販売や販売所の立地，販売条件などや関税などの競争条件にかかわる「経済的規制」と，食品や住居の安全性などにかんする「社会的規制」とがある。社会的規制の多くが対象とするのが労働や資金，土地の貸借にかかわる生産要素市場である。K.マルクスやK.ポラニーは，それら生産要素は特殊な財であり，商品にはなりきらないと主張する。

労働や自然は，利用すればそれだけ疲弊し，再生に時間がかかるため，利用には規制が必要になる。8時間労働制や漁業規制である。規制緩和が競争を活性化させるのは経済的規制に関してはその通りだが，社会的規制を損なえば逆効果となることが少なくない。

F. A.ハイエクは『自由の条件』(1960) で，近代以前の共同体における慣習や文化・伝統は市場経済においても重要であり，むしろそれらが結晶した慣習法のもとでこそ市場経済は秩序立って進展しうるとみなした。本講ではこの慣習法の中心となるものが，生産要素市場における「社会的規制」とみなしている。労働法規や街並みや河川・海洋にかかわる法規，食品の生産技術にかんする規制などである。

重要なのは，「効率―公正」モデルにおいては，市場は競争条件が整っていさえすれば自動調節的だと想定していることである。市場において人々は価格だけを媒介とし最適な状態に導かれるのだから，価格以

*2 足立幸男 (1994)『公共政策学入門』有斐閣は，次のように述べている。「そもそも公共政策の決定・執行のプロセスにこの種の不確実性が数多く存在するということ，このことを，われわれはまずもって，厳然たる事実として率直に認める必要がある。政策決定・政策執行理論の計量化・科学化を求めるがあまり都合の悪い事実を無視したり覆い隠してしまうことは断じて許されない」。

外で各経済主体の選択行動を拘束するような権力や慣習，文化は，市場の働きを損なうならば排除すべきだとされる。これは「構造改革」の考え方でもある。私たちは，すべての判断や行為においてあらゆる選択肢を考慮し自由に選択しているわけではない。朝歩いて学校に行くのにも，一歩一歩の歩き方をいちいち意識したりしない。歩き方は，無意識のうちに習慣づけられている。つまり個々人の「型」となっている。その型や習慣によって，自由な選択は制約されており，おかげで無限に生じうるすべて選択肢を配慮しなくてすませることができる。そして制度や慣習は，産業や企業の内部に定着していることも珍しくない。それらは業界や組織において一種の「共有資本」となっている。

ここで参考になるのが，1990年代以降，社会主義国において経済体制の「市場化」が行われた際の経験である。そこでは基本方針として，2つの様式があると考えられた。「ビッグバン」と「漸進主義(gradualism)」である。前者のビッグバンは，すべての地域および産業で一気に私的所有権を再配分するというもので，J.サックスらの指導に従い，ロシアが採用した。後者の漸進主義は中国で採用され，地域を制限して市場化を開始し，次第にその範囲を広げていった。中国の漸進主義は意図された方針ではなかったという理解もありうるが，現実に自由化は漸進的に実施された。

規制や慣習，制度は，一括して市場の「構造」と呼ばれる。「構造」は，日本では小泉構造改革において排除すべきとされたし，IMF（国際通貨基金）が融資する際に引き替え条件とした「構造調整政策」でも被融資国が撤廃を義務づけられた。GATT（「関税および貿易に関する一般協定」）やWTO（世界貿易機関）も「構造」は各国経済を仕切る「非価格障壁」だとして撤廃を求め，総じてグローバリゼーションを進行させている。これらはいずれも「効率―公正」モデルをすべての地域・国に適応しようとするものである。

一方，中国の部分的・漸進的自由化は，「構造」の撤廃を急がなかった。それに対して「ビッグバン」の支持者からは，市場化・自由化が適用されない領域では資源配分が歪み，既得権者の汚職にもつながると批判を浴びた。ところが市場化の成果は，予想を裏切るものだった。中国は周知のように驚異的なほど長期にわたって高い成長率を維持し，対照的にロシア経済は大混乱に陥ったのだった。制度や慣習は環境に合わせて刷新され進化すべきであっても，一律に撤廃すべきとはいえないのである。

4.「不確実性―社会的規制」モデル

本講では，経済的規制や裁量的な政策は減らしていくにせよ，ルールにもとづく政策や社会的規制については強化すべきととらえている。つまり規制緩和するとしても経済的規制と社会的規制を見分けるべきだし，慣行や制度を撤廃するにしても次の慣行・制度が定着するまで慎重に行うべきだと考える。そして社会的規制や慣行・制度は国や地域によって異なりうるものだから，自由な市場経済は，国や地域によって異質な法，すなわち社会的規制や慣行・制度のもとで営まれるものとみなす。これは世界を同一のルールで均質化しようとするグローバリゼーションとは異なる方針である*3。

以下，各章で「不確実性―社会的規制」モデルにもとづき経済政策を述べていく。第２章では，労働や自然，文化，金融といった生産要素の市場につき，経済的規制は自由化されるが，社会的規制は課されるべきことを述べる。前近代においてそれらは地域において村の掟によって規

*3　筆者はこうした経済政策の考え方を，J. M. ケインズと F. A. ハイエクから学んだ。詳しい内容は松原隆一郎（2011）『ケインズとハイエク―貨幣と市場への問い』（講談社現代新書）に譲るが，彼らはともに不確実性を前に萎縮した1930年代の市場をどのように健全化するのかについて考察し，論争した。

ケインズは『雇用・貨幣および利子の一般理論』（1936）において，経済が危機に陥った際，消費者心理（消費性向）や投資意欲（投資性向）が短期的に揺らぎ，貨幣が回らなくなり，不況を招くと主張した。ケインズ主義は主流派の経済政策でも取り入れられたが，ケインズの本意は，市場の均衡点を財政政策により好況に向けて誘導する「乗数効果」といった表面的な考え方にあったのではない。不確実性のもと，将来へ向けての「確信」がゆらぎ，貨幣の使用が滞るとき，不況を招き寄せると診断した点こそが重要である。ケインズが述べた経済政策は「危機」をめぐるものだったが，それに対しハイエクは，慣習法によって選択の幅を狭められた自由こそが不確実性への不安を軽減するとみなした。つまりハイエクは，「危機」を招かぬための「平時」の経済政策を語っている。

制が課され，共有される「共有資本」であった。けれども近代化の過程で生産要素について私的所有権が確定すると生産要素は市場で売買されるようになる。

ここで公（国）と私に所有権が二分されたため地域の「共有資本」は存在が否定されたことになるが，企業のステークホルダーが内／外を区別するようになると（第８章），とりわけ日本では第二次大戦後には「会社共同体」が擬似的な自然村のような存在となり，業界から企業集団とともに護送船団方式という制度・規制・慣習から成る特異な「構造」を形成した（第13章）。

第３章では，消費者の潜在的な欲望をいち早く発見し商品として形にしたり，そうした最終消費財メーカーが要望する中間財を察知して中間財メーカーが提供するという市場における競争のあり方を確認する。しかし工業化後のそうした競争には前近代社会のように家庭や地域の伝承だけで参加できるわけではないので，義務教育が公共財として提供されることに意義が生じた（第４章）。当人が認識しえなかった不確実性から所得を失った場合に最低限の所得が保障される公的福祉もまた，人々が市場に参加しうるための条件となる（第５章）。

公共財は非排除性と非競合性を持つ財とみなされているが，広く欲求される必要もある。そうした外部経済性を有する公共財の供給につき第６章で論じる。一方，自然や文化といった共有資本に対して対価を支払わず毀損する外部不経済は第７章で取り上げ，第８章では企業が内／外の境界を意識していることを指摘する。

国家が講じる経済政策の中でも財・サービスを公的に提供する財政政策の制度的な仕組みについては第９章，中央銀行が貨幣を供給する制度については第10章で説明する。生産要素のうち，貨幣を中心とする金融資本をめぐる危機と社会的規制のあり方，巨大災害や感染症が引き起こす危機への対処については第11章，各国経済のかかわりが国内経済に与える影響，またそれぞれの「構造」や通貨のすり合わせについては第12章で論じる。

経済社会のあり方は工業化以降で以上のように変化したが，存在理由がなくなったかに見える共有資本が支える領域もある。農業はどのように展開されたのかを第14章，共有資本によってこそ個性を持ちうる地方自治体の経済政策はいかにあるべきかを第15章で考察する。

図1－3で，各章の関係を図示しておく。

（図1－3） 本書における各章の関係

貨幣経済の本質	
第2章	生産要素の自由売買と社会的規制
第3章	競争と不確実性

↓

市場競争を支える「公正」	
第4章	参加を可能にするための公共財（義務教育）
第5章	社会保障のうち，公的福祉

↓

共有資本の関係	
第6章	公共財　外部経済
第7章	外部性　外部不経済
第8章	企業と倫理
第13章	市場と経済構造

↓

国家の経済政策	
第9章	財政政策　公共財・公的企業
第10章	金融政策　中央銀行
第11章	危機における財政政策と金融政策
	金融資本や感染症に由来する危機
第12章	国際経済政策
	国家間「構造」調整

↓

共有資本のゆくえ	
第14章	農業のゆくえ
第15章	地方経済政策

参考文献

・Knight, Frank Hyneman (1921) "Risk, uncertainty and profit"(『危険・不確実性および利潤』奥隅榮喜訳，現代経済学名著選集6，1959，文雅堂書店)
・Hayek, Friedrich August (1946) "The Meaning of Competition"(「競争の意味」『個人主義と経済秩序』2008，春秋社，ハイエク全集Ⅰ－3)
・丸川知雄 (1999)『市場発生のダイナミクス―移行期の中国経済』日本貿易振興会アジア経済研究所
・松原隆一郎 (2011)『ケインズとハイエク―貨幣と市場への問い』(講談社現代新書)

研究課題

1．「パレート最適性」の概念が効率性を評価するものであるとしても不確実性に対する「レジリエンス」(勁さ) を看過するものであり，効率性とレジリエンスの双方を追求すべきとすれば，経済厚生はどのような基準によって評価されるべきか。議論しなさい。

2．F.ナイトは将来に生起する事象についての推理の型を3種類に分けた際，サイコロを投げて特定の目が出る確率である「先験的確率」，過去に起きた同様の事象の経験的データから予測される「統計的確率」(リスク (risk)) に対して，「不確実性 (uncertainty)」を一回限りで生起する現象につきまとい，「推定」されるものとみなした。そしてナイトは，不確実性にかんして推定をめぐらし的中させた企業家が「利潤」を得るのだとした。この立場によれば，「リスク」のみを考慮する経済学では企業は利潤を追求していないことになってしまう。現実を説明するうえで，そこから生じる不都合について検討しなさい。

2 市場と共有資本
―社会・自然・文化―

1. 前近代の経済社会

日本の経済史を振り返ると，江戸時代いっぱい経済の中心は前近代的な米作農業で，生産要素の中では土地が稀少性を有していた。生産要素には他に労働と，資金を借りて購入する資本（機械設備）があったが，土地ほどには重視されなかった。農業に不可欠なのは土地であって，人命よりもはるかに貴重であった。機械化の進まない段階の農業では，米（もしくは米に換算される農産物）の収量を増やすには耕作地を拡げる必要があり，より広い耕作地を持つには二つの方法があった。開墾するか奪うかである。そこで土地を開墾によって拡げつつ，いかにして奪われないかが問題になった。

つまり農業が経済の基本である時代には，開墾する動機と，耕地の保護が同時に保障されなければならない*1。この二つを「生産力の原理」と「安全保障の原理」と呼ぶとすると，日本では鎌倉時代から室町時代までこの二つの原理を両立させる制度が模索され，完成に至るまで大混乱が続いた。そして豊臣秀吉により天下が統一されると，徳川家康が創始した徳川幕府により「安全保障の原理」が確立された。そして江戸時代の前半には，D.リカードが描いたように，土地が着々と開墾されていった。

封建時代の経済が近代以降のそれともっとも異なるのは，身分制を中心として様々な慣習や規制が存在し，一般民衆にとって行動の自由は著しく制限された点である。なかでも土地・労働・資本（資金）の取引に

＊1　土地の開墾をいかに進めるかは経済学ではD.リカード『経済学および課税の原理』（羽鳥卓也，吉沢芳樹訳 岩波文庫，1987年）が地代論と資本蓄積論において論じ，J.ロック『全訳 統治論』（伊藤宏之訳，柏書房 1997年）は政治思想において土地所有権の防衛のため政府が構成されると主張している。

は厳しい制約がかけられた。日本では士農工商という身分制が職制をも兼ね，職業選択の自由はなきに等しかった。土地については，寛永20(1643)年に徳川幕府が田畑永代売買禁止令を制定していた。労働にせよ土地にせよ，自由な売買は基本的に禁じられていたのである。

江戸時代までの日本で土地の売買が禁止される一方，農民の生活には林野が重要な役割を果たした。農民は燃料用の薪や牛馬の飼料となる秣，農耕用の草肥となる草を林野から採取し，生産と生活を維持した。その際に過剰に採集して他の村民が利用できなくならないよう気を配ることが村民の掟とされ，掟の運用は村が共同管理した。そのように共同管理された共有地を「入会」と言う。利益を共同で享受しつつ存続させるために林野の占有や排他的な行動は認められず，村民の入会をめぐる権利と義務はルール化された。これが「入会権」である。林野の薪や秣，草は，最大限に生み出されるよう共同で管理され，配分されていたのである。

「入会」は日本に特有の現象ではない。近世以降のイギリスでは，囲い込み運動による私有化にさらされながらも共有地の性格を残存させる土地は「コモンズ（Commons)」と呼ばれた。日本の「入会地」に相当するもので，共同体慣行を伴う共有地は，近年では特定の人々の独占物でないことを示すために「共有」と呼ばれることもある。

2. 所有権の設定 公有と私有

こうしたルールは地域コミュニティに適用され，コミュニティ外にまでは強制力を持たなかった。江戸時代までの入会権は，村というコミュニティ内で完結していたのである。ところが明治維新後の日本に近代的な土地所有制度が導入されると，土地を所有するのは「私」か「公」かに二分され，「共」による管理・配分は困難になった*2。

江戸時代まで，土地の所有者は国の統治者である天皇であり，土地は封地であった。しかし1873（明治6）年に地租改正条例が発布されると，入会林野のうち一部が公有地に編入された。つまり村有が国有へと変更された。そのため村民が林野を自由に利用ができなくなり，苦情が続発した。農民にとっては，村の入会権が「公」に奪われ，自由に林野に入って薪や草を得られなくなるのは死活問題であった。

そこで翌1874（明治７）年，村所有が明確な土地はいったん公有地から除外された（土地官民有区分)。林野は民有地とされ，村の共有総有を基礎とする農民の入会権が設定された。ところが1888（明治21）年になると町村制が制定され，その83条で林野の入会権は公法上の「公有財産の旧慣使用権」とされた。旧慣とは旧来の慣行のことで，ここで入会権はふたたび公有財産となり，いわば国に収奪されてしまった。第15章の１（p.266）でも述べるように，町村制によって村は公法人に転化し，国の出先機関と位置づけられたのである。このように，土地所有権の近代化を通じて，「私」と国や国の出先機関としての地方自治体という「公」だけが法的に正当化され，共同体の自治（「共」）による所有は公認されなくなった。地方自治は，一部では地元の名士たちにより試みられながらも，第二次大戦を契機に長らく凍結されることとなる。

明治維新は政治体制の転換という表面が注目されるが，土地に対する所有権の設定と私有地にかんする売買の自由化も重要である。また工業化が趨勢となると生産要素の中でも労働の役割が高まる。身分制の解体は，職業選択の自由化と労働市場の成立を意味していた。依然として残っていた大家族・長子相続制度のもとにあって分家や養子になれず，独立もできなかった男子や女子は，家の田畑から移動することが可能になり，多くが都市に流入していった。開港された神戸や横浜，長崎では沖に碇を降ろした巨大船から石炭を始めとする物資を積み降ろす「沖仲仕」と呼ばれる仕事が発生し，人々が浜と巨大蒸気船との間を艀で行き来した。そうした仕事は多くが日雇いで，初期の労働市場を形成した。超短期の雇用が賃金によって値付けされ，仲介者と労働者が合意して仕

＊2　吉岡詳光（2006）「法学的入会権論の『源流』―中田総有権論ノート―」，鈴木龍也・富野暉一郎編著『コモンズ論再考』晃洋書房。吉岡によれば，中田薫の「入会権論」では，近世の村による入会林野支配は私的土地所有としての「総有」であったが，明治21年の町村制によって公法人たる村の財産に転化された。

事が遂行された[*3]。

付け加えると，この時期に貨幣経済が国策として導入された。租税が物納から金納に転換されたのである。国税庁は「地租改正事業は，明治6年の地租改正法の公布により着手され，同8年の地租改正事務局の設置以降本格的に進められ，同14年にほぼ完了しました。これにより土地の所有権が公認され，地租は原則として金納となりました。当初の地租は地価の3％で，後に2.5％に減額されました」[*4]と述べている。明治6年の地租改正事業は先述のように土地の個人所有を認定したことがまず注目されるが，それとともに租税の金納を義務づけてもいる。

明治初頭には庄屋だった人々は多くが大土地所有者となり，小作人から米を集めた。江戸時代の庄屋にとって検地や検見，年貢の取り立ては苛酷な業務ではあったが，それでも村の農民から集めた米を，そのまま年貢として物納で領主と幕府に収めていた。ところが地租改正により金納に転換すると，庄屋は集めた米を米相場で売却し，その上で金納しなければならなくなった。それは米という商品を売却して貨幣を得ることに伴う「不確実性」の不気味さを，納税者が初めて肌で感じた瞬間であった。

こうした近代化の過程をどう評価すべきだろうか。近代化を市場化ととらえると，労働移動の自由等による経済発展を理論化したのがA.スミスであり，比較優位説をもって貿易の自由化を唱えたのがD.リカードで，両者が市場を軸とする近代化を提唱したというのが一般的な解釈とされている。ところが後発国プロシアの立場からこれに強く抵抗した人がいる。『経済学の国民的体系』（1841，小林昇訳，岩波書店，1970）を著し後に「幼稚産業の保護」論の主唱者として知られるようになるF.リストである。

リストはフランス革命の年（1789）に，現在のドイツに生まれた。ドイツは当時，200以上の領邦に分裂，度量衡や通貨すら多様であった。

＊3　松原隆一郎『頼介伝』苦楽堂，2018，第三部参照。

＊4　国税庁のウェブサイト内「租税史料ライブラリー」

https://www.nta.go.jp/about/organization/ntc/sozei/shiryou/library/05.htm

エルベ川の両岸で産業の分布も異なり，東側では封建領主が勢力を持ち，農民を働かせて農産物を輸出していた。一方，西側のライン地方などでは工業が芽生えつつあったが，いまだ幼稚な段階にあり，保護を必要としていた。ところが北東部のプロイセンを中心に結ばれた関税同盟によって穀物の輸出に有利な低い関税が採用され，産業革命の只中にあったイギリスの工業製品が土砂降り的に輸入されて，ドイツの工業は壊滅的な打撃を被っていた。

そうした現実を目の当たりにしたリストは，二つの点で自由貿易論を批判した。二つ目の理由の方に触れておこう。リストによれば，スミス・セーの理論には，「物質主義・世界主義・個人（分裂）主義」の特徴がある。それらは現実の経済社会の半面に過ぎないのに，スミスとセーは全面であるかに理解しているとリストは批判する。経済には，物質面とともに精神面がある。世界性とともに地域性があり，個人性とともに社会性がある。農業と工業において物質としての商品を作るには，精神における作業も必要になる。企業には消費者を欺かないよう道徳心が求められるし，労働者が勤勉であるには宗教心も作用する。工業においては技術的な知識について労働者を教育しなければならず，啓蒙や自由が価値として共有されねばならない。各自の個人的な才覚や倫理に任されただけでは，生産性を高めることはできない。個人の生産性は社会の状態に依存するのであり，科学と技芸，制度と法秩序，道徳と知性，歴史と言語，生命・財産の安全性，自由と正義などの状況に左右されるという。リストはそうした配慮を加えたみずからの経済学を，「政治経済学」「生産力の理論」「国民経済学」と呼んでいる。

リストが挙げた経済の裏面は，後に社会関係資本や制度，知識等と呼ばれるものであろう。リストはそれらが，個人と人類（「世界」）とのあいだにある「国家」において，慣行として定着しているとする。個人が「国民」になるのはそれらを共有するがゆえのことであり，リストはスミスの言う「分業」が，裏面における「結合」，すなわち慣行の共有あってこそ成り立つと考える。

ここでリストが「物質主義・世界主義・個人（分裂）主義」と形容し

た立場は，本講で言えば「効率―公正」モデルに相当する。『道徳感情論』を書いたスミスを個人（分裂）主義者ととらえるリストの解釈は誤っているが，スミスが唱えた生産要素の自由化が後発国の経済発展，とりわけ工業化の過程においては障碍となると見抜いた点は重要である。リストの「政治経済学」「生産力の理論」「国民経済学」が強調する精神性・地域性・社会性は本講の「不確実性―社会的規制」モデルにおける「共有資本」に相当している。市場を軸とした近代化において欠かせないのが，近代社会における「共有資本」のあり方なのである。

3. 共有資本とは何か

労働力や自然，文化，資金（資本）に所有権が設定されると，企業はそれらを生産要素として購入することになる。では生産要素とは何か。生産要素が本源的であることについて，経済人類学者のK. ポラニーは『大転換』（1944）で次のように説明している。

> 労働，土地，貨幣が本来商品でないことは明らかである。売買されるものはすべて販売のために生産されたのでなければならないという仮定は，これら三つについてはまったくあてはまらない。つまり，商品の経験的定義に従うなら，これらは商品ではないのである。労働は生活それ自体に伴う人間活動の別名にほかならず，その性質上，販売するために生産されるものではなく，まったく別の理由から産出されるものであり，・・・土地は自然の別名にほかならず，人間はそれを生産することはできない。最後に，現にある貨幣は購買力の象徴にほかならない。それは一般には，けっして生産されるものではなく，金融または政府財政のメカニズムを通して出てくるものなのである[*5]。

---

*5　K. ポラニー（1975）“The Great Transformation”, 1944

この一節でポラニーは，商品として売買されるものは販売を目的として生産されるが，こと労働と自然，貨幣は販売という目的なく生み出されている点で異なる，としている。なぜなら労働は生活という人間活動の一部であり，土地はあるがままの自然であり，貨幣には商品の世界とは別の秩序があるからだ，と（金融資本がもたらす危機については第11章で詳述する。決済機能は共有資本である）。

商品は労働と自然を組み合わせることで販売のみを目的として生産される。一方，労働と自然は販売を目的として生み出されたのではなく，しかし市場で販売されもする点で一般の商品とは異なる。この指摘が重要なのは，「効率―公正」モデルではどの市場も数学的に同じ形式に描かれれば同様の働きを持つと考えるせいで，独自の秩序を持つがゆえに市場での商品化には限界のある分野が見えなくなっているからである。

人は他の人とつながり，家族やコミュニティを形成して暮らしている。人のつながりには，それ自体としての秩序がある。それを「人間関係資本（social capital）」と呼んでおくと，各人はそこに属しつつ働きを労働力という商品として売却し，賃金を得ている。自然も生態系としての秩序や循環を持ち，土地や河川，海洋，森林は鉱物や水，魚介や木材を生み出す。人間は生態系そのものの秩序が再生産される仕組みから余剰を取り出すことができるものの，余剰を上回って乱獲すると生態系を破壊してしまう。そのように人間が余剰を取り出すことのできる生態系を「自然資本（natural capital）」と呼ぼう。ポラニーは挙げていないが，文字を中心とするシンボルの秩序が「文化資本（cultural capital）」である。それは文字や芸術作品のように本来は売却を目的とするものではないにもかかわらず，知識や技術は生産活動に欠かせない。

以上，労働力を生み出す「人間関係資本」，資源を生み出す「自然資本」，知識を生み出す「文化資本」，利潤を生み出す「貨幣資本（monetary capital）」を併せて「共有資本」（common capital）と呼ぼう*6。近代社会において共有資本は，一部が取り出されると原材料として生産過程に投入され，加工されて，最終的には機械設備や消費財となる。その過程を簡単に図示しておこう。

（図2－1）「共有資本」の流れ

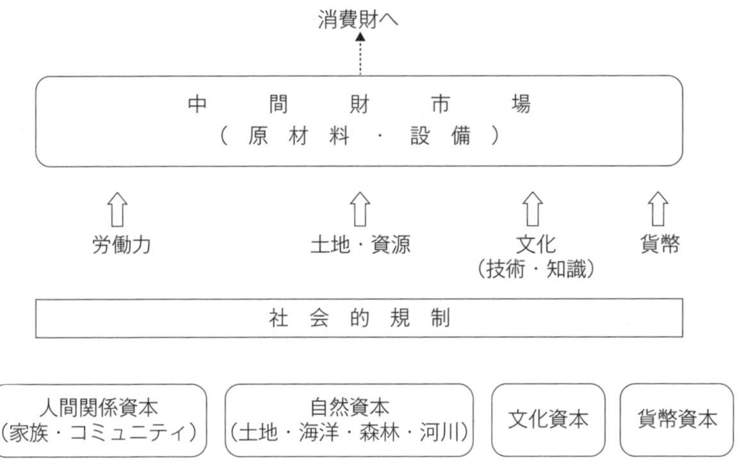

共有資本の領域において重要なことは，それぞれが市場経済とは別の秩序を持ち，別のリズムで維持されているということである。中世までは，それらは身分制や封建制における権力，掟などで拘束されていた。しかし近代に入って市場社会が成立すると，身分制は解体され，土地や労働力は市場で売買されるようになる。けれども共有資本が固有の秩序やリズムを持つことには変わりはなく，労働力として企業で働くことと家族やコミュニティでの暮らしが不調和を来さないよう，また資源を乱獲したり環境を汚染しないよう，文化活動が一定の水準を維持しうるよう，様々な法や制度・慣行が制御している。近代化の過程で，それ以前の「村の掟」から国の法や規制へと刷新されていったものである。それらを一括して，「社会的規制」と呼ぶことにしよう。

(1)「人間関係資本」では，家族やコミュニティにおいて人と人の関係が結ばれている。それが労働や商品の市場との間で齟齬をきたす可能

＊6　これらの4項目のうち，ポラニーが挙げたのは社会・自然・貨幣であった。しかし宗教はM.ウェーバーやW.ゾンバルトが資本主義経済の出発に大いに寄与しているとしたし，技術や知識は生産要素とされることもあるため，併せて「文化」と呼び，共有資本の一項目としておく。文化資本には他に音楽・食・建築・景観・工藝などがありうる。

性があることにいち早く気づき，市場競争と人間関係資本が健全に共存するための条件について正義や倫理の面から検討したのがA.スミスの『道徳感情論』(1759)*7だった。スミスによれば，他人への共感は観念の中だけではなく，自分を他者の境遇に置いてみる想像力によって精気を与えられる。人はそうした立場の交換を兄弟姉妹や家族，身近な人々や同級生，近隣の人々へと広げていくことにより共感の和を拡げ，それを通じてみずからの振る舞いを自己規制するようになると言う。家族やコミュニティといった近くの人間関係が基礎となり，立場の交換と共感が社会全体における倫理と法の基礎をなすということである。

労働を生み出すのは一般には「人的資本 human capital」であると言われ，高等教育等は人的資本への投資ととらえられるが，本講ではスミスにならい労働者は孤立した存在ではありえず，独身者であったとしても人間関係資本に埋め込まれているものとみなす。

そうしてみると労働法は，労働者が健全に暮らしつつ働けるよう共感をもって労働条件を整える社会的規制である。共感は，ときに市場を介さずに不運な他人を支援したいという感情ともなる（自助・公助に対する「共助」)。大震災等の巨大災害における義援金やボランティアは，復興において大きな役割を果たしている*8。

(2)「自然」は生態系として，物質の複雑な循環と平衡のうちに存立している*9。雨水は山林に溜められ，地下水となって地上に現れては川の流れとなって海に流れ込み，地球上を循環している。土壌は農産物を生育させ森林は木材や天然の菌類を繁殖させ，海洋は漁獲資源を生み出

*7　A.スミス（2003）“The theory of moral sentiments”, 1759

*8「人間関係資本」は「社会関係資本」とも呼ばれる。代表的な著作はColeman, James S. “Foundations of social theory”, 1990（『社会理論の基礎』上下巻，久慈利武監訳，青木書店，2004），Putnam, Robert D., “Bowling Alone: The Collapse and Revival of American Community. Simon & Schuster”, 2000（『孤独なボウリング―米国コミュニティの崩壊と再生』柴内康文訳，柏書房，2006）等。

*9　社会的規制のもとで共通資本に私的所有権が配分されると，土地や労働，技術が取り出されて生産活動に投入されることになる。配分に際しては社会的に合意された規制が必要になるが，「土地は誰のものなのか」について思想史的にもっとも早い時期に考察したのがJ.ロックの『統治論』（1690）であった。

す。「自然資本」が氾濫を起こすと人間の暮らしを脅かすため，ダムや堤防といった公共財によって治水が行われているが，それによって魚が川を遡上できなかったり土砂が山から海へ運ばれなかったりと，生態系の秩序が切断されることもある。さらに乱獲によって資源が枯渇する懸念があり，自然資源と公共財，市場の関係は複雑で，法による調整が必要になる。共有される自然資本を「コモン」と呼んでおこう。

(3)「文化」には精神活動の多様な成果が含まれ，なかでも技術は生産能力を規定して，市場において利益をもたらす。文化は家族やコミュニティにおいても継承されるが，近代においては教育によって意図的に定着が図られてきた。義務教育による識字率の高まりは工業技術の普及に大きな効果をもたらした（第4章)。音楽について明治政府は西洋音楽重視の姿勢を打ち出し，民謡や律，都節や琉球音楽のような日本の伝統音楽には添え物のような位置づけとしてきた。邦楽の名手であってもピアノが弾けて和音を修得していなければ教員の資格は得られなかった。建築技術は建築そのものの文化財としての価値を高めるが，建築物が高すぎて日照を妨げたり奇矯な色合いや形状で街並みとの調和を破壊する可能性もあり，規制が加えられている（建築基準法，都市計画法，景観法)。遺伝子組み換え技術は自然を直接に操作するものだが，生物多様性の観点から規制されている（遺伝子組換え規制法)。つまり文化と市場も相乗と相克の関係にあり，法による調整がなされている[*10]。

以上のような伝統文化に対し，消費者が何をもって消費財として欲求するのかをいち早く察知した企業家に利潤をもたらし，文化資本は消費財のイメージによっても日々更新されている。この競争過程については第3章で述べる。

＊10 「文化資本」をめぐる代表的な著作は，Pierre Bourdieu, Jean-Claude Passeron “Les héritiers: les étudiants et la culture”, 1964（『遺産相続者たち——学生と文化』石井洋二郎監訳，藤原書店，1997)。街並み・景観については松原隆一郎（2002)『失われた景観』PHP研究所，五十嵐敬喜・池上修一・野口和雄（1996)『美の条例—いきづく町をつくる』学芸出版社，を参照のこと。

(4)（1）のような家族やコミュニティといった人間関係資本から離れ，企業組織に勤める労働者は，共同体に属さないバラバラな個人でありそうに思われるかもしれない。労働者たちは他者と感情的に結びつくゲマインシャフトとしての自然共同体から，選択と契約でつながるゲゼルシャフトとしての企業組織に移動したという理解である。

ところが日本企業にかんしては，そうした企業観につき異論が提起されている。R.ドーアは『イギリスの工場・日本の工場』(原著1973年*11)で，戦後日本において大企業に属する人間は，自然共同体を離れたにせよ，「会社」という別の共同体に属するようになった旨を主張した。「会社共同体」とは終身雇用制のもと，経営者が「同じ釜の飯を食う」従業員の長老であるかのごとく従業員の利益も重視し，愛社精神を共有する運命共同体としての企業組織を言う。また中心的な役割を果たす大会社の周辺に会社共同体が集まる「企業集団」や同じ業種で集まる「業界」，さらに大会社の親睦組織であり政界や官庁との取引を行う「財界」にも，なにがしかの慣行や制度が定着している。これについては第13章で詳述する。

このように日本では相当部分が会社共同体へと吸収されてきた人間関係資本以外に，自然資本にかかわる「コモン」と，伝統文化と消費財とがおりなす「文化資本」，決済機構が共有される「金融資本」が注目される。本章ではコモンにつき詳述しよう（消費をめぐる文化資本については第３章で述べる)。

4.「共有地の悲劇」と日本の漁業

共有資本は，社会的規制が適切に課されない場合には毀損される可能性がある。山林や地下水，海洋資源等の自然資本は，第６章で述べるように排除性がないという面では共有されるが，競合性があるという点では競争を規制しないと「コモンズの悲劇」が起きる。

*11　R.ドーア『イギリスの工場・日本の工場』上・下，山之内靖他訳，ちくま学芸文庫，1993

ここではコモンにつき「コモンズの悲劇」がどのようなメカニズムで生じるのかを見ておこう。生物学者G.ハーディンは「コモンズの悲劇」(1968) と題する論文で，そうした事態がどのようにして引き起こされるのかを分析した*12。牧草地をコモンズとして牛飼いたちが共同で使っているとしよう。牧草地には私的所有権が定まっておらず，牛飼いたちが自由で出入りできるとしたときに，悲劇が起きるとハーディンは言う。牛を追加で1頭牧草地に入れるときのコストは牛飼いの全員で等分されるが，利益はその牛の所有者だけが得られるからである。それぞれの牛飼いにとっての追加的利益は追加的費用を上回るため，牛飼いたちはどんどん牧草地に牛を入れてしまう。その結果，牧草地は回復不能なほど荒廃してしまうのである。

これは，簡単なゲーム理論のモデルでも説明できる。牛飼い農家があり，それぞれが牛を飼って共有地で放牧しているとしよう。牛の数と共有地の牧草は均衡しており，これ以上牛を増やすと草が現状の量を維持できないが，牛を1頭増やすごとに農家には目先の利益があるとする。ここで牛飼いのAとBが牛の頭数を現状維持する場合と，増加させる場合について考えてみよう。二人が2つの選択肢を持っているから，組み合わせれば4つの状況となる。それぞれの利益が図2-2の利得行列で示されるとしよう。左側の数値はAの利益，右側の数値はBの利益である。A，B双方が現状維持するとすれば，それぞれが6の利益を得る。ここでAが牛を増やしてBが維持すると，Aは9へと増収，Bは－4へ減収になる。逆にBが増やしてAが維持するとAは－4へと減収，Bは9へと増収となる。そしてA，Bが競って増やすと双方が－2になる。

この利得表を双方が理解しているとして，共同行動を取るという協調解に合意するならば，双方は現状を維持して6の利得を得る。けれどもこの状況は不安定である。というのも，協調の約束を破れば6から9へ

---

*12 Hardin, Garrett (1968) ゲーム論による説明は入会地を調査した政治学者E.オストロムが用いている。Elinor Ostrom (1990) "Governing the Commons: the Evolution of Institutions for Collective Action."

（表2-2）　コモンズの悲劇

		牛飼いBの選択	
		頭数維持	頭数増加
牛飼いAの選択	頭数維持	6,　6	−4,　9
	頭数増加	9,　−4	−2,　−2

注：左側が牛飼いAの利益（損失），右側が牛飼いBの利益（損失）

と利益が増えるからだ。したがって，いつ合意を破り抜け駆けが起きるか分からない。これに対して皮肉なことに，双方が牛を増やす状況は安定的である。自分だけが現状維持に戻しても相手は増やしたままなら利得が－２から－４へと悪化してしまうため，そうした行動は墓穴を掘る危険性がある。私的所有権が指定されておらず自由に出入りできる共有地としての牧草地では，合理的な牛飼いが「悲劇」を起こしてしまう可能性がある。そこで歴史的には，日本の入会では入会地を維持する費用を相当に払うまで新参者は入会地に入る権利が与えられなかったし，規律違反に対しては村八分というもっとも重い罰則が与えられていた。

現実に「コモンズの悲劇」が起きている分野もある。近年，日本の漁業はコモンズの悲劇の状況にあると，一部の研究者や有識者委員会が警鐘を鳴らしている＊13。

日本は魚食国というイメージが持たれているが，日本の魚食が増えたのは第二次大戦後にすぎない。中世には漁業の技術がさほど高くなく，ソナーで探知した魚を根こそぎ網で獲るような乱獲は起きようがなかった。日本人の魚食は1950年代になって急増し，1970年代には一人当たり年間30kg に達している。

では漁獲量はどうかというと，図２-３のようにやはり戦後に伸び始め，1970年代から1980年代後半までが最盛期となっている。けれどもその内容に目を向けると，1970年にはマイワシ以外の漁獲量はピークを迎

＊13　勝川俊雄（2012），片野歩（2013），小松正之（2011）「水産業の改革と海洋環境の改善」『地球環境』Vol.1,No1/2011，水産業改革高木委員会（2007）「魚食をまもる水産業の戦略的な抜本改革を急げ」日本経済調査協議会他。

（図2－3） 日本の漁獲量（マイワシとそれ以外）

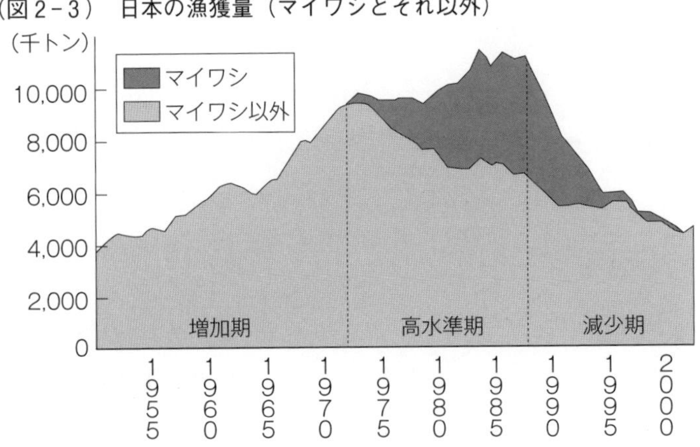

出所：勝川俊雄（2012）
原資料：農林水産業省「漁業・養殖業生産統計年報」

え，以降は減り続けている。1990年まで全体としての漁獲量は減らなかったが，1970年代からの減少は，マイワシの豊漁のせいで隠されていた。ところがマイワシもまた1980年代後半から激減し，それによって1990年代からは全体としての減少傾向が誰の目にも明らかとなった。

これを受け，現在では生産金額や漁船数が最盛期の50%，漁業者数は20%まで減少している。一方，鳥インフルエンザやBSE（海綿状脳症）の発生で，世界的には魚食が注目されるようになり，肉食からの転換が生じていて，自然の生産力と漁獲量はギリギリで釣り合った状態と見られている。こうした資源の減少や経営の悪化は欧米諸国では早くから問題視され，1982年に国際海洋法条約を採択，海洋の平和利用や環境の保全とともに資源の有効利用を目指した。公海の資源は人類共有の財産だと宣言したのである。

ところが日本の漁業では，水産資源の管理主体が明確でない状態が続いた。そのうえ20世紀には技術革新が進み，戦前には海底に接する網を曳く「汽船トロール」によって東シナ海のマダイ，レンコダイが根こそぎにされ，1980年代には「大型巻き網漁」によりマサバが激減し，さらに小さな未成魚も探知できるソナーまでが次々に開発され，乱獲が進んだ。

（図2－4）　キチジ（キンキ）の漁業種類別漁獲量）

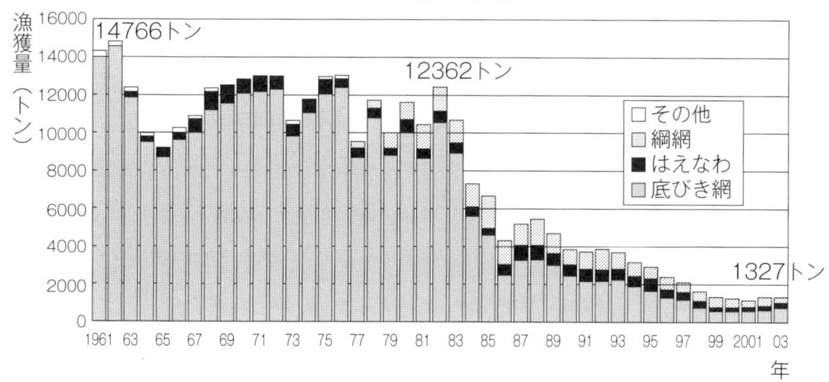

出所：水産業改革高木委員会（2007）
原資料：水産総合研究センター東北区水産研究所八戸支所資料

沖合底引き網漁業で獲られる魚の代表とされるキチジ（キンキ）は，1980年代半ば以降の25年ほどで10分の１まで資源量が減っている。東北太平洋岸では，沖合底引き網漁船が同じ漁場で年に７回引いており，魚が大きくなる時間がないほど漁場環境が劣化している。成魚は取り尽くされ，漁獲の90％が小型で，捕獲金額は１％にしかならなくなっている[*14]。そうした小型魚は100円以下で取引され，中型・大型に生育する３年ほどで数千円になるというのに，それを待つこともなく乱獲しているのである。

こうした状況を知れば，「それならば養殖に期待すればよい」と楽観する向きもあるかもしれない。しかし養殖は根本的な解決策にはならない。養殖魚には餌として大量の天然魚が与えられるからで，マイワシの漁獲が減ると，養殖もまた抜本的な解決策にならないと判明したのである。

林野に入会地に存在したように，日本では漁業にかんしても早くから村の掟が漁獲量の規制となっていたはずだと思われるかもしれない。けれども江戸時代に沿海漁村の掟が排他的な利用権を与えて乱獲を防ごう

＊14　水産業改革高木委員会（2007）

としたのは，ウニやアワビ，アサリなど，磯や浜の根付き資源に限られた。魚の漁は手こぎ船や小さな網で行っていたため，遠洋や近海での漁獲量は微々たるもので，海洋資源には余裕があり，操業は自由に行われた。それゆえ遠洋や近海では入会権のような掟は設定されなかった。現在でも沿岸漁場は漁業組合の自主管理に引き継がれ，沖合の回遊性の魚類については自由な操業が長らく見逃されてきた[*15]。

日本は1996年に国際海洋法を批准している。そこで国が年間の漁獲量の上限を設定し，資源を管理する制度を導入することとなって，現在，7魚種につき漁獲可能量（TAC; Total Allowable Catch）を指定されている[*16]。まず漁獲量を魚種の増加分以下にとどまらせるという趣旨で，研究者が生物学的許容漁獲量（ABC; Acceptable Biological Catch）を科学的に算定する。TAC は，この ABC に基づき，国が指定している。当然，TAC は ABC を下回っているはずと思われるだろう。

ところが ABC を厳格に守ると漁業者の収益が激減してしまうため，経営にも配慮して，日本ではサンマ以外の TAC はしばしば ABC を大幅に上回って設定されてきた。しかも現実の漁獲量は，TAC すら超えることが珍しくなかった。ABC も TAC も守らないので，乱獲が常態化したのである。TAC がむしろ乱獲にお墨付きを与えた，と指摘する研究者もいる。

TAC が ABC 以下に適正に設定されたならば，漁業資源は保護されるはずである。それでも実際の運用方法には，さらなる工夫が必要になる。というのも通称「オリンピック方式」と呼ばれる，回遊魚の多くで日本が採っているやり方では，個別の業者に競争させ，漁獲総量が設定された全体の漁獲枠に達したら終了にするため，早獲り競争が激化する。漁獲枠内での早獲り競争が激化すると，水難事故が多発したり，市場の値に関係ない時期に漁獲を競うため，品質も価格も低迷してしまう。

そこで日本でも，漁業者もしくは漁船ごとに漁獲可能量を割り当てる個別割当（IQ; Individual Quota）方式が，ミナミクロマグロ，大西洋

＊15 田平紀男「漁業入会団体を規制する立法」『立命館法学』2003年6号（292号）
＊16 サンマ，スケソウダラ，マアジ，マイワシ，マサバ・ゴマサバ，スルメイカ，ズワイガニ

（図２－５）　親魚資源量の将来予測

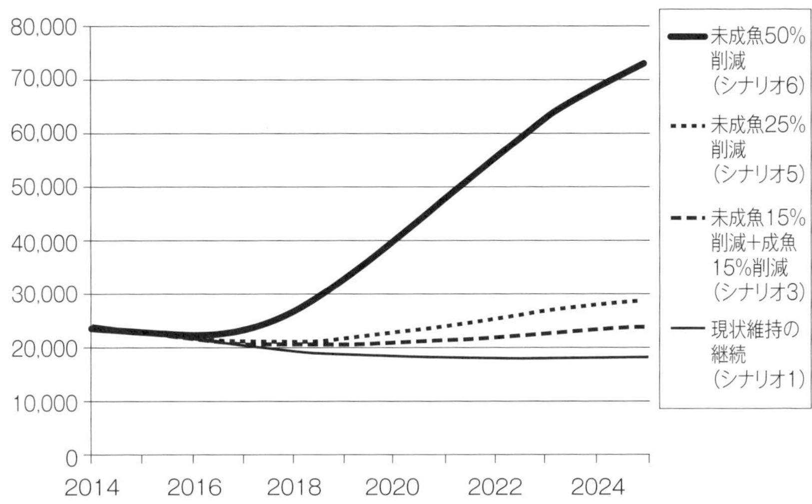

・上記のグラフは，シナリオごとの6千回のシミュレーション結果の中央値であり，計算結果の半数はこれよりも低い。
・加入レベルは，当初10年間は80年代の低レベル，その後は過去平均レベルを想定。
・2014年から10年以内（2024年まで）に歴史的中間値を達成する確率は，未成魚25%削減の場合16%，未成魚50%削減の場合85%。

出所：水産庁（2014）「資源管理のあり方検討会の取りまとめについて」平成26年７月１日

クロマグロ（遠洋はえ縄漁業），ベニズワイガニ（日本海）に部分的に導入されるようになった。他にも新潟県の甘エビ等，漁業者が自主的に類似の取り組みをしている例があり，漁業国では日本がもっとも遅れての導入となった。漁獲制限先進国であるノルウェー産のサバは，型が大きく値も高く，日本は現状で輸入する立場に甘んじている。

日本の漁業は水産庁が発表した図２－５のシミュレーションのように，未成魚の50%の漁獲を削減しなければ，歴史的な中間値まで漁獲が回復しないという危機的な状態にある。これは実は，図２－２で示した牧草地についての「コモンズの悲劇」よりも困難な状況にあることを示唆している。というのも牧草地では，ともに現状維持をするという掟に従えば収益は－２から６へと好転する。それゆえ疑心暗鬼に陥りながらも合理性が働く余地は残されている。ところが日本の漁業の場合，IQの対象魚種を増やすと，漁業者は当面はさらに収入が減ってしまう。好転が期待されるが，それまでには牧草の回復に比べて時間を要してしまうのだ。そのせいで漁業の現場では，IQ推進には反発が少なくないと言われている。

日本の漁業を壊滅させないためには，多くの魚種で漁獲量50％減を実施しなければならない。そこで参考になる例として，石炭から石油にエネルギー源が移行した際に行われた炭鉱関係者の離職支援がある。それは公的に行われたのだが，同様に既存の漁業者に対しても公的な金銭的・非金銭的な援助が必要になるだろう。そうしない限り，日本の漁業資源は壊滅の危機から脱することができないであろう。

共有資本は，市場に委ねると持続できない。漁業にかんしては専門家が算定するABCの枠組みに従うべきであろう。けれども，常に専門家が正しいというわけでもないために共有資本をめぐる事情は複雑である[*17]。共有資本を保護するための規律は，各界が反省と自己規制を重ねつつ，時代に沿ってたえず再編されなければならない。

5. 何が共有資本と認定されるのか

けれども先に言及した「入会」と政府や自治体が供給する社会インフラ（コモンプール財）とでは，ともに「コモンズの悲劇」を起こすとしても，重要な点で相違する可能性がある。「入会」は村落が管理していたが，道路や公園をすべて国有にした上で，コモンプール財には「コモンズの悲劇」が生じないような規制を国（公）に管理させることがありうる。けれども人工的に国（公）が設置しうる国道や国立公園と自然資源（環境）とは同類には括られないという見解もありうる。国道や鉄道

*17　森山高至（2016）『非常識な建築業界　「どや建築」という病』光文社新書によれば，「見ているほうが気恥ずかしくなるほど得意げな自慢顔」に見える建築物が専門家の間で流行してしまったせいで，彼らがコンペをリードするようになったバブル経済期以降，税金を投じて建つ公共建築物の多くが街並みにとってはそぐわないものになってしまった。

が美しい山地を通過する際，自然破壊が起きるとして反対が生じるような場合である。宇沢弘文は「社会的共通資本」*18という概念を掲げ，新幹線のような交通機関が文化的，人間的に問題を抱えていると主張した上で，それを中央官庁の官僚は理解していないと糾弾している。

新幹線が通る線路の周辺は社会や自然，文化にまで巨大な影響を受けるが，その建設から受ける被害は近隣地域でしか感じ取られない。というのも何を食べどこに住むかは論理的に選択されるような事柄ではなく「そこ」に生まれた住民が世代を通じて伝承する歴史的知識でしかありえないと考えるのである。

宇沢は「自動車の社会的費用」を論じて自動車の非人間性を批判したが，自動車の通行が歩行者にとって基本的人権の侵害と認識されたのは歩行者の大半が自動車を運転することがない時代であろう。ところが20世紀も終盤にさしかかると自動車の利用が地方ではむしろ生活上の基本的権利とみなされるようになっていった。つまり何を共有資本とみなすかは，自然資本そのものである漁獲資源のようには自明とはいえない。とりわけ街並み・景観のように質的・文化的な価値観がかかわる場合は，何をもってコモンとみなすのか意見が分かれて不思議ではない。

景観の価値が主観に属するとしても，暗黙の合意にもとづく住民たちの投資の結果，地域で共有される資本であることが了解された事例を挙げよう。国立市における通称「国立マンション訴訟」（4系列の訴訟が提起されたが，住民からのものは2000年，2001年）*19である。

国立市の駅前から延びる「大学通り」では，「だれかひとりがこのルールを破れば，美しい街景観が消滅してしまう」として，沿道住民が

＊18　宇沢の「社会的共通資本」概念については，次の文献参照。宇沢弘文『宇沢弘文傑作論文全ファイル1928-2014』東洋経済新報社，2016。宇沢はのちに自動車が外部不経済を与える自然環境から社会的共通資本へと考察の対象を拡張し，(1) 自然環境すなわち大気・河川・土地・海水から (2) 社会的インフラストラクチャーすなわち道路・港湾・上下水道・灌漑設備・電力，(3) 制度資本すなわち教育・医療・金融・行政と分類している。(1) は本書の言う「共有資本」のうち林野や漁獲資源のような自然資本，(2) は人工的なコモンプール財には止まらない社会インフラ，(3) は公共財に含まれる公共サービスである。

＊19　矢作弘 (2006)「不文律の約束事として守られてきた美しい街景観―国立マンション訴訟で争われた『景観利益』をめぐって―」龍谷大学社会科学研究所叢書第68巻，pp.141-160，2006.7，番場哲晴「国立マンション訴訟と景観法」RETIO．2007.2．NO.66

建物の高さを自発的に20mに制限してきた。それによって上空が大きく開け，春には満開の桜が青空に映えるといった良好な景観が長年かけて作り上げられた。ところがマンション業者A社が販売広告では通りの眺望の美しさをアピールしながら，みずからは高さ制限を大きく超える高層マンションを2000年に建設開始，翌年完成させた。道路から眺めるとマンションがスカイラインを切断しているが，マンションからは景観が壊れて見えず，眺望を売り物として高層階を販売するという矛盾した状態が生じたのである。

そこで地元住民が，マンションの高層階の撤去を求める訴訟を起こした。だが建築基準法・都市計画法および市の条例上では，この高層マンション建築は高さ制限に抵触していなかった。20mの制限は住民の自発的な自己規制にすぎなかったからだ。

これに対し2002年の東京地裁判決は，住民側の主張を汲んで，「景観利益」という概念を提示した。「ある地域の住民らが相互理解と結束のもとに一定の自己規制を長期間続けた結果，独特の都市景観が形成され，広く一般社会からも良好な景観と認められて付加価値が生まれた場合には，地権者に法的な景観利益が発生する」というのである。この概念を根拠として，A社は20m以上の上層階部分の撤去を命じられた。

「景観利益」の概念は，共有資本の維持を考える上で手がかりを与えてくれる。独特の景観という共有資本は，コミュニティに長く住む人々が一定の自己規制を長期間続けた結果として形成される。景観は協働の結果生み出された共有資本なのだから，共有資本から利益を得る人は自己規制の費用を支払わねばならない。

この事例は，入会慣行を連想させる。川島武宜が入会慣行にかんし行った調査[*20]によると，集落に新たに転入してきた人が皆入会構成員になれるわけではない。入会地には，長期にわたり集落民の労働が投下されている。その結果として，薪や秣，草が生み出されるように自然が管理されている。新参者は，他の集落民の過去の努力に見合うほど一定

＊20 川島武宜「入会権の基礎理論」(1968)『川島武宜著作集第8巻』岩波書店，1983

期間居住し続け，集落の賦役に参加し，一定の金銭を支払うなどして初めて構成員として認められたのである。

「国立マンション訴訟」は，自己規制が条例になっていなかった時点でマンションが建てられたこともあり，高裁・最高裁で住民側の敗訴となって結審した（2006年）。法が「景観利益」を守るように機能しなかったのである。共有資本は，コミュニティにおいて自己規制を払おうとする人々の規律によって生成するものの，法や条例が制定されるまでの期間には，規律を共有しない人によって破壊される可能性がある。それがこの事例が示唆したことであった[*21]。共有資本は社会的規制と慣習によって守られるべきものだが，求められる社会的規制に既存の法が合致していないと，慣習だけでは危機に瀕してしまうのである。

さらに付け加えると，もともと地域の伝統的景観は当該地域で共有された掟やモラルにもとづいて形成されていた。ところが建築基準法や都市計画法といった国の法律は伝統的景観のような地域の個性や質的な差異を保障せず，一律の内容を規定するだけであった。2004年に公布された景観法は国立マンション訴訟のような一連の景観訴訟を踏まえ，地域における景観の質的な差異を対象とできるよう，地域の条例に法の優先性を与えるもので地域の共有資本が維持される道を開いた。

＊21　国立市は1998年に「都市景観形成条例」を制定し，市の指定した「都市景観形成重点地区」内の高さ20m 以上（近隣商業地域・商業地域では31m 以上）の建築物にかんしては形状・色彩などを市と事前協議することとした。しかし訴訟の対象となった大学通りが重点地区に指定されたのは2003年であり，建設は条例違反とはいえない。

参考文献

・Pierre Bourdieu, Jean-Claude Passeron" Les héritiers: les étudiants et la culture", 1964（『遺産相続者たち――学生と文化』石井洋二郎監訳，藤原書店，1997）
・Coleman, James S. "Foundations of social theory", 1990（『社会理論の基礎』上下巻，久慈利武監訳，青木書店，2004）
・Hardin, Garrett（1968）"The Tragedy of the Commons", Science, vol.162
・Friedrich A von Hayek "The Constitution of Liberty" 1960（気賀健三・古賀勝次郎訳『自由の条件』ⅠⅡⅢ 春秋社 新版 2007）
・五十嵐敬喜・池上修一・野口和雄（1996）『美の条例―いきづく町をつくる』学芸出版社
・片野歩（2013）『魚はどこに消えた？崖っぷち，日本の水産業を救う』ウェッジ
・勝川俊雄（2012）『漁業という日本の問題』NTT 出版
・松原隆一郎（2002）『失われた景観』PHP 研究所
・NHK スペシャル（2014）「里海 SATOUMI 瀬戸内海」NHK アーカイブス
・K. ポラニー（1975）『大転換―市場社会の形成と崩壊』吉沢英成他訳，東洋経済新報社
・A. スミス（2003）『道徳感情論』水田洋訳，岩波文庫・岩波書店
・Putnam, Robert D., "Bowling Alone: The Collapse and Revival of American Community. Simon & Schuster", 2000（『孤独なボウリング―米国コミュニティの崩壊と再生』柴内康文訳，柏書房，2006）
・吉川洋（2013）『デフレーション』日本経済新聞出版社

研究課題

1．危機は共通資本にかんする異変がもたらす場合が少なくない。大災害は自然資本が引き起こすし，金融危機は貨幣資本がもたらす。賃金は人間関係資本を維持するが，吉川洋（2013）のようにその長期的低落傾向がデフレの真因とする説もある。一方で共通資本は，地域における風土や景観，自然や人情といった形で観光資源となったりもする。共通資本と一般商品の市場との関係を良好に保つにはどうすればよいか，議論しなさい。

2．本書で述べている社会的規制や民間の慣行・制度をF. A. ハイエクは一括して「法 law」と呼び，「法の下の自由」の重要性を強調した。彼はまた「法」の形成過程につき裁判の積み重ねにより長年かけて形成される「自生的秩序（spontaneous order)」と，命令や合意によって特定の時点でビッグバン的に改変しうるとする「設計主義（constructivism)」とを区別し，前者を支持し後者を批判した。この主張の是非につき，検討しなさい。

3．「街並み」という文化資本は，個別の建築物が周囲と調和したり，歴史的に連続したりすることによって形成され，価値を高める。そのような環境との調和や時間的連続性をもたらすには，建築物の売買や解体・建築にはなんらかの抑制が必要になる。「景観利益」という概念がそれに果たす役割につき考察しなさい。

4．魚介類の生態系という自然資本の保全には漁獲規制を強化し自然の回復に任せるべきという論旨で本文は書かれているが，瀬戸内海などでは，人が手を加えることにより生態系の維持・拡大を図る「里海」という考え方が重視されている。両者の関係について考察しなさい。

3 市場と競争

1.「効率—公正」モデルにおける市場競争

まず,「効率—公正」モデルが市場競争につきどのように考えているのかを見ておこう。「完全競争」の条件が満たされれば「一般均衡」が成立し,そのとき「パレート最適」でもある。完全競争の市場には,次の４つの条件が求められる。

(1) 買い手と売り手がともに小規模かつ多数である（price-taker の条件。規模の経済が存在しない）
(2) 財の価格や品質を全員が知っている（財にかんする完全情報。情報の非対称性が存在しない）
(3) 財が同質であり,商標・特許・広告などによる相違が存在しない（財の同質性）
(4) 企業は長期において市場への参入・退出が自由である（参入障壁の不在）

どの企業も小規模であれば価格支配力を持つことができず,自由には値付けができない。ある価格で超過利潤が存在しているとしても,その情報は行き渡っているため長期的には他の企業が参入してきて,利潤は消滅してしまう。またその価格と異なって高めに値段を設定する企業があったしても,消費者は同じ商品なのに他よりも価格が高いことを知っているために買おうとしない。

このとき,おのおのの財につき一物一価が成立する。ある財のある価格に対して各消費者が個別需要を示すとして,その市場における総和と,各企業による個別供給の市場における総和が量的に均衡していないとしよう。ある価格について超過供給であれば価格が下がり,超過需要であれば価格が上がるとき，市場需要曲線と市場供給曲線が安定条件を満たすなら，価格が調整して需給が一致する。さらにすべての消費財・生産要素市場において需給が均衡するなら，「一般均衡」が成り立つと言う。

これは財の側から見た話だが，財が生産者から消費者の手へと移動するとき，貨幣はそれぞれの対価として支払われ，逆に移動している。また政府が存在するならば，家計からは所得税，企業からは法人税を代表的な税として徴収し，公共財や行政サービスを提供する。これら財と貨幣の循環は図１‐１に示した。

次に，「パレート最適」について，概略を説明しよう。人々はより高い効用を求めて選択し，活動しているとする。社会全体として経済厚生がもっとも高まるのはどのような資源配分だろうか。個々人の効用（満足）を社会全体で総和した総効用をできる限り大きくするのが当初の基数的な効用にもとづく経済政策であったが，社会全体の総効用が増えることを理由として特定の個人が自由に選択できないのは不当ではないか。新古典派ではそのことを「個人間の効用比較」の不可能性ととらえた。個人間で効用は比較できないから総和することもありえないとみなしたのである。

その代わりに採択されたのが「パレート最適性」であった。これは資源配分にかんして効率的な状態で，「ある人の経済状態を悪化させることなしには他の誰の経済状態も改善できない状態」を言う。パレート最適でないならば，財の量が同じでも配分を変えただけで他の誰かの効用や利潤を悪化させることなく，特定の人の経済状態を改善できる。それは財の配分に改善の余地があったということだ。それに対しパレート最適とは，財が無駄なく効率的に配分されており，他の人の効用や利潤を下げずにある人を有利にはできない状態を指す。この状態を記号で表記してみよう。

まず，消費者間のパレート最適とはどんな状態か。消費者Ａが財Ｘと財Ｙを消費しており，それぞれの消費量において限界代替率が MRS_{xy}^{A} だとしよう。限界代替率とは，ＡがＸ財の消費を１単位減らしたとして，Ｙ財の消費をどれだけ増やせば効用の水準が変わらないかを示すXとYの代替率のことである。消費者Bの限界代替率は，MRS_{xy}^{B} であるとする。ここでA，Bそれぞれにおいて，現在のX・Yの消費量で限界代替率の値に相違があるとしよう。たとえばAの MRS_{xy}^{A} は3，Bの MRS_{xy}^{B} は1とすると，AはXを追加的に1単位得れば，同時にYを3単位失っても効用水準（経済厚生）は変わらない。BはXを1単位失うのと同時にYを1単位だけ与えられれば，効用水準は変わらない。

いま，BがAにXを1単位譲ったとしよう。その代わりにAがBにYを1単位返したとする。BにとってはXとYが1単位入れ替わっており，XとYの限界代替率は1だから効用水準には変化がない。ところがAは1単位もらったXはYを3単位もらったのに相当すると感じており，Yを3単位失っても効用水準は変わらないにもかかわらず，1単位しか失っていない。つまりこのやりとりにおいてAは効用水準が変わらない状態でYを余分に2単位分得たことになり，その分だけAの効用水準は向上する。

以上から，現在の消費状態において両者の限界代替率が異なっているならば，交換によって一方の経済厚生を変えないまま他方の経済厚生を引き上げることが可能と分かる。つまり限界代替率が異なっているときは，パレート非最適なのである。パレート最適になるための条件は，すべての消費者にとっての限界代替率が一致することである。

すなわち特定の資源配分におけるA，B間のパレート最適の条件は，

$$MRS_{xy}^{A} = MRS_{xy}^{B}$$

である。これを図示してみよう。A，Bの二人がX財，Y財について，二人で合わせて$\overline{X}$，$\overline{Y}$だけ保有しているとしよう。このとき，図3-1のようなボックス・ダイヤグラムを描くことができる。A，B両人において限界代替率とは無差別曲線の接線の傾きだから，それが等しいパレート最適状態ではA，Bの無差別曲線が接していることとなる。そうした資源配分の点は無数にあり，その集合を契約曲線と呼ぶ。契約曲線上のX，Y両財の配分量が，A，B両人にかんしパレート最適の資源配

（図3－1）ボックス・ダイヤグラム

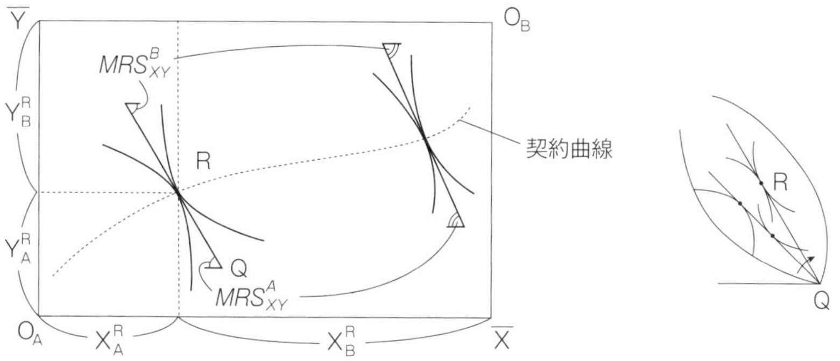

分を示している。

次に，完全競争状態においては価格メカニズムによってパレート最適が達成されるという「厚生経済学の基本定理」（第一定理）を説明しよう。契約曲線外の点Qで資源配分がなされているとする。限界代替率が一致していない，パレート非最適な状態である。ここで関係者は2者だけだが，それを除いて市場が完全競争の状態にあり，交換が行われるとしよう。そのとき市場メカニズムにより自動的にパレート最適に至ると主張するのが厚生経済学の基本定理である。

契約曲線外にあるQを通る二人の無差別曲線は交わっており，接線の傾きMRSは異なっている。ここで両者がともに満足水準を高めるのは二人の無差別曲線に囲まれた領域である。

消費者Aと消費者Bが面識なく，互いの効用や限界代替率について知らないものとしよう。このとき完全競争であれば，両者は市場で相対価格 $\frac{P_X}{P_Y}$ をいずれも意図的に変化させることはできない。つまりプライス・テイカーであり，それぞれが自分の効用を最大化するために，相対価格を受け入れて自分の限界代替率を一致させるように調整している。つまり，Aは $\frac{P_X}{P_Y} = MRS^A_{xy}$ となるようX財，Y財を消費している。同様に消費者Bも価格 $\frac{P_X}{P_Y} = MRS^B_{xy}$ となるようにX財，Y財を消費しようとする。しかもA，B双方がより高い効用水準を目指している。

Qを出発点として二人がX財・Y財をXの1単位とYの $\frac{P_X}{P_Y}$ 単位で交換するとしよう。Qを通る直線の傾きが $\frac{P_X}{P_Y}$ である。A，Bそれぞれ

が限界代替率を $\frac{P_X}{P_Y}$ に合致させたとして，$\frac{P_X}{P_Y}$ が変化することで二人が望ましいと考えるXとYの交換量が一致すれば，契約曲線上でそれ以上は $\frac{P_X}{P_Y}$ が変化する必要のない均衡に至る。このとき $MRS^A_{xy} = \frac{P_X}{P_Y}$ と $\frac{P_X}{P_Y} = MRS^B_{xy}$ が成立している。そして相対価格が共通であるため，両者は互いの効用のあり方を知らないにもかかわらず，限界代替率が一致して，パレート最適となっている。

企業X，Yにかんしても資本Kと労働Lにかんし技術的な限界代替率をMRTSと記すとすると，資本レンタル率 r と賃金率 w とに対し $MRTS^X_{K,L} = \frac{w}{r} = MRTS^Y_{K,L}$ となるから，生産要素の価格比 $\frac{w}{r}$ が媒介することですべての企業の間で技術的限界代替率が一致し，パレート最適が成り立っている。

以上，消費者や企業はそれぞれ他の消費者や企業について面識がなくとも，それぞれ相対価格だけを判断材料として効用や利潤を最大化するよう選択すると，需給が一致したときにはパレート最適も実現するのである。

2.「効率―公正」モデルにおける競争政策

戦後において市場で競争を維持させるための政策手法として西側世界でもっぱら用いられてきたのは，独占禁止法（競争法）であった。「効率―公正」モデルにおいては「完全競争」の条件が満たされれば「パレート最適」でもあるのだから，現実の市場が「完全競争」の状態に近似していることをもって理想状態とみなした。そうした考え方から独占禁止法（独禁法）は，不当な低価格販売等で競争相手を市場から排除したり新規参入を妨害して市場を独占しようとする「私的独占」や，カルテルや入札談合等の「不当な取引制限」，そして欺瞞的顧客誘因等の「不公正な取引方法」といった行為を違法行為として禁じてきた。

1950～60年代には，独禁法の施行に際しJ. S.ベインを中心とするハーバード学派の産業組織論が，市場で競争が維持されているか否かの判定に用いられた。それは構造（structure）・行動（conduct）・成果

(performance) の頭文字をとって「SCPパラダイム」と呼ばれた。SCPパラダイムは完全競争に近いとき，市場構造の型が企業の行動や成果の質を規定するとみなし，売り手集中度が小さかったり，参入障壁が低かったり，製品差別化が弱いといった状況を望ましいとした。しかし現実はなにがしか不完全競争的であるので，市場構造はどの程度まで不完全競争的であることが許容されるかが検討された。

まず「市場構造」について，ライバル企業の数が減り売り手の集中度が高まると，互いに対抗的な行動をとらなくなり，共謀して共同利益の拡大を図ろうとするとベインは考えた。そこで市場集中度の高さが問題視された。高価格となり，市場成果も悪くなるはずだからである。またモデルチェンジなどの製品差別化や大量の広告によるブランド化は独占利益を生むだけで，無駄とみなされた。さらに既存企業が費用面で優位に立つと，それを参入障壁に用いるとされた。

「市場成果」も，独占の度合いを測りうるとみなされた。なかでも，ある産業に属する企業には生産費を極小化する最適な規模があり，それは客観的に識別しうるとして設定された基準が「技術的効率性基準」である。この基準からして最適規模を上回るとされた企業には分割を，下回る規模の企業には集中や合併が勧告された。

ある産業の平均的な利潤率が長期利子率に等しい正常利潤率と長期的には一致するはずと想定するのが「配分的効率性基準」である。平均利潤率が長期利子率を上回るならば市場競争が有効に働いておらず，過小な資源しか配分されていない証拠とみなされた。逆に下回ったとすればその産業への資源配分は過大と考えられた。

また販促やモデルチェンジのうち，浪費的な非価格競争となっているものを規制するのが「浪費性基準」である。「進歩性基準」では，革新的技術が開発される速度が妥当か否かは客観的に判定しうるとされた。

これらの諸基準は日本でも「構造改善事業」として実際に適用され，各省庁が諸分野で市場介入を行った。著名なのは1968年，業界上位二社の富士製鐵と八幡製鐵が水平合併することが明るみに出た際，公正取引委員会が独禁法違反とみなして「合併しないこと」を勧告し，東京高裁に緊急停止命令を申し立てた事例である。当時の公取委は，一社による主力商品の市場占有の上限を30％とみなしていた。粗鋼生産は八幡が25％，富士が23％を占有しており，上限を大幅に上回っていた。個別商品のシェアが80％を超えていたことも問題視され，鉄道用レール，食缶用ブリキ，鋳物用銑鉄，鋼矢板（こうやいた）（シートパイル）のシェアを競合各社に分け与えることを条件として，新日本製鐵が誕生した*1。

小泉構造改革においては製造業の平均的な利潤率を下回る「不振３業種」にかんし不良債権処理を行って企業を撤退させるべきとされたが，そこでは「配分的効率性基準」が適用されたと考えることができる。

ただしカルテルや入札談合などとは異なり，合併だけで競争を制限しているとは断定できない。そこで合併の違法性について調べる際，欧米では「市場画定」という考え方が用いられてきた。市場占拠率や集中度によって市場支配力が測定されるとみなすのである。ベインは市場における財の近接性を判断する指標として，需要の価格にかんする交叉弾力性に注目した。

交叉弾力性とは，第 i 財の価格 pi が１％変化するときに第 j 財の需要が何％変化するかを表す数値である。これが実際に用いられたのが1956年のセロファン事件で，デュポン社はセロファンの市場において需要の交叉弾力性では75％の占拠率を占めていることになるとして，シャーマン法違反に問われた。しかしデュポン社は柔軟性包装材の全体が関連市場になっていると反論，そうだとすればセロファンは一部に過ぎないことになり，占拠率は20％以下に留まる。結局裁判所は交叉弾力性の概念を参考にはしたものの，デュポン社は他の柔軟性包装材との競争にも直面していており価格を独占的には引き上げられないと認めて，違法性を否認した*2。

ただし集中度が高いほど共謀するという説については，集中度が高くとも対抗意識高めて競争的になるケースもありうる。そこで1970～80年

*1 大橋弘・中村豪・明城聡（2010）「八幡・富士製鐵の合併（1970）に対する定量的評価」RIETI Discussion Paper Series 10-J-021
*2 林秀弥（2007）「市場画定の基本原理：『競争的牽制力』の『視覚化』」“Competition Policy Research Center, Fair trade Commission of Japan” CPDP-26-E February

代になると「多くの市場は高利潤であっても競争的」とするR. A.ポズナーのシカゴ学派の見解が支配的となった。

従来，投資に巨額の費用がかかる電力・通信などのネットワーク産業では，生産設備に多額の費用を要し生産量を増やせば費用が低減する規模の経済が生じるため，参入障壁がなくとも独占状態になる「自然独占」が一般的とされてきた。その結果，電力や通信は公企業を通じて政府が公的に供給したり，特定企業に独占権を与えた上で許認可によって規制するといった方法が採られてきた。けれども回収不可能な固定費であるサンク・コスト（sunk cost 埋没費用）が小さい市場では退出に費用がかからず，参入は容易である。

たとえば航空機は購入に費用がかかるものの，中古市場で売却することもレンタル市場で借りることも難しくない。そこで利潤機会を見出して参入し，毀損企業が対抗措置をとれば直ちに退出する「電撃的参入・退出戦略（hit and run strategy）」が可能である。自然独占は本来長続きするものではなく，政府による規制がむしろ参入障壁になっていることとなる。そこでサンク・コストが小さくコンテスタビリティ（contestability 競争可能性）の条件が成立している産業（航空産業。他に電気通信産業等）では規制は不要であり，緩和すべきとするW. J.ボーモルらの「コンテスタブル市場理論」が優勢になった。

ただしアメリカの航空産業にかんしては，1970年代末の規制緩和によって新規参入が続いたものの，多くの企業は倒産し何万人もが解雇され，大企業の寡占状態となって利潤が低迷した。サービス面でも乗り換え回数が増えたり混雑したりで，再規制が必要という声が上がっている。「電撃的参入・退出戦略」が起きて競争にさらされないよう，独占企業が対応を図っているのであろう（コンテスタビリティの不成立）*3。

日本でも1980年代以降，電力にかんして発電を送電とは切り離し新規参入を進めたり，通信事業でも長距離通信を市内通信網から切り離して新規参入を認めるといった措置がとられた。その後通信事業では技術革

＊3　依田高典（1999）「航空コンテスタビリティの神話」『経済セミナー』1999年6月号

新が目覚ましく，規制緩和や民営化の成果とみなされている。

米国では，合併のガイドラインが1968年に公表され，市場画定にかんする大きな考え方の変更を踏まえて1982年に大改訂が行われた[*4]。68年には「競争的な市場構造の確保・促進」が目的とされていたが，82年には「市場支配力の形成もしくは強化，またはその行使を容易にする合併が許容されてはならない」と変更したのである。それを受けて採用されるようになったSSNIPテストでは，「小幅であるが有意かつ一時的でない価格引き上げ」つまり５％ないし10％程度の価格引き上げを１年間続けるだけの市場支配力の行使が，市場画定の基準とされている。

産業組織論にかんしては，1980年代以降に「新産業組織論」が登場し，ゲーム理論を活用して戦略的な企業行動を説明するといったように，市場における構造と行動の関係を厳密に定式化する試みが進められた。その成果として，一時的な低価格でライバルを排除するような略奪価格設定が生じうることが明らかにされた。

現在の日本では，独占的な価格設定を行うだけでは規制せず，略奪価格設定等，何らかの行為で支配力の維持強化が実現した場合に独禁法が適用されている。学説の推移を受けたものと言えよう[*5]。

さらに近年，欧米では競争法の執行を強化する傾向にあり，日本企業が多額の罰金を課されたり，関与した者が禁固刑を科されたりする事例も発生している。グローバルに事業展開する企業では，海外の競争法を意識する体制づくりが求められている。

3. 市場における競争とは何か

以上が「効率―公正」モデルにおける市場競争の見方だが，それは現実の市場競争を的確に描写していると言えるだろうか。実は「完全競争」の仮定は，「競争が起きている状態」ではなく「競争が終了した結果」を描いている。第一に「完全情報」はどの商品とどの商品が「同

＊4 林（2007）Ibid.

＊5 柳川隆・川濱昇（2006）『競争の戦略と政策』有斐閣ブックス，第３章。

じ」であり，「異なる」のかの判断がすべての市場参加者にも共有されているとみなしている。官僚や研究者が客観的に把握した商品にかんする情報が，市場参加者に行き渡っているということだ。ところがどの商品とどの商品が競合しており，何と何が補完し合っているのかは，市場競争を経た結果として判明するのであり，事前に官僚や研究者が知りうるはずがない。

ミクロ経済学のテキストでは，コーヒーと紅茶が代替材であるとか，コーヒーとコーヒー・ミルクが補完財であるとかを客観的な真実であるかに述べられ，続いて価格の変化による影響等が考察されている。けれどもある商品と他のどの商品が代替材であり補完財であるかを決めるのは消費者の購買プロセスであって，経済学者ではない。

経営学者のP. F. ドラッカーが，こんな例を挙げている*6。1930年代，ゼネラル・モーターズはキャデラックの売れ行き不振に悩んでいた。輸送手段としての機能を高めたり価格を下げたりといった努力を重ねたものの，売れ行き低落には歯止めがかからなかった。ここで明敏な事業部長が「キャデラックの新車に大枚のドルを支払う者は，輸送手段としての車を買っているのか，それともステータスシンボルを買っているのか」と問うに至った。「われわれの競争相手はダイヤモンドやミンクのコートではないのか。顧客が購入するのは，輸送手段ではなくステータスだ」という結論に達した。

自分たちはキャデラックを輸送手段とみなし代替材である他の車種よりも機能を高めたり安くしたりしようとしてきた。けれどもキャデラックは，顧客たる消費者の主観においては輸送手段でなく「ステータスの表示手段」ではないのか。もしそうならば，価格を下げればステータスを下方に表示してしまい，売れ行きが落ちることは不思議ではない。そこで事業部長はキャデラックをより豪華に仕上げ，値上げを断行した。そうしたところ，キャデラックの売れ行きはV字回復した。顧客にとってキャデラックは，自動車というカテゴリーにおける他ブランドの

---

*6　P. F. ドラッカー（2008）『マネジメント――務め・責任・実践』有賀裕子訳，日経BPクラシックス（“Management: Tasks, Responsibilities, Practices”, 1973）

代替財ではなく，贅沢品というカテゴリーでダイヤモンドやミンクのコートの代替財として認識されていたのだ。

このエピソードにおいて，キャデラックを贅沢品とみなしたのは消費者であり，売れ行き不振というかたちで企業の値下げ戦略が誤りであることを示唆したのは市場であった。開発当事者はキャデラックを「輸送手段」として製造したのに，消費者は「贅沢品」へとジャンルの分類を読み替えていたのである。キャデラックは「贅沢品」と同じカテゴリーであり，輸送手段とは異なるカテゴリーにあったのだ。そうした読み替えに気づかない限り，利益は生まれない。「気づき」は，移ろいゆく社会や市場への観察から生まれる。企業が現場で行っている競争とは，消費者が何を求めているかをいち早く知ろうとするものである。

いくら企業家が「良い商品」と胸を張っても，「何が良い商品であるか」は最終的には消費者が決める。市場社会においてどんな事業が利潤をもたらすかを決定する権限は消費者である。L. ミーゼスは消費者と市場競争にかんするそうした見方を「消費者主権」と呼んだ[*7]。

ただし「消費者主権」の考え方からすれば，贅沢品だからといって価格を引き上げれば売れるかどうかも分からない。どんな豪華さならば高価格を支払って良いのかを決めているのも消費者である。消費者と供給者が出会う「競争状態」の市場において消費者がどんな審判を下すかは，事前には誰に分からないのである。

最近の日本における例も挙げてみよう。日本の喫茶店以外でのコーヒー市場では，缶コーヒーをいかにして本格コーヒーに近づけるのかにつき，長年にわたり激しい競争が繰り広げられてきた。淹れ立てのコーヒーに味を近づけるため，豆を変えたり流通方法を変えたりすることに，不断の努力が注がれた。けれども傾注された努力に比べて缶コーヒーの売り上げ規模はさほど動かず，行き詰まりの様相を呈していた。そこに最近になって大きな変化が現れた。それは缶コーヒーというカテゴリーに属する変化ではなかった。コンビニエンスストアで豆を挽いて淹れる

---

*7 筆者はこれを，実業家・鈴木敏文にならい「買い手主導」と言い換えている。松原隆一郎(2000)『消費資本主義のゆくえ』ちくま新書，参照。

という新しい商品形態が登場し，需要を奪われたのである。消費者が喫茶店以外でコーヒーにかんし求めている高級化は，飲料メーカーが開発にしのぎを削っていた缶コーヒーという形態においてではなかった。「高級化」は缶では限界があり，店頭で「豆を挽いて淹れる」ことで満たされたのだった。それにいち早く気づいたコンビニエンスストアが，市場拡大の超過利潤を得たのである。特定の缶コーヒーが缶コーヒー市場においては独占的だったが，それを突き崩したのは独禁法ではなく，コンビニエンスストアの店頭挽きコーヒーであった。

第二に，完全競争の仮定では，均衡価格で売買が実行されることになっている。これは注文された財だけを生産するという「オーダーメイド」（注文生産）方式を想定している。注文を受けてからの生産だと，どれだけ売れて儲かるか確定してから生産に取りかかる。ワルラスの一般均衡理論においても，同じ財で価格を上下させ，需給が一致してから後に生産を始めるとみなされている。実質的に注文生産を模写したモデルである。

けれども少品種大量生産が可能になって以降，一点ものの服を裁縫するようなそうした注文生産方式は次第に割合を下げ，将来を見越して予想（「期待」expectation）を立てながら生産するという「見込み生産」方式が主となった。それにより消費者はいちいち注文することなく小売店の店頭で現物を見てから商品を購入することができるようになったが，その代わりに企業側は「見込み違い」で在庫を抱える危険を負うようになる。

企業は生産・販売し利潤を得る際に，売れるかどうか事前には分からないという不確実な状態に置かれている。見込みで生産に踏み切り，うまく商品を売った企業が利潤を得るのである。ここで企業が行っているのは，消費者を魅了する商品を発案し，自社商品への需要の大きさを予想し，適切に価格を付け，広告を打ち，労働や資金・土地に固定費（賃金・利子・地代）を支払って生産を実行し，商品を販売するという一連の作業である。利子や賃金・地代などの支払い額は事前に契約によって確定しているが，それとは対照的に，利潤は販売が終わらないと確定せず，予想に反して赤字の可能性もある。顧客が殺到して店頭に行列したり商品への予約が入ることもありうるし，それは販売側にとって目標でもあるが，消費者が選択した結果にすぎない。

このように，事後になってみないと自社の提供する商品が売れるかどうか分からないという不確実性に挑む者としての企業家像は，L.ミーゼス以降，ハイエク，I.カーズナーらと続くオーストリー学派に受け継がれてきた*8。事業は，赤字になるという不確実性があるにもかかわらず，黒字にできるという自信を持つ企業家たちが展開する。企業家は買うか買わないか分からないお客に買ってもらえるよう，想像力を駆使して工夫を凝らすのである。

企業は品質，販売開始のタイミング，流通方法，広告の内容とタイミングや量，ブランド，原材料の種類，生産技術，アフターサービスなど様々な面で工夫を競い合う。企業は他社も内容を理解しているような技術や資金力だけを元手として競い合っているのではない。いかなる商品ならば買うのか当人にも分かっていない消費者の要望を探査する調査力や新商品に結実させる発想の斬新さは，組織に受け継がれるものであろう。S.ジョブズが率いたアップル社の製品開発力はそうした組織の力を象徴している。

J.シュンペーターが利潤の発生源として挙げた技術革新（innovation）にしても，利潤を生むか否かは最終的には消費者が決める。いかに画期的な技術であっても，それが消費者に好ましいと評価されるまでは，売り上げにつながらない。技術革新は技術という客観的な知識をめぐる変革だが，それに対し消費者が主観的にどう評価しているのかも企業は把握する必要がある。技術革新を行うだけで利潤を得られるとは限らないのである。カーズナーは企業家に特有のそうした気づきや判断力を「機敏性（alertness)」と呼んでいる。

＊8 越後和典（1985）『競争と独占』ミネルヴァ書房，L.ミーゼス（1991）『ヒューマン・アクション』春秋社（“Human Action; A Treatise On Economics”, 1949）参照。ちなみに景気対策にかんし彼らの敵対者と目されるケインズも『雇用・貨幣および利子の一般理論』でほぼ同様の見込みにもとづく生産理論，投資理論を提起している。一方，見込み生産に伴う不確実性が消滅するという市場社会ではありえない前提で経済を描くのが，「効率—公正」モデルである。

ただしオーストリー学派は，最終消費財だけでなく資本財や中間財を生産する企業も，そうした「気づき」を競うと見ている。機械設備などの資本財は，最終消費財をいきなり生産するのでなく，いったん迂回する方が効率的と思われる場合に生産される*9。最終消費財と中間財のいずれの分野で起業するのか，そして店舗や机，PCなどの資本財を新たに設備投資するのか，それともすでに存在している資本財を転用するのか，それとも賃貸で借用するのかを，企業家は判断なければならない。そうした企業家の判断が織りなす市場の体系を，オーストリー学派は資本理論としてまとめ上げようとした。

それは現実を的確に描写するものではあったが，変数が多くあまりに複雑で，ハイエクは「複雑性の理論」と呼び，数学モデルによって描写することは断念した。「効率―公正」モデルはそれを単純化し変数を減らしたものであり，とりわけ需要にかんする不確実性が捨象されている。それにより官僚や研究者が「競争」を評価するようになったが，競争が終了した結果だけを見て途中の競争状態を推測しているに等しいと言える。

4. 消費社会が作り出す文化資本

文化資本は伝統文化を基礎とするが，消費財のイメージによって日々更新されている。消費秩序を表象する「商品の体系」については，記号学が定式化している。「犬」や「猫」，「猿」は，「動物」という同種のカテゴリーに属し，その中で差異をもっていて「範列」（パラディグム）

---

*9　同じように果物が自生する孤島が2つあるとしよう。一方の島では住民が採集した果物をすべてその日のうちに消費している。そこでは，島民は果物が自然に実を結ぶペースに合わせて生活するしかない。しかし別の孤島では住民がすべての果実を採取した日に食べ尽くさず，計画的に消費する間に道具を作ったり植樹したりしている。道具を用いると，島民はより多様な果物を採取できるようになる。これが貯蓄を通じて道具という資本財を生み出すというプロセスで，豊かな国々は長い歴史の中で資本財を蓄積している。

資本財にしても，やはり生産は買い手の評価にもとづいて行われるのである。より消費財の生産段階に近い買い手が迂回を認めると，資本財を生産する企業に存在意義が生じる。ヘスース・ウエルタ・デ・ソト（2015）『通貨・銀行信用・経済循環』蔵研也訳，春秋社（“Dinero, crédito bancario y ciclos económicos”, 1998）参照。

関係にあると言われる。だが言葉の意味はそれだけでは確定しない。「犬」に「権力の」という別の言葉が添えられれば，それは動物を指さなくなる。そこである言葉の意味は別の言葉との結合，さらには文章の流れにおいて意味を確定することになる。この言葉の「結びつき」が「連辞」（サンタグム）である。

R.バルト*10は同様のことが，財の選択にかんしても言えると言う。シャツ－ズボン－履き物という一式の衣服で言えば，シャツはワイシャツ／ポロシャツ／Tシャツの中から選択され，短パン／スラックス／ジーンズから選ばれたズボン，革靴／スニーカー／ビーチサンダルから選ばれた履き物と組み合わされる。衣服を着るにつけても選択と結合が行われているのである。「商品の体系」は，商品についてのパラディグムとサンタグムの格子によって構成されている。

J.ボードリヤール*11はこれを受け，消費者は商品を意味の体系において認識し，その消費によって自己を社会の中で定位する無言のコミュニケーションを行なうとみなした。そうした消費の社会的論理には，二つの側面がある。第一は，コードにもとづいた意味づけとコミュニケーションの過程である。それは商品の体系が持つ意味が消費者に理解されるということだ。第二は，分類と社会的差異化の過程である。モノはコードとして意味上の差異だけでなく，ヒエラルキーの中の地位上の価値として秩序づけられている。Tシャツ－ジーンズ－スニーカーが肉体労働者の仕事着だとすれば，ワイシャツ－スラックス－革靴はホワイトカラーの服装である。サンタグム相互に，ヒエラルキーの序列をなす。

高度成長期までの日本では，「豊かになる」とはこのヒエラルキーの階段を上っていくことだった。新たな商品は，それ自体の機能を求めてというよりも，生活全体の水準を上げることを目指して購入された。ヒエラルキーの頂点には，進駐軍やテレビドラマが示して見せたアメリカ的生活があった。それを得るべく，50年代後半は三種の神器（白黒テレ

---

*10　R.バルト『モードの体系：その言語表現による記号学的分析』佐藤信夫訳，みすず書房，1972

*11　J.ボードリヤール『消費社会の神話と構造』今村仁司，塚原史訳，紀伊國屋書，1979

ビ・洗濯機・冷蔵庫)，60年代前半は３Ｃ（カラーテレビ・自動車・クーラー）が家庭に浸透していった。三種の神器よりは３Ｃの方が，高いヒエラルキーに相当するサンタグムであった。

生活の「水準」を上げるような「豊かさ」の追求は，70年代の半ばに停止した。いくらテレビやクーラー・自動車を所有しても，家の狭さや通勤時間の長さは解消されない。理想とするアメリカ的な消費生活に，物理的に可能である限り追いついてしまったからだ。達成されてしまった理想は，現実であってもはや目標ではない。バブル期には，ブランド品や洋酒を多くの人が手に入れるようになった。けれどもそれだけでは，生活の「水準」までが上がったとは言えなくなったのだ。

生活の水準が上がらないとしても，変化を楽しむ，ということはありうる。同じサンタグムに属する商品であっても，Ｔシャツ－ジーンズ－スニーカーという系列において，Ｔシャツのデザインや色合いを変えるのである。そのようなものとして，80年代には，企業の供給する製品の多様化，すなわち多品種少量生産が日本に特異な現象として展開された。しかも多品種少量生産を実現した企業の８割近くが，大半の品種について採算がとれていたと答えている。そしてボードリヤールは，経済社会の進展とともに，消費者自身の「個性」さえも消費の対象になるという。これまでのものとは異なる化粧品を使うとき，消費されるのは化粧品そのものではなく，それを使う「自分」のイメージ，「個性的な自分」だというのである。

またさらには，市場を細分化し，個別に対応する戦略もとられた。たとえば体操や陸上競技とは別の領域として「ジョギング」が成立すると，ジョギング専用のシューズやウェアなどの市場が新規開拓される。Ｔシャツ－トレーナーパンツ－ジョギングシューズという系列が，新たなサンタグムとして創出されるのである。それゆえスポーツ衣料メーカーは，「ジョギング」が健康維持にとって重要であることを強調する広告を打つ。

このような商品の差別化や市場の差別化の論理は，一般には80年代の消費の特徴とされている。何らかの秩序の解体や不道徳を連想させるものではない。個性の主張や新たな領域の登場というだけでは，秩序の解体や不道徳までは感じられないのだ。なぜなのか。ヒントとして，この頃から企業がしばしば「消費者が見えなくなった」と嘆くようになったことを挙げよう。これは，一般には商品についての連辞的なつながりに従わないような消費財の選択が散見されることとされている。食事で言えば，パン－サラダ－目玉焼きといった洋食やごはんに魚・味噌汁といった和食ではなく，ごはんにサラダに目玉焼きが雑然と並ぶことが稀ではなくなったという現象を指す。ジャンルの混淆は記号学的には意味上の混乱と受け取られる。だがこれには，別の解釈も可能である。企業が理解する，もしくは理解したい記号の体系に，消費者が従っていない可能性だ。消費者は，企業が発信する商品サンタグム（ライフスタイル，と言っていい）の提案に，簡単には同調しなくなっている。これは，個々人が商品やその連辞的な意味づけを選ぶ判断力を修得し，その差異性を際だたせるような消費を行うようになったということだ。ミーゼスの言う「消費者主権」が成立したのである。

商品開発の例を挙げる。ミノルタは80年代前半，一台で各種レンズやファインダーなどを撮影目的に応じて自由に装備できるような専門家向けの一眼レフ・カメラを製造していた。ところがそうした専門的なユーザーは限られていたため，売上げは縮小し始めた。けれどもニコンやキャノンを超える高級カメラの開発を追求してきた技術者たちにとって，「より良い品」を作る路線から離脱する決断は困難であった。ここでいう「より良い品」とは，企業や技術者たちがそう思うもののことだ。

そこでミノルタのカメラ開発部の技術者たちは，カメラ店の店頭で「お客様から学ぶ」研修を行なうことにした。その結果，自動焦点機構を搭載し，素人でも専門的な高機能をこなせる初の一眼レフ・カメラ「ミノルタ α －7000」が誕生する。85年のことだ。

この機種はヒットし，カメラ界にブームを巻き起こした。消費者は，半端に高級な製品を得ることよりも，専門的な知識を要さずいちいちレンズを交換しないですむ点にこそ必要性を見いだしていたのである。それを無視していくら専門家向けカメラを世に送り出しても，一般消費者は飛びつかない。企業に求められたのは，専門家の観点から「より良い品」を提示することではなく，消費者のその時点での要望を商品として形あるものにすることだったのだ。商品開発において消費者の欲求を読み込むことが不可欠になったという意味で，商品の「良さ」を決める権限は，企業から消費者に移ったのだと言ってもよい。機能にせよ記号的意味にせよ，商品を開発する側が消費者の欲求に同調せざるをえなくなったのである。

5. 例外としての幼稚産業保護・金融規制

オーストリー学派的には，競争の維持とは，企業家が機敏性を発揮して買い手の購買欲求を満たそうとする状態が持続されることである。それはどのような条件のもとで実現するのか。企業間の競争は消費者の要望にどれだけ応えるかを競っているのだとすれば，最適な規模や資源配分，浪費や進歩率を，市場における消費者の判断とは別次元で把握できるとするSCPパラダイムの発想には疑問がある。低費用で製造できるといっても消費者が欲しくない商品を大量に供給することには意味がないし，利潤率が長期的に低くても薄利多売に徹するという経営判断もありうる。また利潤率が高い産業に資源配分を大きくすべきだというのも余計なお世話で，既存企業は労働者をリストラして無理に利潤率を上げているのかもしれない。「広告は○％が上限」等という基準も恣意性は免れず，誇張でなければ広告は情報の伝達に役立つし，広告は一個の文化でさえある。未知の技術が発見される進歩率の適不適をデータから推定しても消費者が有益と認めない技術が含まれるかもしれない。製品差別化が競争を阻害するという見方に至っては，逆に消費者にとって有益である商品の多様性を否定し，多様性をめぐる競争を阻害している。

また巨大企業が市場を支配し独占利益を得ることが，否定されるべきかにも疑問がある。先述のように，独禁法は生産者側の競争状況にもっぱら注目しているからである。J. K. ガルブレイスが1952年の『アメリカの資本主義』で唱えたように，弱者である労働者や消費者が団結すると「拮抗力（counter-veiling power）」が発揮され，それによって市場が調整されることがある。労働者が労働組合を作って賃上げを交渉したり，流通過程にスーパーやチェーンストアが出現し，メーカーに値下げを迫ったりといった現象である。ガルブレイスは，アメリカの独禁法は巨大メーカーに甘く労働者の団結に厳しいと批判している。企業による支配力の競合だけでなく，市場にかかわるすべての勢力の支配力が拮抗することが重要なのである。

日本で言えば，最近では流通でも消費者のビッグデータを直接に得ているコンビニエンスストアの支配力が強まり，ナショナル・ブランドのメーカーに対抗してプライベートブランドの商品開発を行っている。またコンビニは，独禁法が考えるように消費者主権が低価格で実現されるとはみなさず，品揃えの便利さで消費者に応えている。実際，物質的には同じコーラが，同資本のスーパーとコンビニエンスストアにおいて，前者の方の価格が安いのに後者で10倍も売り上げているといった現実がある。価格競争だけが競争であるかのように解釈する独禁法では，売れ筋商品をコンパクトに品揃えするという競争を否定することになってしまう。

政府の干渉については，政府が将来において主導的な役割を果たすであろう産業に補助金を与えて育成する「産業政策」が日本では盛んに行われたという歴史的事実がある。1963年には当時の通産省が鉄鋼業や自動車産業等を特定産業に指定し，合併や整理統合を促す「特定産業振興措置法案」を提出したが，各産業から強い反発を受けて廃案とされた。自動車企業９社を３社に集約して大型車を生産するというのが通産省の計画だったが，現実にはオイルショック後に小型車が日本を代表する輸出財となった。これなどは消費者の要望に鈍感な産業政策の典型的な失敗例と言えよう。政府に望ましい商品を指定する能力があろうはずがなく，税金を使って資源配分を歪めた例である。

とはいえ，規制のすべてが市場を不健全に歪めるとは限らない。経済的規制については基本的には緩和することで市場競争を促進すべきといえるが，例外がある。第一は，メリット財（第７章）としての公益性も兼ね備えた業態である。航空産業や鉄道のように社会インフラとしての設備が巨大であり，自然独占となっている産業については費用低減やサンク・コストの観点から規制の是非が論じられているが，単独ではなく，他の輸送設備と併せて見た全体については明らかな公益性がある。独占企業が撤退すると，その地域には交通手段がなくなるからである。

また，市場競争の結果として市場そのものが消滅するという逆説的なケースもある。そもそも商店街には住宅が併設されることが多く，民間で出店を自由に決めているために，店舗を借りて営業したい人がいるにもかかわらず，駅前の商店街が住宅地となり昼間にシャッターを下ろす光景が日本の地方都市では珍しくない*12。自治体が商店街を公共財とみなさず，郊外にスーパーが出店すると，交通手段を持たない高齢者は駅周辺であっても取り残され，やがて人口は激減していく。

さらに民営化による競争の激化によって，産業や生活の基盤に必要な安全性や安定性が損なわれる懸念がある。たとえばJR福知山線の脱線事故は，民営化後に目先のサービスや利益を追及し，安全対策が後回しにされたことが原因とみられている。競争を強いるならば，安全性についても公的な監督は不可欠である。

第二はF.リストが提唱した，幼稚産業の保護である。先に挙げた日本の自動車産業（乗用車）では，1950年代から60年代一杯まで外国車に高い関税がかけられ，輸入にも制限がかけられていた。1953～54年には比較的自由に輸入できたものの，それ以降1960年までは輸入禁止，自由化されたのは1965年になってからであった。この保護政策は通産省が国際競争力を持たない国内自動車産業を保護するよう主張した結果として施行され，ハイヤーやタクシー業界の側に立つ当時の運輸省とは対立して，最終的には外国から貿易自由化要請を受けて解除された。

この時期の自動車市場にかんする実証分析によると，1961年頃にはすでに日本側が価格競争力で逆転している。図3－2*13のように輸入が自

＊12　松原隆一郎『荘直温伝　忘却の町高梁と松山庄家の九百年』吉備人出版，2020，第二部第四章参照。

＊13　小坂（2015）

(図3－2) 日本の乗用車市場に占める輸入車の割合と販売台数

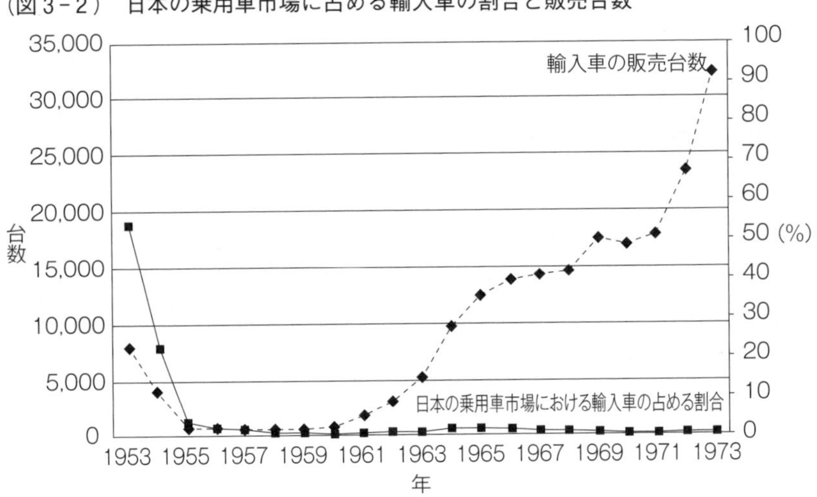

由化された後も外国車の国内市場におけるシェアは伸びていないから，幼稚産業の保護には十分な効果があったと結論できる*14。けれども自由化は自主的に行われたのではなく外圧によるものであり，競争力が対等になった1961年には自主的に輸入解禁すべきところを65年まで過剰に保護してしまったとも言える。幼稚産業の保護は産業に競争力のない間は効果があるが，競争力がついた後も自主的に解除するのには困難が伴うことが分かる。

第三は，金融市場への規制である。金融市場では投機が広く行われている。投機（speculation）とは将来売却（購入）することを見込んである財を購入（売却）することで，現在と将来の価格差から利益を得ようとする行為である。フリードマンはこの投機行為につき，「一般に投機が不安定化要因となりうるのは，平均して投機業者が通貨の価格が低いときに売り，高いときに買うばあいに限られる」と述べている*15。この主張は変動為替相場制が不安定性に満ちたものだという懸念を否定しようと意図されたものであった。しかし投機行為全般につき，投機業

＊14　小坂賢太（2015）「戦後の日本の乗用車産業における保護貿易政策の実証分析」『政治経済研究所年報』第10号

＊15　M. フリードマン（1977）『実証的経済学の方法と展開』佐藤隆三他訳，富士書房（"Essays in Positive Economics", 1953）

者が正の利益を得ている間，価格変動は和らげられているという主張と解釈されるようになり，投機を肯定する「フリードマン命題」と呼ばれている。

フリードマンは，今日の消費を断念して貯蓄する人に「時間選好プレミアム」としての金利を与えるという資産市場の「異時点間の資源配分」機能を重視している。貯蓄がいつか必ず消費に回され，しかも将来に生起する事柄の内容や確率分布があらかじめ知られているならば，確かに「投機」によって金融市場は安定するだろう。

投機の意義を強調するこの立場からは，「株価はつねに企業の真の価値を反映している」（効率的市場仮説）とか「どんな金融商品にかんしても深刻な投機バブルは滅多に発生しない」，「金融市場への政府の監督は最小限でよい」といった主張が派生していった。そうした主張に後押しされ，1990年代以降のアメリカでは大胆な規制緩和や資産バブルの放置，短期利益重視といった政策がとられた。その帰結として生じたのが，2008年のアメリカ住宅ローン市場危機に端を発する世界的な金融危機であった。フリードマン流の投機肯定論には，金融市場の暴走を煽る面がある。

それに対しケインズは，株式の購入動機には事業が生み出した利潤にもとづく配当を目的とするものと，キャピタル・ゲインを求めるものとがあると指摘している*16。将来に生起する事柄の内容や確率分布があらかじめ知られており，しかも前者が支配的であるならば，投資家は将来の配当の総和（の現在価値）である真の価値を推測し，現実の株価がそれから乖離しているときに売り買いをする「裁定」を行う。投資家が差額で儲けることを通じて，株価は真の価値（将来の配当の総和の現在価値）へと近づいていく。それはフリードマンが述べた通りである。

けれども株式市場で後者のキャピタル・ゲインを狙う投機が優勢にな

＊16 「もし投機という言葉を市場の心理を予測する活動に当て，企業（enterprise）と言う言葉を資産の全存続期間にわたる予想収益を予測する活動に当てることが許されるなら，・・・投機が優位を占める危険は事実増大する」。J. M. ケインズ（1995）『雇用・利子および貨幣の一般理論』塩野谷祐一訳，東洋経済新報社（“The General Theory of Employment, Interest and Money”, 1936），第12章。

ると，配当を予想するのでなく，平均的な意見がどの株を買うのかを予想することに努力が傾注されるようになる。ケインズはこれを「美人投票」にたとえた。「美人投票」とは「投票者が100枚の写真の中から最も容貌の美しい６人を選び，その選択が投票者全体の平均的な好みに最も近かった者に賞品が与えられる」というゲームである。このゲームにおいて投票者は，自分が美人とみなす人に投票するのではない。そうではなくて，平均的な意見が誰に投票するのか推測することを競うのである。このたとえでケインズが指摘したのは，投機には企業が得た利潤にもとづく配当の多寡とは関係なく，将来において大勢が購入して価格が上がるような株がどれかを予想する傾向があるということであった。平均的な意見がどの会社の株を買うのか言い当てることを競うようになると，株式市場においては他人の行動への著しい同調が起きる。

株式投機においては，人々が買って株価が上がる前にいち早く買い，下がるのに先駆けて売るのが最善の策である。そこで人々の売り買いに注目せざるをえなくなる。株式市場で相場が上がっているといったニュースに接すると，我先にと株が買われる。逆に資産の暴落が始まると察知した金融資産保有者は，手持ちの資産をいち早く売り逃げしようとする。利潤の裏づけなく株価が上がった時にその上昇分をバブルと呼ぶが，将来の配当の総和そのものが誰にも分からないため，バブルが生じているのか否かはバブルが破裂するまでは確定しない。

株価が上昇すると投資しやすくなるため，それがバブルによるものであれば誤った設備投資を誘発し，バブルが崩壊すれば設備を二束三文で売却しなければならなくなる。株価が長期にわたって低位につけると，企業が財・サービスの生産によって地道に得られたはずの利潤獲得機会も失ってしまう。つまり株価は，価格としての調整メカニズムを果たさなくなる。それゆえバブルを発生させるような過剰な投機には制限がかけられるべきで，バブルが生じたと懸念されたならば金融資産市場の熱を冷ますような政策がとられねばならない。またバブルが崩壊した後には，被害を最小限に抑えるような危機対応としての財政金融政策も必要になる。

貨幣は商品と交換されることで私たちの経済厚生を高めるが，金融資産市場でバブルやその崩壊を引き起こしたり，商品市場でもインフレ・デフレを起こす原因となる。それだけに，貨幣は共有資本のひとつとして発行には規律が求められる。金融資本に対する社会的規制については第11章で再述する。

参考文献

・越後和典（1985）『競争と独占』ミネルヴァ書房
・J. K. ガルブレイス（1955）『アメリカの資本主義』藤瀬五郎，時事通信社
・J. M. ケインズ（1995）『雇用・利子および貨幣の一般理論』塩野谷祐一訳，東洋経済新報社
・L. ミーゼス（1991）『ヒューマン・アクション』春秋社
・村上泰亮（1992）『反古典の政治経済学　上・下』中央公論新社（『村上泰亮著作集』６・７巻，中央公論新社）
・ヘスース・ウエルタ・デ・ソト（2015）『通貨・銀行信用・経済循環』蔵研也訳，春秋社
・柳川隆・川濱昇（2006）『競争の戦略と政策』有斐閣ブックス

研究課題

1．SCP パラダイムからコンテスタブル理論に至る競争要件（経済的規制）についての想定は，消費者の満足はそれで自動的に満たされるものと想定している。けれども地方の小都市において郊外に大スーパーが開店したため近隣商店が閉店を余儀なくされると，利用者にとっては交通が不便になったりもする。さらに大スーパーが閉店すると，市場そのものが消滅して日々の買い物にも不便な状態となる。これは流通業の競争の結果として生じうることであるが，市場競争が消費者の日々の生活の安定に貢献していないようにも見受けられる。それはなぜか，考察してみなさい。

2．M. フリードマンは投機が市場に与える効果を肯定的にとらえており，一方でケインズは投機が金融市場にもたらす不安定性に注目している。両者の投機に対する評価はどこで違っているのか。検討してみなさい。

3．特定の経済主体に市場支配力が集中する独占・寡占状態があるとき，公権力によって支配力を分割させるのが競争法の役割である。けれども支配力の分割だけでなく，他の勢力に支配力をつけさせて拮抗させるという形で支配力の均衡を図るという方法でも競争力は維持されるだろう。そうした観点で日本の農業をとりまく経済環境のあり方を分析してみなさい。

4．「SCP パラダイム」は，競争が「より完全に近い」か「不完全」かを区別し，前者であれば現実の市場がパレート最適な均衡をもたらすとみなした。しかし F. A. ハイエクは，現実が完全競争の条件に含まれるような「財の同質性」や「完全情報」といった仮定に近いか否かを問うよりも，1つとして同じではなく連続的に異なる（差別化されている）ような財の系列を扱う市場に競争が「存在する」か「存在しない」かの方が重要な意味を持つと強調した。では「価格や質が連続的に異なる」状態と「同質である財の質や価格を全員が知っている」とにはどのような概念上の関係があるか。競争を「個々の財についての情報が拡がる過程」としつつ，論じなさい。

4 市場と参加

1. 義務教育

市場に参加するためには何が必要だろうか。市場ではカネを払えば商品が買えるのだから，カネすなわち予算が必要，というのが一つの考え方である。家計は手持ちの労働力・土地・資金を貸し出し，それを予算として，効用を最大化するよう消費財を選択する。企業は技術と信用を元に労働力・土地と資金を借り，それと資本を予算として技術を元に利潤を最大化する。ここまでが「効率―公正」モデルの考え方だ。

けれども二つめの考え方として，第３章で述べた市場競争に参加するための条件がある。「不確実性―社会的規制」モデルでは，消費者が何を求めているのか，消費欲望はどのようなものであるのかを察知することが最終消費財をめぐる市場競争である。中間財メーカーは最終消費財メーカーがどのような中間財を求めているのかをいち早く知ろうとしのぎを削っている。そして消費者や顧客であるメーカーといった環境につき「知る」には，環境から情報を引き出し解釈する能力が備わっていなければならない。

社会学者の清水幾太郎は『倫理学ノート』（1972）において，経済学の「効用理論から選択理論への発展」等に触れ，現代の経済学が「面倒な事柄をすべて『与件』として外部へ投げ出して，それでスマートなフォーマリズムを守る」ことに「怒りは爆発した」と述べている[*1]。労働者の能力や嗜好は生産関数や効用関数という形式に表出しているとされる。けれども選択理論で合理的な選択と言うとき，そこで想定されているのは出来上がった「大人」であり，人間が環境に囲まれて自らを育み，同時に環境を作りかえる成長の過程は見過ごされている。人は環境

＊1　清水の文章は『清水幾太郎集』パンフレット（1988）。講談社文庫版（2000）『倫理学ノート』解説（川本隆史）に引用あり。

の中で生まれて成長し，やがて環境に働きかけて作りかえる。とりわけ子どもは社会から学び，成長する。それをうながすのが教育である。

そう考える清水は教育学者J.デューイの『人間性と行為』（1922）が提起する「プラグマティズム」にならい，「思考と観念は，環境への適応のための，環境との均衡のための道具」ととらえる*2。環境への適応の過程が学習であり，学歴はその履歴である。「過程」としての学習と「履歴」としての学歴をこのように区別するのは，市場で効力を発揮するのはあくまで現在の機敏さや判断力であって，履歴は過去の実績に過ぎないからだ。

このように考えると，教育は労働能力への市場評価を高めるべく実績を重ねるだけでなく，まずは市場で判断力や機敏さを発揮しうるよう，子どもを成長させるものと見るべきであろう。環境に働きかけて環境を作りかえ，逆に環境から働きかけられて自分を組み替えるというやりとりが市場と人間の関係であるならば，市場に参加するためには，そのやりとりを学ぶための基礎教育が必要になる。また予算には，個人として所有する物的・金銭的な資本とともに，「共有資本」も含まれる。家庭やコミュニティ，利用しうる自然環境や文化資本，決済方法としての金融資本である。それらを利用しつつ消費者や顧客であるメーカーという環境を理解するには，まずは基礎教育が必要になる。労働市場に参加するための条件を平等にするには，まずは義務教育を無償で提供すべきである。そして義務教育が必要不可欠ということについては，日本は近代化の初期から十分に自覚的であった。

近代化を目指して法的な条件を整え，私的所有権が完備しても，なかなか離陸できない途上国経済がある。対照的に日本は，ヨーロッパが一世紀をかけて経験をしてきたような近代工業化や経済発展を短期間で成し遂げた。その理由をA.センやR.ドーアは，明治維新当時の日本人の識字能力の高さに求めている*3。

「疑う余地のないことは，1870（明治3）年の日本における読み書き

＊2 清水幾太郎（1985）『我が人生の断片（下）』文春文庫，50頁。

の普及率が，現代の大抵の発展途上国よりかなり高かったということである。おそらく当時の１部のヨーロッパ諸国と比べてもひけをとらなかっただろう」[*4]。「1870年頃には，各年齢層の男子の40～50%，女子の15%が日本語の読み書き算数を一応こなし，自国の歴史，地理を多少はわきまえていた」[*5]とドーアは指摘する。

それは言うまでもなく，寺子屋の普及の成果であった。明治維新後に政府が関係者の記憶や記録に頼って行った調査によると，江戸時代の寺子屋の数は全国で１万5,560校に及んだ。設立は江戸後期から幕末期が圧倒的に多かったと言われる[*6]。寺子屋が，識字を中心とする教養を子どもたちに習得させたのである。一校当たりの平均児童数は男児43人，女児17人。先生（師匠）は中・下級武士や浪人，僧侶，神官，医師，商人，上層農民等。江戸の寺子屋では一般に午前７時半から午後２時半頃まで授業があり，休みは年間に50日ほどしかなかった[*7]。

図４-１によれば，明治19年～24年（1886～1891）の滋賀県では，男子で自署が不可能な者は10%前後しかいなかった。非常に高い自署率と言えよう。読むだけならば，それ以上の率に達したと推測される。けれども鹿児島県の自署率は，男子でこそ40%を超えていたが，女子では10%未満であった。識字率には地域差だけでなく，男女格差も付随していたことが見て取れる。

では基礎教育は，どのように経済発展にかかわるのだろうか。何が消費財として求められているのかを知るには，自分のではなく他人の行動様式や嗜好を理解するという，知的な態度が必要になる。それについてはF.リストが自由貿易論を批判し幼稚産業保護論を掲げる第一の理由

＊3　A.セン（2002）『貧困の克服―アジア発展の鍵は何か』大石りら訳，集英社新書（“Beyond the Crisis”, 1999 “Human Rights and Asian Values”, 1997 “Development as a Universal Value”, 2000 “Why Human Security?”, 2000）
＊4　R.ドーア（1970）『江戸時代の教育』松居弘道訳，岩波書店（“Education in Tokugawa Japan”, 1965）
＊5　R.ドーア（1978）『学歴社会』松居弘道訳，岩波現代選書（“Diploma Disease” 1976）
＊6　文部省編（1890）『日本教育史資料』
＊7　斉藤泰雄（2012）「識字能力・識字率の歴史的推移―日本の経験」『国際教育協力論集』第15巻第１号，広島大学教育開発国際協力研究センター

（図4－1）　自署の不可能な者の県別，男女別比率

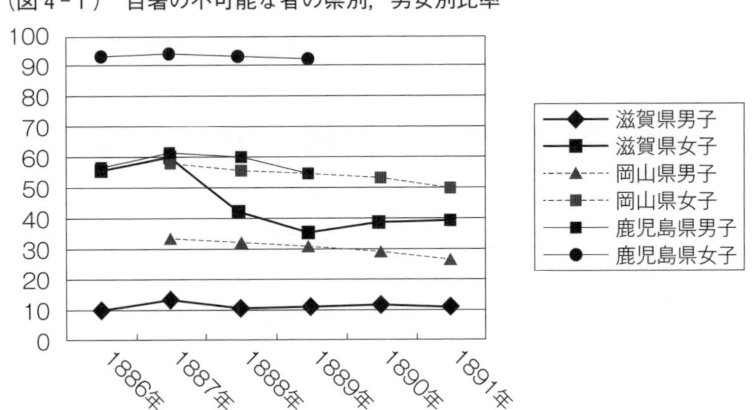

原資料：斉藤泰雄（2012）

として考察している*8。農業は知性を持たない自然を対象とし，肉体労働に依存している，とリストは述べる。対照的に工業は知性を持つ人間社会の消費者を対象とし，熟練や教養を要するものである。工場内で分業を行うにも製品を市場で販売するにも，生産法や制度を理解したり，社会関係に馴染んだりしなければならない。そのように工業化した段階の経済では，物質としての商品を作るにも，精神における作業が必要になる。そうリストは述べる。

工業においては技術的な知識を習得するよう労働者を教育しなければならない。労働者の個人的な才覚や倫理に任すだけでは，生産性を高めることはできないのである。農産物を相手にするだけの農業段階の経済とは異なって，工業段階では読み書き計算の能力が必要になる。途上国の幼稚段階にある産業を海外列強との経済競争にさらすのは，「幼児や少年が格闘で強壮な男子に打ち勝ちがたい」のと同様だとリストは言う。工業にとって知識の習得は決定的に重要であり，知識や技能，経験・熟練を獲得するためには，時間的猶予が求められる。それゆえ途上国においては教育に要する一定の期間，自由貿易は禁じるべきで，先進国に追いついた後に保護貿易は解除すべきである。それがリストの幼稚産業保

＊8　F. リスト（1970）『経済学の国民的体系』小林昇訳，岩波書店（“Das nationale System der politischen Oekonomie”, 1841）

護論であった。

これまでの議論に関連させれば，次のようにも言えるだろう。市場社会において財の生産は，原材料と資本財に労働・土地といった本源的生産要素を加えることで行われる。しかし近代以前には自然に労働が働きかけるという漁業・農業・林業など第一次産業が中心で，人間関係にもとづく集団労働以外には，資本財を用いて迂回生産したり，それによって原材料を生産したりといった複雑な過程は分岐していなかった。それゆえに人々が求められた素養も，人間関係資本にかかわる人付き合いのための規範や礼儀作法，入会権にかんする掟や漁業・農業の技能，村落共同体における文化伝統といったものが大半だった[*9]。リストが述べているのは，それら共有資本を維持するための知識ならば家族や村落共同体の中で習得されるだろうが，消費と生産が分離し，生産においても迂回過程が複雑になる工業段階では，別途自立した基礎教育が必要になる，ということであろう。

けれども基礎教育が提供されたといっても寺子屋のように有償であれば，親の所得差が労働市場への参入障壁となってしまう。その問題についても明治期の日本は，実に明敏であった。森有礼が明治18年に初代文部大臣に就任すると，明治政府は小学校を３～４年間の義務教育とし，さらに師範学校と呼ばれる教員養成学校も創設し，1906～1911年にかけて市町村予算の43％も重点的に注いだ[*10]。義務教育の実施にどれほど本気で取り組んだかが伝わってくる数字であるが，実際のところ明治期日本の急速な近代化に果たした役割ははかり知れない。

その後，全国民が小学校に就学するにはしばらくの時を要したが，読み書き算盤などを優秀な教員から習う可能性がすべての子どもに拓かれていったことは，経済全体の成長とともに（メリット財としての基礎教育については第６章で述べる），国民の平等の観点からも重要であった。識字率の地域差・男女差は，私立の寺子屋だけで埋めようとすれば相当

＊9　近代以前の文化資本としては，伝統音楽としての律・民謡・都節・琉球民謡，各地の郷土料理，民藝，集落建築等がある。

＊10　1906年から1911年にかけて。A. セン（2002）P.24の指摘による。

な経済発展と時間とを要したであろう。明治期日本においては，国が先導して義務教育を普及させたことにより，読み書き算盤という文化資本の基礎が国民全体に急速に蓄積されていったのである。

これについてセンは，日本が豊かになった後に義務教育が導入されたのではない点に注意を促している。明治期に自動的に経済発展が実現し，しかるのちに豊かさの果実として義務教育が普及させられたのではない。そうではなくて，義務教育の普及が先行したことが，経済発展の鍵となっていたのである。金持ちや地位の高い人が先行して豊かになり，その成果が滴り落ちる（トリクルダウン）ようにして庶民にも教育が与えられたのではない。富裕層が先んじて豊かになり，余裕が出来て後に教育の平等化がそれに続いたという順ではなく，貧しい人も含めて基礎学力を与えたことが明治期の日本人に潜在能力と生活の質を保証し，それが経済発展を誘発した。基礎教育の普及は，貧困家庭の子どもに市場へ平等に参加させる条件を整えたのみならず，基礎教育を施された人材を大量に準備することによって，経済的離陸の原動力となしえたのである。

2. 学歴獲得競争と文化資本

以上のように，日本社会では義務教育が経済発展にとって有効に機能した。しかし経済が発展し高校へもほぼ全員が進学するようになると，高校以上の学歴の差が問題になる。

図 4-2 によれば，男女ともに高校卒，高専・短大卒，大学・大学院卒と学歴が上がるに従って，年収が高くなっている。賃金カーブについても，大学・大学院卒のカーブの傾斜が急で，男性は女性よりもその傾向が顕著である。このデータからは，労働市場においては学歴と性差が能力の代理変数とみなされ，所得に反映されていることが明確に読み取れる。

学歴が能力差を反映すると考えるのは，部分的には正しいと言わざるをえない。というのも学歴は，当人の能力の全体を正確には示さないにしても，「潜在能力を発揮した経歴」については表示していると考えら

(図4－2)　学歴・性・年齢階層別賃金

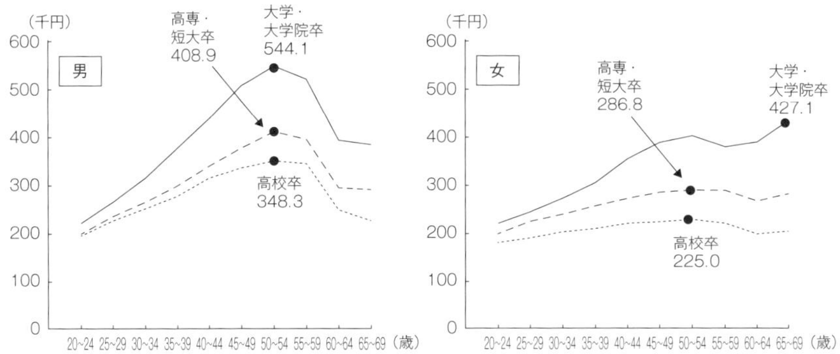

出所：厚生労働省「賃金構造基本統計調査」平成27年

れるからだ。

そこで経済学では，学歴を積み上げることを一般に投資ととらえる。親が子の受験教育に資金を投じるのは，子の生涯にわたる所得を向上させるための先行投資だというわけである。これこそが学歴への投資の問題である。図4－3を見てみよう。親の年収が高いほど四年制大学進学率や受験浪人（および未定）率は上がり，就職や専門学校へ進学する率は下がっている。たとえば親の年収が400万円以下の家庭では四年制大学への進学率が31.4％にとどまるのに対し，1000万円を超える家庭では，62.4％に達している。つまり親の所得が大きいほど，子どもが高学歴を得る可能性は高まっている。

親の所得差（家庭内における共有資本）によって子どもの学歴が左右され，学歴によって所得が決まるのであれば，所得を得る機会を均等にするには親の所得差を埋める政策が必要となろう。親の所得の高さが子の学歴の高さに対応しているという関係が高校・大学の学費を支払う財力に由来するのだとすれば，国公立の高校・大学の学費を私立よりも十分に下げれば問題はひとまず解決するだろう。国公立校に行く生徒の親の所得が私立に行く生徒の親の所得とかわりなく，国公立だけ学費を下げるのは逆に不平等だと言うのなら，親の所得が低い子だけに奨学金を与えるようにすればよい。四年制大学の中でも就職で強い上位校へ合格するのに受験指導に熱心な私立進学高校や予備校へ通うことが有利に働

（図4－3） 両親年収別の高校卒業後の針路（所得階級5区分）

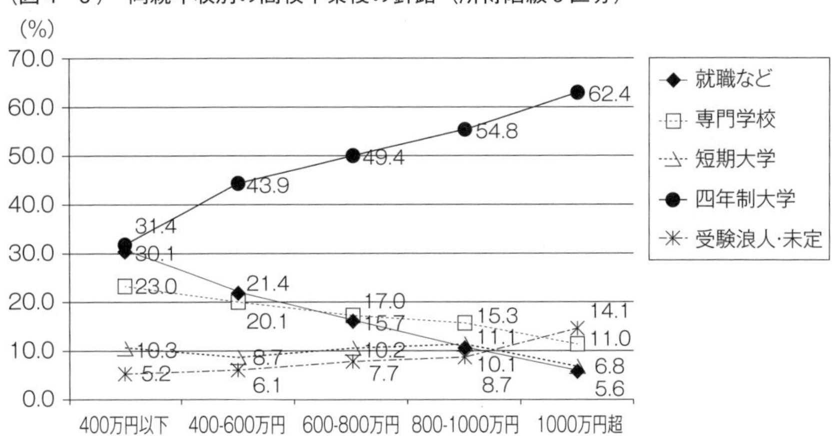

（注） 日本全国から無作為に選ばれた高校3年生4,000人とその保護者4,000人が調査対象である。両親年収は，父母それぞれの税込年収に中央値を割り当て（例：「500万から700万円未満」なら600万円），合計したもの。

「就職など」には就職進学，アルバイト，海外の大学・学校への進学，家事手伝い・主婦，その他を含む。

出所：東京大学大学院教員学研究科大学経営・政策研究センター（2009）「高校生の針路と親の年収の関連について」

くならば，それには高額の費用がかかるかもしれない。しかしそれについても，国公立高校においても受験指導を強化するとか中高一貫六年制を導入すればよいのであって，実際に一部でそうした改革が進んでいる。

ところが別の調査では，親の財力だけでなく，家庭環境そのものによっても子どもの成長に大きな違いが表れることが示されている*11。こちらについては，環境を等しくするのは困難である。「子どもが小さいころ，絵本の読み聞かせをした」「博物館や美術館に連れて行く」「毎日子どもに朝食を食べさせている」「ニュースや新聞記事について子どもと話す」「家には本（漫画や雑誌を除く）がたくさんある」などに当てはまる保護者の元で育った子どもは，学力が高いというのだ。一方，子どもの学力が低い層の保護者に多く見られる行動として「テレビのワイドショーやバラエティ番組をよく見る」「携帯電話でゲームをする」

＊11 耳塚寛明（2009）「お茶の水女子大学委託研究・補完調査について」文部科学省

「パチンコ・競馬・競輪に行く」「カラオケに行く」等があるという。

それを象徴するような事件が2013年に起きている。東京都某所の病院で60年前，出生直後に他の赤ん坊と取り違えられた男性が，病院を訴えて勝訴したのである。事情が興味深い。一方の家庭は裕福，教育熱心でもあり，４人の男児を授かった。取り違えられて裕福な家庭に育った子は，家庭教師を与えられ，他の弟たち同様に大学に進学し，家業の不動産業界に入って現在は会社を経営している。他方の家庭は貧しく，父親は早く亡くなり，母親は生活保護を受けて３人の男児を育てた。立派な母親ではあるが，取り違えられてトイレ・炊事場も共同のアパートで育った子は，中学卒業時に町工場に就職，一念発起して定時制高校を卒業し，トラック運転手の仕事に就いている[*12]。

この事件では，金銭としての所得以上に，家庭環境が二人の人生に影響したという点が興味深い。ここで言う家庭環境とは「教育熱心」など，社会学者のP.ブルデューが「文化資本」と呼ぶような，文化的教養のことである。当人に勉学の能力がなくとも親に資力があり，進学校に入学させたり家庭教師を付ければ学力が必ず伸びるかというと，そうは限らない。進学校にも，学習能力と要求される学力のギャップに悩む生徒は一定数存在する。それにもかかわらず，裕福な家庭に取り違えられた子が期待された通りに進学できたのには，家庭の文化的教養が支えになったと思われる。この事例は，先述の調査内容を裏付けるものといえよう。

所得格差だけであれば，再分配である程度はカバーできる。また学費が安い国公立の大学や高校が進学に配慮するようになったことも，学歴を再分配する政策といえる。けれども家庭における文化資本は，直接には再分配が困難である。まして親のない子であれば，「親の愛情」という文化資本さえも不足しており，再分配が不可能である。「文化資本」にこと欠くと，自由な時間があっても自分を向上させるためには使えず，「テレビのワイドショーやバラエティ番組を見る」「携帯電話でゲームを

＊12　朝日新聞「60年前の新生児取り違え，病院に賠償命令　苦痛認定」2013年11月26日

する」「パチンコ・競馬・競輪に行く」といったことに流されがちになる。親の愛情に相当するものを求めて，気持ちが空回りすることもあるだろう。

家庭における文化資本の格差が金銭では克服しがたいものであるならば，どのような対策があるだろうか。図書館など地域の公立の文化施設を活用し，文化資本における格差の是正を図ることがありうるだろう。図書館といっても，文化資本としてのそれはたんに本が置いてある施設を言うのではない。家庭における文化資本とは，本が沢山あるという物的環境を指すのではない。子どもにとって同居者である保護者がテレビや携帯電話ゲーム，賭け事等の娯楽に興じている環境では，本を読むようには動機づけられにくい。教養は身近な人が愛情を持って仲介するからこそ身につくのであって，「母親による本の読み聞かせ」はそれを象徴している。文化資本は，人間関係資本と並立することで生かされるらしいのだ。

近年ではこの点に注目し，文化施設をまちづくりの中核に据えようという動きがある[*13]。家庭が文化資本を欠いていたとしても，文化を渇望する子どもたちに居場所を与え，文化を仲立ちとして地元の大人たちとも触れ合う場所として文化施設を充てる試みである。一例を挙げよう。

東京都杉並区立杉並芸術会館「座・高円寺」は，現代演劇の公演を行う区立の常設劇場であるが，観劇の場であるのみならず，子どもたちが地元の大人たちに囲まれながら演劇を中心とする文化に触れ，成長を育むことを狙いとしている点に特徴がある。一年中，また午前から夜半まで無数の文化事業が営まれている施設ではあるが，商店会や近隣住民が縁日的に楽しむ環境で，子どもたちが文化を体験できるメニューが充実している。

具体的に紹介すると，毎年開催される「世界をみよう！」は世界各地から招待した無言劇を中心とする演劇やパフォーマンスで，いくつもの演目がある。男の子ピンと女の子ポンの出会いを描く無言劇の「ピン・

＊13 藤野一夫（2011）『公共文化施設の公共性』水曜社

（図４－４）「みんなの作業場」

提供：杉並区立杉並芸術会館「座・高円寺」

ポン」は，ピンポンを駆使し，観客も巻き込んでファンタジックな世界を展開する出し物で，地域の学校への出張公演も行っている。４歳児からの「観劇デビュー」を謳い文句に，区在住の児童を無料招待している「劇場へいこう！」では小学生以上向けのオリジナル演劇「旅とあいつとお姫様」を上演しており（2015年まで），新作が続いている。

２階のカフェで毎週土曜日に開催される「絵本の旅@カフェ」は，常備されている絵本を「本読み案内人」と呼ばれる大人が読み聞かせてくれるサービスで，案内人のテーマ設定次第で，たとえば「花」をテーマに「はなさかじいさん」「はるじゃのばけつ」「フランシスさん，森をえがく」を読むといった趣向がある。

「みんなの作業場」は子どものためのワークショップで，たとえばヴォードビリアンにパントマイムやタップダンスを学ぶといったものがあり，机の上の勉強でなく，またスポーツでもなく，表現として身体を動かすことが学べる。

以上，家族が大家族から核家族となって，また女性も職業を持って親不在の時間があり，コミュニティも崩壊した現在，文化資本を集約した公的文化施設が積極的に子どもたちに文化教養を提供し，居場所を与えようとしているのである。

こうした試みは，東京でのみ存在しているわけではない。地方でも先進的に行っている施設があり，岐阜県可児市の文化創造センター「ala」はその代表的な例である。世界的プレーヤーの生演奏を聞きに毎年全国から聴衆が集まる「森山威男ジャズナイト」等，東京でも触れることのできない文化事業が組まれているが，それだけでなく，何かにつけ市民が集まる場として定着しており，目を見張らされる。中高生が学校帰りに勉強をしに寄ったり，外国人住民が芝生で結婚式を挙げていたり，文化に日常的に触れる場として機能している。地方自治体の文化施設は「ハコモノ」として一律に批判の矛先向けられがちだが，運営側にしっかりした理念があるならば，コミュニティの核となる文化資本として機能しうるのである。

3. 選抜と企業内研修制度

以上で述べてきたように，工業化されて以降の市場社会で活動するためには非伝統的で抽象的な知識を身につけていなければならないが，知識を習得することと並行して労働市場での選抜が実施されてきた。戦後日本においては，基礎学力から高度学術まで，家庭内の文化教育から社内研修に至るまで，家庭から学校，そして企業へとつながる教育制度が選抜制度としても機能したのである。

選抜制度は，「パイプライン」になぞらえられる*[14]。義務教育が中学で終わった後，生徒たちは高校受験によって各種高校に振り向けられる。高校の種類によって就職か専門学校進学か大学受験かが決まり，工業高校なら企業の工員へ，商業高校なら企業の一般職・営業職へ，さらに普通高校から大学に進学すれば短大なら企業の一般職，四年制なら総合職，大学院まで進めば大学教員，医・歯学部なら医者というように，人材が振り分けられるのである。勉学の進路は人材の選抜システムでもあるのだ。しかもそれは教育システムも兼ねており，教育を受け，知識が蓄積され，その蓄積度合いによって次の進路が拓かれる。そうした選抜と育成は，企業の内部でも定年まで続行されて行く。

とりわけ高度成長期以降1990年代まで，日本の雇用は閉鎖的で，大企業間における人材の流動性は高くなかった。企業内の人材振り分けを司る選抜システムは，長い時間をかけて潜在能力を育み，成長に応じて昇進させるものであった。大企業では，従業員は新卒で入社すれば長期雇用され，賃金も年功によって上昇していった。

大企業では，研修やOJT（on the job training）等の人材育成が各企業の内部で独自に実施された。日本では大半を占める中小企業でも，雇用は流動的ではあったもののバブル崩壊頃までは失業率が低く，技能形成は働きながら行われた。ところが1990年代以降の長期にわたる不況を経て，大企業でさえ長期雇用制を維持することが困難になり，従業員を中途で採用することも珍しくなくなった。企業側が職業訓練に費用をかけたにもかかわらず，成果を回収する前に退職されてしまう可能性もある。人材の流動性が高まったということではあるが，それによって技能形成の機会が限られ新たな参入障壁となってきた。

図4－5は，日本における非正規雇用の増加を示している。2015年の段階では37.5％と，全被雇用者の3分の1が非正規雇用となっている。非正規雇用は正規雇用に比べ，景気に応じて調整されたり賃金が低いのみならず，雇用保険や健康保険・厚生年金の加入率も低く，正規雇用と同じ職務をこなしても待遇には差があると言われている[*15]。

＊14　山田昌弘（2004）『希望格差社会』筑摩書房

(図4－5) 正規雇用と非正規雇用労働者の推移

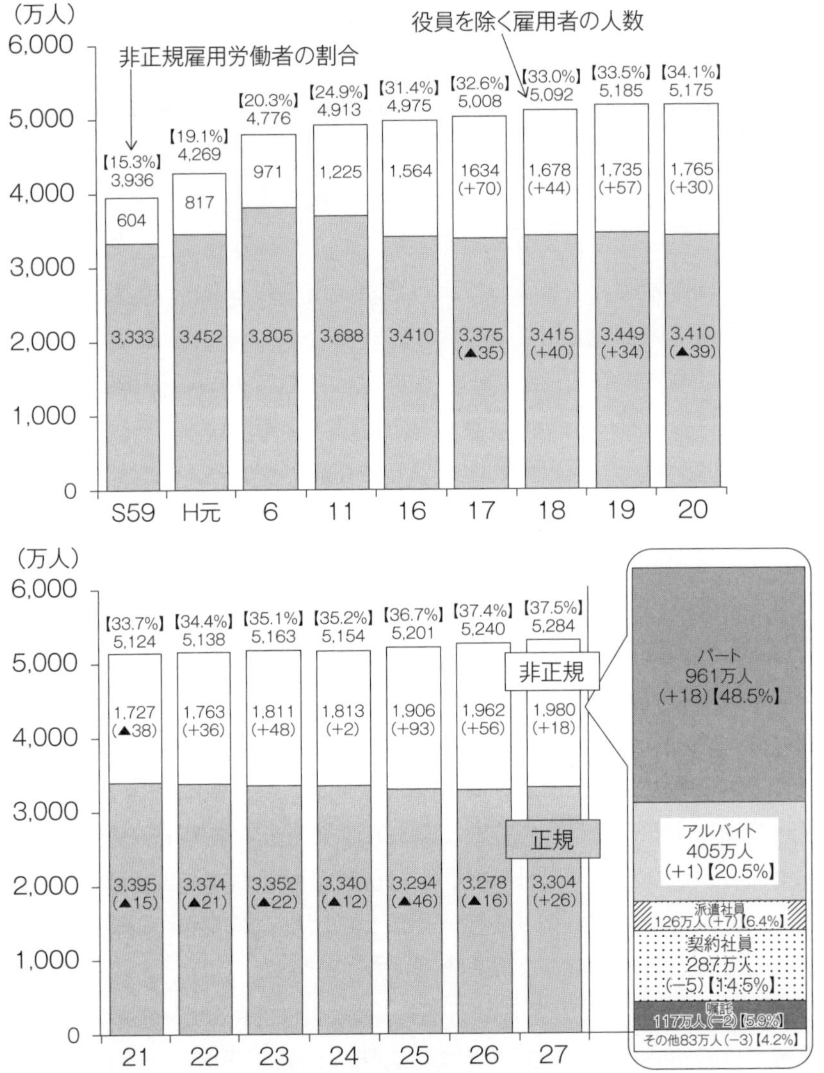

出所：総務省

＊雇用形態の区分は，勤め先での呼称による。

＊15 2014年で正規雇用が90%以上に対し，非正規雇用の場合は雇用保険が67.7%，健康保険は54.7%，厚生年金は52.0%，退職金制度は9.6%，賞与支給制度は31.0%。総務省「非正規雇用の原状と課題」より。

企業の側が非正社員をどのように位置づけているかを見てみよう。図4－6は，旧日本経営者団体連盟（日経連，現在は日本経済団体連合（経団連））が95年に「雇用ポートフォリオ」という考え方を提唱した際に用いた図である*16。すでにこの時期財界は，基幹労働者を中心に長期雇用を前提とする「長期蓄積能力活用型グループ」，専門的熟練・能力を有する「高度専門能力活用型グループ」，有期雇用で職務に応じて柔軟に対応させる「雇用柔軟型グループ」の三つに労働者を区分し，自社の経営環境に応じて組み合わせて雇用したいと考えていた。

ここに暗に示されているのは，企業が費用負担してまで人材育成を行うのは，正社員であるところの「長期蓄積能力活用型グループ」に限られるということだ。「高度専門能力活用型」は大学院等で出来上がった研究者や会計士・弁護士などの専門家を短期的に契約して使うというもの，そして「雇用柔軟型」すなわち非正規雇用は，人材育成に費用をかけることなく，社会保険料を負担することもなく，適宜雇用するものである。期待される役割も小さい。図4－7に示されるように，正社員以外に教育訓練を実施している事務所は，計画的なOJT，OFF-JT（off the job training）のいずれも正社員の約半数にすぎない。各種保険とともに人材育成にかかる費用は，企業にとって固定費用として認識されているのであろう。

ここで問題になるのが，いったん非正規雇用になると，容易には正規雇用にはなれないことである。非正規雇用のままでは職業訓練を受けられないため，技能を有する人的資本としての価値を高められない。しかもある時期に職業訓練を受けないとそれが次の雇用に際して「役割を期待されない」理由となり，さらに職業訓練を受けられない期間が延びる。そしてそれが次の時期に職業訓練を受けられない理由となり・・・というように，悪循環が続く。

正社員と非正社員とでは待遇に差があるにもかかわらず，非正社員は望んでも正社員になれないというのは，市場競争への参加に障壁が存在

＊16　日経連「新時代の『日本的経営』―挑戦すべき方向とその具体策」1995年5月

（図4－6） 雇用ポートフォリオの概念

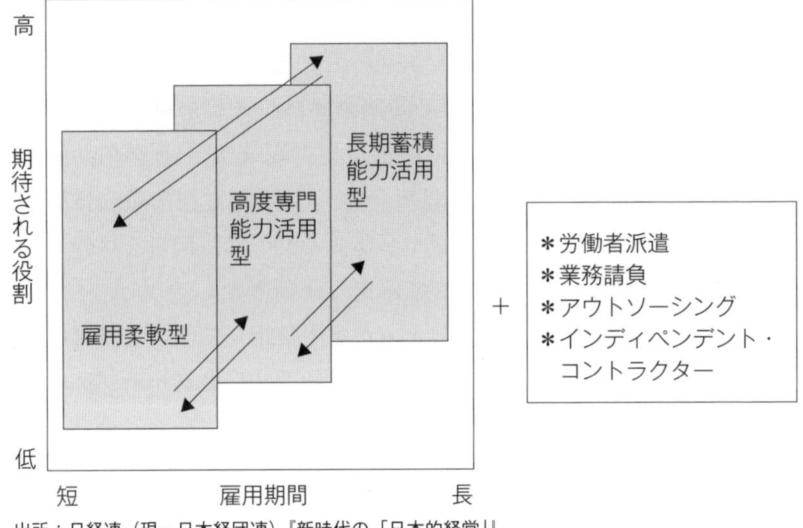

出所：日経連（現・日本経団連）『新時代の「日本的経営」』

（図4－7） 事業所における教育訓練の実施状況

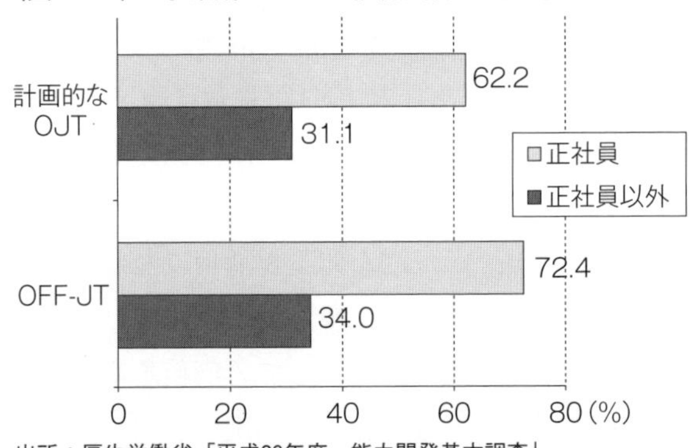

出所：厚生労働省「平成26年度　能力開発基本調査」

することを意味している。したがって，社内研修に相当する職業訓練を公的に行うことにも妥当性があるといえよう。現場の知識を習得させるような「企業横断的な能力開発」を公的に実施することが可能であるなら，優秀な成績を上げた者には正社員への道が拓かれると期待される。けれども企業には，内部情報を外部と共有することには拒否感が強く，持ち出しでそのような職業訓練を行うには困難が伴う。

既存の制度としては，職業訓練と能力評価を兼ねたものとして2008年に導入されたジョブ・カード制度がある。正社員経験の少ない人を対象として職務履歴や職業訓練を受けた経験，免許や資格等を「ジョブ・カード」と呼ばれる書類に書き込み，教育訓練機関における学習と企業における実習をキャリア形成に生かす狙いで，政府が2008年から実施している制度である。

けれども「ジョブ・カードを持参してきた非正規労働者を喜んで採用するかというと，それは基本的にありえない」というのが大企業の人事担当者の生の声である*17。研修としては中途半端の感は否めないのであろう。

非正規雇用の扱いについては，労働経済学者の小池和男が魅力的な提案を行っている*18。それぞれの職場に正規労働者と非正規労働者の氏名を合わせて記し，扱う技能につきどれができるかを表示する「技能表」（小池は仕事表と呼ぶ）を張り出す。さらにこなせる技能，持ち場の数，こなす難度を点数化し，昇格の要件も明示する。これはすでに優れた生産や流通の職場で行われてきた事例だが，それにより企業にとっては面接だけで新卒を正社員に採用するよりも長く細かに能力を観察できるし，働く側もより多くの情報量を得ることができる。点数で技能が表示されることが職業訓練になってもいる。

市場社会を公正なものとするとは，市場に参加するための条件を平等に整えることである。こうした提案も含め，非正規労働者に対し公正な能力開発を行う仕組みを与えることが求められている。

＊17　駒村（2009）『大貧困社会』角川SSC新書，第2章

＊18　小池和男（2016）『「非正規労働」を考える　戦後労働史の視覚から』名古屋大学出版会，終章

参考文献

・大野健一（1996）『市場移行戦略』有斐閣
・小池和男（2016）『「非正規労働」を考える　戦後労働史の視覚から』名古屋大学出版会
・A. セン（2002）『貧困の克服—アジア発展の鍵は何か』大石りら訳，集英社新書
・J. デューイ（1995）『人間性と行為』河村望訳，人間の科学社
・R. ドーア（1970）『江戸時代の教育』松居弘道訳，岩波書店
・R. ドーア（1978）『学歴社会』松居弘道訳，岩波現代選書
・I. Hirose（2015）“Egalitarianism”（広瀬巌『平等主義の哲学』齊藤拓訳，勁草書房，2016）
・藤野一夫（2011）『公共文化施設の公共性』水曜社
・F. リスト（1970）『経済学の国民的体系』小林昇訳，岩波書店
・山田昌弘（2004）『希望格差社会』筑摩書房

研究課題

1．本講の言う「効率―公正モデル」では「条件の平等」を整えるべきとし，「結果の平等」についてはどの程度の格差を容認するかを政治的な意思決定に委ねるとされている。けれども「条件の平等」が整ったとしても，子どもが育つに当たっての家庭環境の相違や，当人がアルコール中毒などで合理的に判断できない場合が考慮されていないとの批判もありうる。経済学以外の分野で「条件の平等」に修正もしくは追加を行っている議論に注目し，どんな前提が異なっているのか検討しなさい。

2．経済発展の初期状態においては，どのような制度が必要だろうか。大野（1996）を参考に義務教育以外についても検討しなさい。

3．人口減少が経済成長にとってマイナスだという見方から，人口減少国は移民を受け入れるべきとする主張がある。しかし移民が正規雇用されるならば，国内の非正規雇用は固定化されてしまうだろう。非正規雇用をいかに扱うべきかを，効率性と平等性の観点から検討しなさい。

5　社会保障

1. 社会保障の論理と分類

第4章では市場に参加するための「条件の平等」について，労働を中心に考察した。それが十分なものであったとすれば，人は平等な条件で競争し，市場から収入を得ることができる。では市場活動の「結果の平等」，所得の再分配についてはどのように考えるべきだろうか。近年，世界中で格差が拡がっていると言われ，日本も例外ではないとされている。ジニ係数*1の推移を見ると，確かに日本でも1980年代から一貫して高まっており，2009年段階で先進国ではフランス・ドイツと同水準となっている。

市場では誰もが直面する不確実性に抗って初めて所得が得られるのだから，「条件の平等」が満たされる限りでどんな所得格差も正当という考え方もありうる。そうであれば，低所得の人は不確実性を攻略するだけの努力が足りなかったことになる。他方，知的能力や容貌・容姿など，当人の努力以外に所得の多寡を決めている生得的要因や運があるのも事実ではある。人は生まれる際に容貌・容姿，知的能力や時代と場所を自分で選ぶことができない。それを理由として高所得者が高い税率で累進課税されるのは果たして妥当だろうか。再分配はどのような理由で正当化されるのだろうか。

＊1　所得の低い方から高い方へと世帯を順に並べ，それぞれの世帯の所得を国民の全所得で割った比率を求めて順次加えていくと，所得の累積構成比が求められる。それを縦軸に，世帯数の累積構成比を横軸にとると，両者の関係は逓増する曲線（ローレンツ曲線）として描かれる。所得が完全に均等であればローレンツ曲線は45度線になり，所得格差が大きいときは下方に膨らむ。ジニ係数は45度線とローレンツ曲線とで囲まれる弓形の面積と45度線と縦・横軸で作られる三角形の面積の比率であり，所得格差が小さいときは0に近づき，大きいときは1に近づく。

（図５－１）　等価可処分所得のジニ係数の国際比較（総世帯）

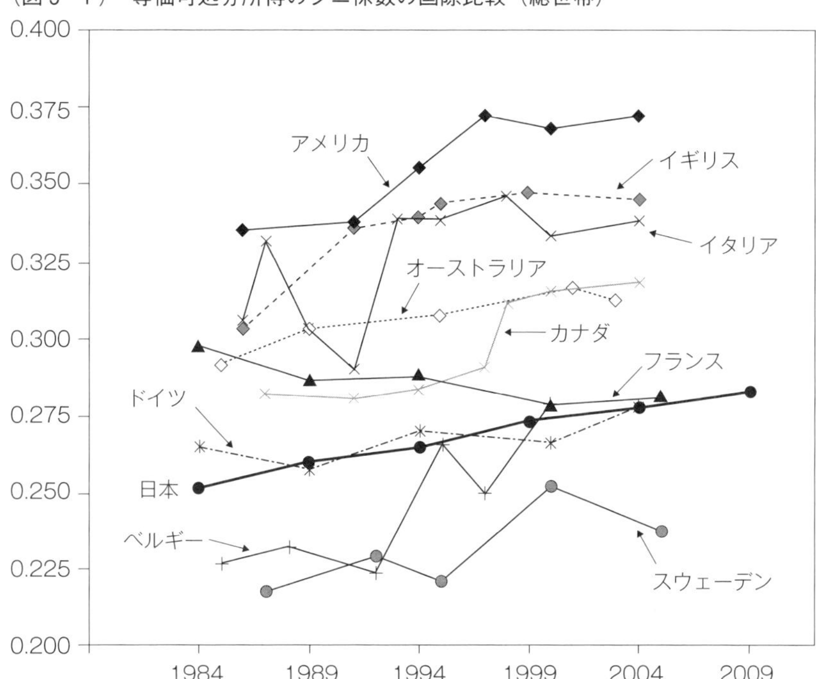

国名〈調査年〉		ジニ係数	国名〈調査年〉		ジニ係数
アメリカ	〈2004年〉	0.372	日本	〈2009年〉	0.283
イギリス	〈2004年〉	0.345	フランス	〈2005年〉	0.281
イタリア	〈2004年〉	0.338	ベルギー	〈2000年〉	0.279
カナダ	〈2004年〉	0.318	ドイツ	〈2004年〉	0.278
オーストラリア	〈2003年〉	0.312	スウェーデン	〈2005年〉	0.237

※調査年は，LIS 公表データ（直近値）

出所：総務省統計局「平成21年全国消費実態調査　各種係数及び所得分布に関する結果」
　　　日本は全国消費実態調査結果，1994年以前は経済企画庁の「視点シリーズ11」より
　　　日本以外はルクセンブルク所得研究所（LIS）より

（注）　所得が600万円の二人世帯と300万円の一人世帯とでは１人当たりで同じ300万円になるが実感としては二人世帯の方が豊かであることから，実感により近づけるために家計の可処分所得を世帯員数の平方根で割ったものを等価可処分所得という。

J. ロールズは『正義論』(1971) において，自らの能力や生活水準にかんする個人情報から成員の全員が遮断されているという「無知のヴェール」の状態にあるとき，どのような社会状況が求められるかを考察した。その際，人間は欲望を満たすだけの存在ではなく一個の人格であり，自尊心を持って生きる権利があるとも仮定した。そして自分がどんな職務や地位に生まれてくるのかを誰も知らなければ，人格や自尊心が保護される社会を創ることに全員が合意するだろうと結論した。

ロールズが満場一致で合意されると主張する内容は，３つの原理から成っている。「第一原理」は社会や政治，文化などに参加することの自由が平等に保障される「平等な自由の原理」である。また「第二原理」には二つあり，職務や地位について開かれ機会の均等が行き渡っているという「公正な機会均等原理」，およびもっとも恵まれない人の利益になると期待される限りで不平等は容認されるという「格差原理」である。

この説明は抽象的に聞こえるかもしれないが，所得が確定してから再分配の仕方を決めるのには抵抗感がある人でも，あらかじめ再分配の方式を決めておき，自分がどのような所得水準であってもそれに従うということならば同意する可能性が高まる。新古典派の厚生経済学者はここでロールズの考える「情報の遮断」をリスクでとらえ，リスクに対する態度は人により異なることを強調する。期待効用最大化をどのような形で定式化するのかという問題にすぎないという理解である。

けれども，「情報の遮断」をリスクとみなす解釈は正当だろうか。生起することを誰も予想しない大災害に襲われたとすれば，貧富の差もなく皆が身一つで荒野に投げ出される。それについては多くの人が予想していないという点でのみ平等であり，誰も期待効用を計算できていない。そのとき偶然無事だった人が手を差し伸べて被災者が最低限の生活を保障されるとあらかじめ決めておくことについては，多くの人が合意するであろう。大災害だけでなく，危機には経済危機もある。誰にも想像がつきリスクの範疇にある不景気のみならず，専門家すら見逃すリーマン・ショックのような想定外の危機が起こりうる。社会保障が必要であることの根底には，市場社会が直面する制御しきれない不確実性がある。

ロールズの言う「無知」は，リスクではなく大災害も含む様々な危機についての不確実性と理解すべきである。社会保障は細目につき，不確実性とリスクのいずれに該当するのかを区別しなければならない。

さて日本国憲法第25条は，社会保障制度の構築を命じている。第１項の「すべての国民は，健康で文化的な最低限度の生活を営む権利を有する」は，ここまでの議論にかかわらせて言えば，誰もが市場で自活するための前提となる人間関係資本や文化資本を得るだけの最低生活が保障されると宣言している。ロールズの言葉で言えば，最低生活とはたんなる栄養水準を指すのではなく，対人関係において人格や自尊心といった体面も満たされることを意味している。そのうえで，「国は，すべての生活部面について，社会福祉，社会保障及び公衆衛生の向上及び増進に努めなければならない」（第２項）とする。

そこで社会保障の仕組みを整理しておこう。第一は公的扶助で，「最低限度の生活」は生活保護制度によって実現される。これは貧困者対策ではあるものの，日本の現状では無条件に与えられるものではない。本当に貧困なのかを調べるミーンズ・テスト（資力調査）が課されるし，社会的自立を促すよう支援するものでもある。低所得者には，資力調査を踏まえてではあるが，社会手当制度や生活福祉資金貸付制度，公営住宅制度も準備されている。「衣食」については金銭で購入する選択の自由が保障され，「住」も公的に安く提供される。

第二は，高齢者・児童・身障者・母子家庭などがハンディキャップを克服するよう支援する社会福祉である。これら公的扶助と社会福祉を合わせて公的福祉と言い，税によって運営されている。公的福祉には所得の差を埋める効果があるため，「垂直的再分配」と呼ばれる。

第三は社会保険で，公的年金保険や公的医療保険，労働者災害補償保険，雇用保険，介護保険が含まれる。社会保険は，低所得者でなくとも直面しうる生活上のリスク，すなわち予想外に長生きして財産が不足する高齢のリスクや突然病気や障害を負うリスク，失業のリスクに対応するために，年金保険や医療保険，失業保険（雇用保険）を公的に整備するものである。リスクに直面した人に対しそれ以外の人から金銭の移転が行われるため，こちらは「水平的再分配」と呼ばれている。

まとめて言うと，社会保障のうち人が社会人として恥ずかしくない暮らしを送る最低条件を税によって保障するのが公的福祉，低所得者でなくとも出会う生活上のリスクを軽減するために保険金拠出で運営されるのが社会保険である。当事者にとって選びようがなく，想定もできない不確実性に対処するのが公的福祉，保険を用いてリスクを社会全体で軽減するのが社会保険と言い換えることができる。誰にも想定できない不確実性に起因する貧困に対処する前者の公的福祉は，弱者救済という面もさりながら，「誰もが最悪の立場に置かれる可能性がある」市場社会に安心して参加するための，制度的な保障というべきであろう。

以上のように公的福祉，社会保険そして民間保険が併存する理由はなぜだろうか。リスクについては統計を用いれば合理的に処理でき，民間保険も理屈上は可能であるのに，後者の社会保険をなぜ国が運営する必要があるのかをまず検討してみよう。医療については，先進国の多くで公的保険が設けられている。先進国における例外は，民間保険が主となる米国である。社会保険が民間保険と異なるのは国民に加入を強制する点で，「貯蓄の強制」に当たる。また保険給付額は支払い能力によってではなく平均的・社会的必要によって決まり，契約が個別的ではないという性質もある。まず，一般に民間保険はなぜ成立するのかから考えてみよう。

不測の事態が起こるとして，生起する確率（リスク）が分かっているとする*2。たとえば病気にかかる確率を1/2，かからなかったときの所得を100，かかったとき医療費が50必要になるとしよう。ここで25の保険料を支払い，病気になれば医療費の50が支払われる保険があるとする。リスク回避的な人がこの保険に加入する理由は，以下の通りである。

所得の限界効用は逓減するものとし，所得100の効用は30であり，病気にかかった場合の所得50の効用は20とする。保険に加入しないとき，この人の所得は100もしくは50で，その期待効用は$30 \times 1/2 + 20 \times 1/2 =$

＊2　林宜嗣（1999）『財政学』新世社，p.150

（図5－2）　所得の効用関数

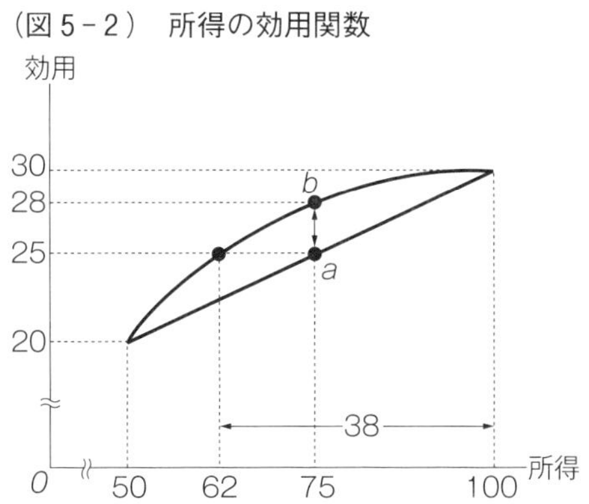

25である。保険に加入したとき，病気にならなければ所得は100-25=75だが，病気になっても医療費は不要だからその75は保障されていて，所得は75で確定している。図5－2のようなリスク回避的効用関数であるなら，これに対する効用は28だから，保険に加入しない場合の25よりも大きくなり，所得にかんしリスク回避的であれば加入する合理的な理由があることになる。確定した所得が62以上であれば保険に加入するから，保険料が38以下ならこの保険は存続しうることも分かる。

民間保険はこうした原理で合理的に成り立つが，では社会保険の方が優位になるのはどんな場合だろうか[*3]。民間では保険が成立しがたいケースがそれである。保険事業運営者（保険者）が結果にかんする確率分布を熟知しているとき，「リスクがある」状態と呼ぶ。一方，結果の確率分布が事前にわからないとき，「不確実性がある」と言う。まず，不確実性がある場合，民間の保険には上述のような理屈が使えず，非効率になるか，もしくは存在できなくなる。初期の衛星発射のような始まったばかりの事象では事故数が稀少であるために，事故の確率が安定的に算出されない。観察対象が少ない場合は，リスクではなく不確実性がある。

ではリスクだけならば民間保険が成り立つかと言うと，保険を買う側

＊3　ニコラス・バー（2007）『福祉の経済学』菅沼孝監訳，光生社（“The welfare state as piggy bank”, 2001）

(加入者）と売る側（保険者）で情報が共有されない場合，すなわち「情報の非対称性」があるときには，2つの問題が生じる。第一が，民間の保険ではリスクの高い人がより高額の保険料を払う仕組みになっており，そこで保険加入者が自分のリスクが高いことを隠蔽する場合である。リスクの情報につき加入者本人よりも保険者が把握しにくいことを利用して，保険者に対して加入者がリスクの情報を隠蔽することを，「逆選択」と呼ぶ。「情報の隠匿」である。保険会社は高齢の医療保険申請者に対し，自分の健康状態を正直に言っていない可能性が他世代よりも高いと疑っており，こうした場合，保険は効率的に設計されない。保険会社は正確なリスクを把握しなければならず，厳格な査定が必要となる。

第二は，保険によって危険が回避されることで加入者の注意が散漫になり，事故の発生確率が高まって，規律が失われる場合である。保険に加入すると事故を起こしても損失をカバーしてもらえると楽観する人は，損失を自分でかぶる場合に比べ，事故回避の努力を怠る動機が生じてしまう。こちらは「モラルハザード」と呼ばれる。加入者が多ければ多いほど給付対象となる事象の発生確率が一定値に収束するという「大数法則」が成り立つ。保険はそれを前提にしているが，加入者が楽観して事故の発生リスクが高まると，発生確率が変化して保険の効率性が損なわれてしまう。

失業保険では，双方の問題が深刻になる。倒産のリスクが大きい会社やその従業員が，率先して加入するという逆選択が生じてしまう。また失業しても十分に失業保険が支給され生活が保障されると，懸命になって求職しなくなる可能性がある。こちらはモラルハザードである。そのせいで失業保険は民間では供給されず，失業のリスクにさらされる労働者には生活不安がつきまとう。

社会保険はこれらのケースをカバーしようとするもので，ポイントは保険加入が強制される点にある。強制加入だと，一律の保険料が自分のリスクに比して高いといっても，リスクの低い人が保険から脱退したり購入額を減らしたりできない。また逆に，割安だとしてリスクの高い人

（図５－３）　社会保障給付費の推移

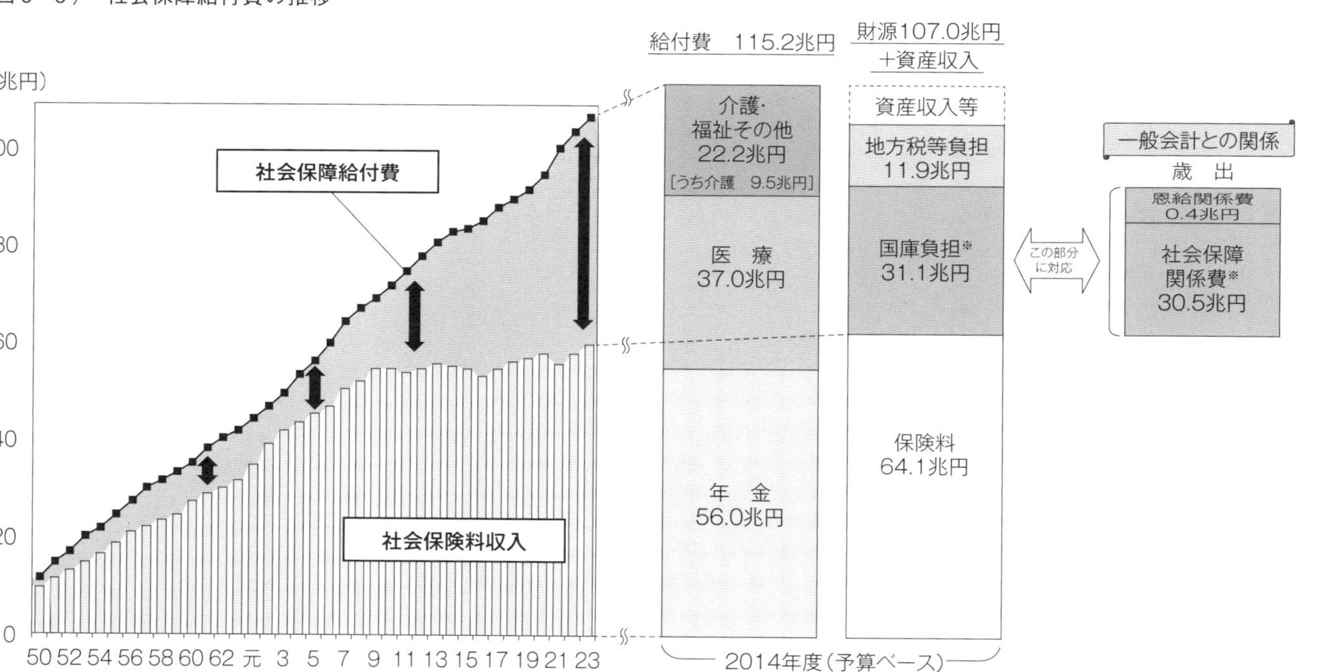

※数値は基礎年金国庫負担２分の１ベース。

（出典）社会保障・人口問題研究所「社会保障費用統計」，平成26年度（予算ベース）は厚生労働省推計

出所：厚生労働省

が多くの保険を購入したりすることもできない。逆選択つまり情報の秘匿が行われれば個別には情報がわからないが，加入が全員に強制されると全体のリスクは把握できるようになる。つまり逆選択は，全員が強制加入させられる社会保険においては解消されるのである。このように失業保険も社会保険としては成立するが，しかしモラルハザードまでは解消できない。そこで給付額や離職期間の設定について試行錯誤が繰り返されてきた。

ここまでをまとめると，不測の事態が起きないような確実な場合，保険は不要である。不測の事態が起きるとしても発生確率が知られているリスクである場合は，民間保険が成立する。それに対して不測の事態が起き，しかも発生確率が逆選択やモラルハザードによって不確実性に類してしまう場合には民間保険が成立せず，導入するとすれば強制加入の社会保険になる。

こうした理由から日本の社会保障は給付額が着実に拡大しているが，最近ではGDP比で20%を越えるようになって，維持が可能か懸念されている。図5－3からその内訳を見ると，社会保険の対象である年金と医療費が大半を占めるようになっている。その主因が高齢化であることは明白であろう。それに対し社会保険料収入はGDPを反映して伸び悩んでおり，平成に入ってからは収支の差が急拡大している。

社会保障には，時代や社会環境に応じて個別に発生してきたという経緯もある。以下，日本における歴史や事情を個別に見ていこう。

2. 公的福祉（公的扶助・社会福祉）

第二次大戦の終戦直後，巷には生活困窮者が溢れていた。これを救済するため，1946年には生活保護法が制定された。戦災の傷跡は深く，孤児や栄養不良児への保健衛生を目的として，1947年には児童福祉法，傷病軍人への援助には1949年に身体障害者福祉法が制定された。この時代には戦争に由来する貧困がまだまだ大きな社会問題であり，公的扶助が公的福祉の中心であった。

しかし1950年代の後半から日本では高度経済成長が始まり，貧困者数は減少していった。そこで公的福祉の焦点は経済成長の恩恵に与れなかった層への社会福祉となり，1960年に精神薄弱者福祉法，63年に老人福祉法，64年に母子福祉法が制定され，福祉６法が整備された。

生活保護には母子家庭の救済という色彩が濃いが，貧困者対策について日本では家族・親族の義務という考え方が根強く，公助を受ける以前に３等親以内の親族が扶養義務を負うとされている。困窮している人が家族・親族に扶養を求め，それに対して拒否されたり保護基準に満たない援助しか受けられない場合に公的扶助を受けることができるため，地区のソーシャル・ワーカーが家庭訪問を実施し，厳格な資力調査を行っている。その際，女性は所得のある内縁関係の夫がいないかも調べられるため，プライバシーの侵害，すなわち人格や自尊心の侵害に当たるか否かが問題視されている。また就業すると生活保護の給付費が削減されるため，就業意欲を損ねている点も指摘されている。

2012年に厚労省が行った調査では，生活保護の受給率は母子家庭の14.4%，父子家庭の8.0%だが，最低生活以下でも受給していない家計はかなりの数に上ると推測されている。もっとも公的扶助が普及しているのはヨーロッパで，アメリカでは自助に重心が置かれている。

以上については，時代の推移とともに見直しが必要となっている。たとえば公立の保育所は，児童福祉法では保育条件に欠ける児童のためのものとされていた。1960年には，保育所入所児童世帯のうち，生活保護世帯と所得税非課税世帯を除く所得税課税世帯すなわち所得税を支払っている世帯は19.7%しかなかった。ところがその後その割合は急増し，1990年代以降は70%以上となった。これは，共働き世帯が増加したという社会傾向を反映している。

さらに1994年に策定された子育て支援のための「エンゼルプラン」では，出生率の低下を食い止めることが目的に加えられた。社会保障のみならず教育・雇用・住宅に及ぶ総合計画であり，保育所は母子家庭の生活支援を越え，社会全体で子育て支援を行う拠点として位置づけられた。年金が後述のように賦課方式であることもあり，出生率を高めることは公的な課題とみなされるようになった。

一方，高齢者を対象とする老人福祉については，1960年代の老人ホームは低所得者中心の施設であった。けれども1970年代に寝たきり老人の急増が報じられるようになると，特別養護老人ホームが量的にも整備され始める。そして1980年代に在宅福祉に力点が置かれるようになると，1989年に「ゴールドプラン」つまり高齢者保健福祉推進10ヵ年戦略が策定されて，ホームヘルパー10万人，ショートステイ５万床，デイサービス１万ヵ所，長寿社会福祉基金が設置された。その後その数は逐次拡充され，2000年には公的介護保険が発足した。

こうした一連の施策の背景には，高度成長期以降の核家族化で大家族が崩壊したこと，子どもと同居しない老人が非婚者同様に独居するようになったこと，地縁も弱体化していることなどがある。家族や地縁という共助が機能しなくなり，公助としての公的扶助や社会福祉が不可欠になっている。

3. 公的医療保険

日本の医療保険制度は，工場・鉱業労働者を強制加入させる形で1927年に発足した。その後対象を拡大するとともに，家族給付も任意で開始された。被用者の職域保険以外を対象とするものとしては1938年に国民健康保険法が制定され，地域保険へと範囲を広げた。そして戦後になると被保険者の強制加入が進められ，1961年には国民皆保険が実現する。

この過程において，大企業は企業ごとに組合管掌健康保険を開設していたが，中小企業や日雇い労働者は抜け落ちており，政府がまとめて「協会けんぽ」として管掌することとなった。また地方自治体は老人医療費の自己負担分を公費負担して無料化することを進め，1973年には国が老人医療支給制度として制度化した。けれどもその後，老人医療費が伸び続けたため，1983年には一部負担とし，さらに負担を増やす改定が続き，2008年には後期高齢者医療制度が創設されて，自己負担を増やす仕組みが組み込まれた。ちなみに高齢者の医療費は65歳で平均の３倍になり，70歳では４倍になるとされている。

医療費は，全体として増加の一途を辿っている。その原因として挙げられるのは第一に高齢化であるが，それ以外にも医療はもともと所得が伸びると需要が増える上級財であること，医療の質の向上を反映する新技術は費用がかさむことがある。

しかも公的医療保険が存在することが理由となって，モラルハザードが起きやすくなってもいる。患者からすれば医療の消費は補助金であるかに意識されるため，とりわけ時間の機会費用が比較的低い高齢者は医者にかかりがちになる。医者の側でも，日本では診察・手術・注射・検査など細分化された医療行為ごとに点数が設定されており，その合計が医療費となる「出来高払い」方式が採用されている。治療・検査行為をすればするほど保険給付額が増える仕組みであるため，検査や投薬を増やしたり，高価な検査機器を購入する動機付けを与えてしまっている。

そこで改革が急務となっている。その方向としては，患者のコスト意識を高めるため風邪や二日酔いのように軽微で需要の価格弾力性が高い疾病には自己負担比率を上げたり，医者の側も重症患者向けの病院に軽症患者がかからないように絞り込む等，２年に１度の改定が続いている。薬価についても，後発薬（ジェネリック医薬品）の使用割合を増やしたり，患者の服薬指導を行う等の改革が行われている。

国民健康保険においては，未納率が高まってもいる。支払わなくてもよいのは生活保護世帯だけであり，低所得者でも免除が認められてはいない。しかし自己納付ということもあり，失業率の高まりに連動して未納率も高まる傾向が顕著である[*4]。

4．年金

年金は，勤労期間中に支払い引退してから受け取るという形で，人々がライフサイクルに沿って収入を平準化させる社会的な仕組みである。

＊4　駒村康平（2009）『大貧困社会』角川 SSC 新書　p.71

ライフサイクルの平準化は個人の貯蓄や民間の保険によっても行われるが，一方で最低所得保障制度が存在するため，老後になれば生活保護を受ければいいというモラルハザードが起きる可能性があり，それを回避するためにも国民全員に強制する国民皆年金には意義がある。

日本の年金制度は，明治時代に軍人や官吏を対象として設けられた恩給制度にまで起源をたどることができる。一般国民が対象となるものとしては1939年に船員保険が結成され，1942年には工場・鉱山の一部事務所に勤務する男子を対象として労働者年金制度が創設されている。1944年には事務所の適用範囲や女子にも範囲が広げられ，名称も厚生年金保険と改称された。これが現在の年金制度の原型である。

もっとも戦前は平均寿命が50代であったし，定年がなく高齢でも働く自営業者と家族従業者が労働者の大勢を占めていたため，引退後の生活保障を広く制度化する必要はなかった。年金制度の本格的な整備が必要となったのは，寿命が伸び，定年のあるサラリーマンが増加した戦後である。厚生年金保険はその後，土木建築・教育・医療等の従事者へと適用が拡大された。また1954年に私立学校教職員共済組合，1959年に農林漁業団体職員共済組合が設立された。公務員については戦前から年金制度が存在していたが，48年に国家公務員共済組合，55年に地方公務員共済組合へと改訂された。そして61年には拠出制の国民年金が実施され，すべての国民がいずれかの制度に加入する国民皆年金が，国民皆保険と時を同じくして発足した。

以上の年金にはそれぞれが別々に設立されたという経緯があり，職場を移動すると短期間の所属では一時金しか支給されないという不都合があった。それを解消すべく，個々の制度では受給資格期間に満たないとしても，加入期間を合計して所定の年限に達する人には年金が通算される通算年金制度が制定された。

さらに「福祉元年」と言われる1973年，革新自治体の福祉政策に引きずられて年金給付額の大幅引き上げが行われ，国家財政に占める社会保障の割合が急増した。しかし翌年にオイル・ショックを迎えると，福祉国家化の勢いにはいったん歯止めがかかることになる。

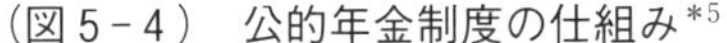
（図5－4）　公的年金制度の仕組み＊5

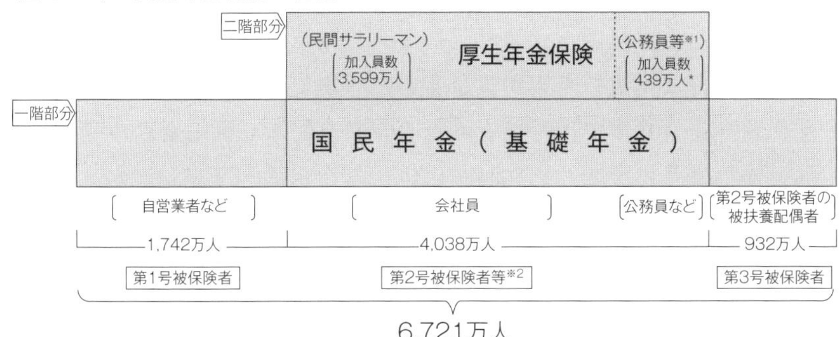

※1 被用者年金制度の一元化に伴い，平成27年10月1日から公務員および私学教職員も厚生年金に加入。
※2 第2号被保険者等とは，被用者年金被保険者のことをいう（第2号被保険者のほか，65歳以上で老齢，または，退職を支給事由とする年金給付の受給権を有する者を含む）。
出所：厚生労働省 HP「公的年金制度の概要」
◆公的年金制度は，加齢などによる稼得能力の減退・喪失に備えるための社会保険。（防貧機能）
◆現役世代は全て国民年金の被保険者となり，基礎年金の給付を受ける。（一階部分）
◆民間サラリーマンや公務員等は，これに加え，厚生年金保険に加入し，基礎年金の上乗せとして報酬比例年金の給付を受ける。（二階部分）
（数値は平成27年３月末，＊は平成26年３月末）

1986年には国民年金が基礎年金とされ，一階部分の基礎年金は税の補助を受け，二階部分は保険料収入によって積み立てられる二階建て方式に統合された。自営業は国が所得を把握することが困難であるため，基礎年金として一律の保険料を全額自己負担し，一律の年金を受け取る。一方，報酬が把握されるサラリーマンや公務員は，二階部分の保険料を被用者・雇用者が半分ずつ負担，勤労期間中の所得水準が高かった人は比例して高額の保険料を負担し，見合った給付額を受けることとされた。この二階部分で，一般サラリーマンは厚生年金，国家公務員・地方公務員・私立大学教職員は共済年金に加入するとされていたが，図5－4のように，両者は平成27年10月から厚生年金に統一された。

年金制度には，概念としては勤労期間中に積み立て老後に引き出す

＊5　令和２年に年金制度改正法が成立，多様な就労を年金制度に反映するため，被用者保険の適用を拡大することとなった。短時間労働者を被用者保険の適用対象とすべき事業所の企業規模要件を従来の従業員数500人超から段階的に引き下げ，令和４年10月に100人超規模，令和６年10月に50人超規模とすることになった。

「積立方式」と，現役世代の支払いによって引退世代が支えられる「賦課方式」がある。賦課方式は世代間で再分配を行う制度であり，積立方式は積み立てて早世した人が長生きした人を支える面では世代内での再分配と言える。日本では，積立てた人が将来にもらえるという積立方式であるかのように説明して1944年に厚生年金保険が発足したが，積立金の蓄積が少ない当初は支払いがわずかしかなく，孫にお菓子しか買えない「アメ玉年金」と揶揄された。そこで1954年には賦課方式を加味した修正積立方式に改訂され，3割自己負担，7割現役負担となった。

ところが賦課方式の様相が強まると，その欠陥が顕在化する。少子高齢化，人口減，成長率低下によって収支が赤字になり，存続が危ぶまれるようになったのである。賦課方式にかんし少子高齢化がもたらす問題への改革には，4つの方針がありうる。

1．平均支給月額の引き下げ
2．支給開始年齢の引き上げ
3．保険料の引き上げ
4．国民総生産の増大

こうして給付引き上げ幅を抑制したり，支給開始年齢を引き上げたり，保険料を引き上げたりといった改革が試みられた。それにもかかわらず勤労所得税的な色彩の濃い賦課方式では，そもそも若年世代への負担が重く，しかも人口減少・高齢化のもとでは若い世代は将来に払い込んだ額よりも小さな額しか得られないと予想されるため，積立方式を支持する側からの批判が続いている。積立方式だと，自分の世代で積み立てた分を取り崩すだけだったり，人口減が続いても連動して受取額が減ることがないと期待されるからである。

けれどもこれに対し，積立方式が少子高齢化のもたらす年金問題を解決するというのは神話にすぎないという，強い反論が寄せられている[*6]。

---

*6 ニコラス・バー『福祉の経済学』（2007）第6～8章

積立方式は年金を貯蓄に見立てているが，年金受給者は貯蓄する若い世代のように貨幣での受け取りに関心があるのではなく，生存期間中に消費することを期待している。そして将来の消費財産出量は，マクロ経済の動向にかかわっている。けれども積立方式が将来の産出量を成長させるのは，貯蓄が不足し積立金が消費財生産を促進する場合に限られる。

しかも同時期に勤労世代から移転されるだけの賦課方式とは異なり，積立方式だと積立金の運用の失敗で積立額が満額返らない可能性も否定できない。政府が運用に最高度の能力を発揮したり，長期にわたる納入記録を完全に管理できたり，移行期の積立金不足を解消できたりするのでない限り，強制積立制度には容易に移行できそうにない。

先に社会保険はリスクを社会全体で軽減すると述べたが，運用にかんしては不確実性をまぬがれないのである。そこには人口動態のショック，マクロ経済的ショック，政治的ショック，事務管理や金融投資の不確実性までが含まれている。積立方式が抜本的な解決策にならない以上，賦課方式を持続しつつ，世代間の不公平感を緩和しながら，時代に合わせ４つの方針を適宜組み合わせることが穏当な方針ということになろう。

また年金にかんしても未納問題が無視できなくなっている。徴収額を増やそうしても，未納者が増えてしまえば制度そのものが崩壊する可能性がある。賦課方式ゆえに年金の受け取り総額が世代間で相当に異なることもあって，老後の資金は自分で貯蓄したいと考える人の未納率を高めている。賦課方式を続けるとしても，世代間の不公平感を緩和することは未納問題からの要請でもある。

そこで従来の未確定保険料・確定給付から，2004年には確定保険料・未確定給付へと変更が実施され，さらに「マクロ経済調整スライド」が新たに導入された。これは環境の変化に合わせて給付を自動的に減らすもので，未納率が上がっても制度を維持可能にする工夫である。しかしこれには「制度を崩壊させないために，国民の生活を崩壊させる」という批判もあり，さらに対策が検討されている。

参考文献

・駒村康平（2014）『日本の年金』岩波新書
・鈴木亘（2010）『財政危機と社会保障』講談社現代新書
・N. バー（2007）『福祉の経済学』菅沼孝監訳，光生社
・J. ロールズ（2010）『正義論』川本隆史・福間聡・神島裕子訳，紀伊國屋書店

研究課題

1．公的福祉が国民に最低限の資源（貨幣所得）を保障し不確実性を引き下げる制度だというのは，経済破綻や災害等の危機が国民の一部だけに降りかかり，他の大勢が支えることが可能であることによる。ところが国民全体がリスクを負担しあうだけでなく不確実性にもさらされるなら，社会保険は危機に陥る。新型インフルエンザのような感染症が国民全体に健康被害を与えるとき，各種の保険は有効か。検討しなさい。

2．年金につき，積み立て方式と賦課方式にはそれぞれどのような長所と短所があるか。鈴木（2010）と駒村康平（2014）を比較しつつ検討しなさい。

6　公共財

1. 公共財とその供給

＜公共財の定義＞

市場で売買される財・サービスは，一般的には「私的財」である。私的財には消費する際に表面化する「競合性」および「排除性」という二つの特性がある。競合性とは消費した分だけなくなって，他人が同時に消費できないことを指す。リンゴは私がかじればその分だけ他人にとっては失われる。排除性とは費用をかけずに他人の消費を排除しうることである。映画館ではチケットを購入しない人を入り口で排除することは難しくない。

では「公共財（public goods）」とは何か。R. A. マスグレイブはそれを「非競合性」によってとらえた。地上波のテレビ放送は，何人が受信しても減ることがない。P. サムエルソンは別の見方で，公共財の特徴を「非排除性」に置いた。ある人が消費するときに他人が消費するのを排除できないか，もしくは排除するのに無視しえぬ費用がかかることで，地上波テレビ放送につき受信料を払わない一部の人の受信を拒否しようとすれば，膨大な人件費がかかる。

これら「非競合性」と「非排除性」を同時に満たすような財・サービスのうち国が先導して国民全体に供給すべきとみなされる財が「純粋公共財」で，国防や伝染病の検疫，防災の基本計画などが挙げられる。

寺子屋での教育は私的財として普及した文化資本だったが，そこで習う「読み書きそろばん」は一部の人間が修得するだけでなくより多くの人が常識として身につけた方が相乗効果があり，社会にとって有益である。「字が読めなかったら」と気を配ることなく未知の人にメールできたり，「計算できなかったら」とお釣りをいちいち確認したりしなくて済むからだ。「読み書きそろばん」は富裕者に止めることなく万人が修得している方が社会全体の発展に有意義であろう。財政学者のR. A.マスグレイブはそのように公共に資するとみなされる財を「メリット財(merit goods)」と呼んだ[*1]。

国民が初等教育の読み書き計算能力を習得することは，個人にとっての利益だけでなく，国民の誰からも情報を得ることが可能になるという意味では他人にとっても有益であるため，義務教育に組み込んで国費で賄われる公共財に指定されたのである。また新型インフルエンザ等の伝染病は，私費で個々人が医療機関にかかることもできるが，治療しない人がいればいつまでも撲滅できないからメリット財としての価値があり，国民全員に強制するワクチン接種や空港等における水際での入国者の隔離は公共性の高いサービスである。

それら純粋公共財からすれば半端な公共財がある。排除性はあるが競合性がない「クラブ財」と逆に排除性はないが競合性を持つ「コモンプール財」である。クラブ財は対価を支払った人だけが等量消費できる財で，会員制の施設や有料道路・衛星放送や映画館のサービスがそれに当たる。「コモンプール財」は一般に開放されている道路や公園などで，誰もが利用できる非排除性があるが，消費者が混雑してくれば競合性が働き，個々人が消費しうるサービスの量が減っていく。

コモンプール財とクラブ財は部分的に公共財に見えるため「準公共財」と呼ばれるが，クラブ財では当事者が排他的に利用できるので，費用負担しない利用者によって資源が枯渇する危険は回避できる。クラブ財は地方自治体で住民に排他的に利用されるので，地方公共財とも呼ばれる。それに対してコモンプール財では，競合する利用者を排除できないため，資源が枯渇する可能性がある。海洋資源や地下水などは，誰もが利用できるが一部の人が獲りすぎると枯渇する。

「効率—公正」モデルにおいても以上のようにコモンプール財やクラ

＊1 R.マスグレイブ（1983）『財政理論Ⅰ』木下和夫監修，有斐閣（Musgrave, R. A. and Musgrave, P. B “Public Finance in Theory and Practice”)，J.スティグリッツ（2000）『公共経済学』藪下史郎訳，東洋経済新報社，は価値（メリット）財を「個人の私的選好に反映された価値にとって代わるべき社会的価値があり，かつ政府は市民にそのような価値観を強制する権利と義務を持っている」と定義している

（表6－1）　公共財の定義

	競合性	非競合性
排除性	私的財	クラブ財（有料道路・衛星テレビ・映画館）
		文化資本（伝統建築・民藝・伝統音楽・味覚）
非排除性（サムエルソン）	コモンプール財（道路・公園）	純粋公共財 国防・伝染病の防疫・防災計画・公共テレビ放送・ナショナルミニマム（義務教育・警察）
	コモン（自然資本・街並み景観）	

ブ財が定義されている。ところが排除性や競合性という概念を用いて定義すると同じにはなるものの，短期的かつ人為的には建造できないという点で異なる財がある。第2章で詳述したように，非排除的であるのに競合的であっても道路や公園のようには短期的かつ人為的には建造できないものとして，山林や地下水，海洋資源等の自然資本や，街並み景観のような文化資本がある。これらを「コモン」と呼んでおく。コモンには競合性があるために，競争を規制しないと「コモンズの悲劇」が起きる。

一方，伝統的な言葉や音階，味覚や工芸のうち技術情報は共有されており競合性を持たないものの，郷土料理や名人が有料で唄うシマ唄，販売される民藝のように，商品としては排除性を持つものもある。それらの公開情報を「文化資本」と呼んでおこう。こちらは民間で供給される商品との間で市場競争にさらされる。

地域や一部の人にのみ共有される「コモン」や「文化資本」であっても，メリット財としての利益が大きいと認定されれば，国が公共財に指定することがありうる。博士論文や科学研究費を得て実施された学術研究の成果が公開されるのは，直接には大衆には消費できなくとも，専門家が利用することで広く社会に有益な発明発見をする可能性があり，無償で閲覧されることが公益にかなっているからだ。

（図6－2） 限界費用曲線と費用負担額

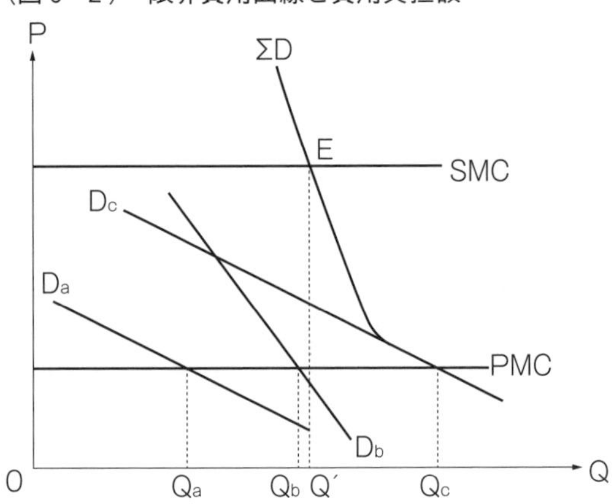

対価を得て公演を行いうる伝統芸能は文化資本ではあるが，民間との競争で淘汰されかねない演目もある。けれども流行に目が行く現在の観客には評価されなくとも，100年，200年と受け継ぐことで後世に再評価されうる古典には，公費で保護育成する価値がある。文化財の保護も同様の観点で公共サービスとなりうる。

<公共財の理想的な供給量>

公共財が市場で供給されず政府が提供するとなると，誰の負担でどれだけの量を供給すべきかが問題になる。それについてP.サムエルソンは「効率性条件」を挙げた。社会には3人のA，B，Cがおり，公共財である公園を利用するとしよう。公園というサービスに対する各人の需要曲線は供給量（面積や遊具）が1単位増えることに対する各人の限界的な評価であり，縦軸方向の幅Da，Db，Dcで示されるとする。3人は公園を等量だけ消費している。このとき社会全体の公園に対する限界的な評価は各人の限界評価を縦に足した社会的限界便益ΣDである。他方，この公園を供給するための社会的な限界費用曲線はSMCで描かれ逓増しないものとすると，この社会において公園の最適な供給量はSMCとΣDの交点Eだから供給量Q'になる。この場合，効率性条件は「社会的限界便益ΣD＝社会的限界費用SMC」である。

（図6－3）　リンダール均衡

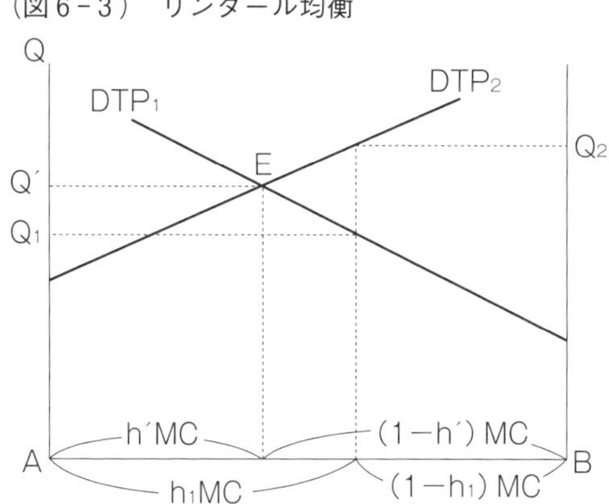

ただしこの公園の利用につき生産・維持費を三等分して各人の費用負担額としPMCになるとすると，この公園に対する評価が低いAにとって最適と思う供給量Qaは供給量Q'よりも小さく，評価が高いCにとっては最適と思う供給量Qcが供給量Q'よりも大きくなる。つまり各人が公園の供給量に不満を持ってしまう。公園は「等量消費」されるという性質から，社会にとっての望ましい均衡と個人にとっての望ましい均衡とが乖離してしまうのである。

<リンダール均衡>

そこでE.リンダールは私的財の市場に似たやり方で公共財を供給し，各人の評価に応じた額を支払わせる方法を考案した。二人の個人A，Bからなる社会があるとし，公共財の供給にかかる費用を二人で支払うとしよう。その配分比率をAはh，Bは1－hで，横軸に書くことにする。等量消費される公共財の供給量Q，限界費用が一定のMCだとすると，横軸で示されるAの支払いはhMC，Bのそれは（1－h）MCになる。Aは負担hMCに対して右下がりの需要曲線DTP_1，Bは負担（1－h）MCに対して同じく右下がりの需要曲線DTP_2を持つとする。二人にとって消費する量は等量でありこれをQとして縦軸にとると，このときたとえばAは支払いがh1MCのときQ_1だけ需要したいと考え，Bは（1－h1）MCを支払ってQ_2の需要を希望している。このときQ_1

と Q_2の中間の量が供給されるとするとAからすれば過大だから，支払い割り当てhを減らしたいと考えるだろう。Bは過小なので支払い割り当て1－hを増やしても構わないと考える。両者の希望が同じ方向であるのでhは小さくなり，この交渉は最終的にh' に落ち着く。供給量はQ' である。この均衡点が「リンダール均衡」と呼ばれ，Aはh'MC，Bは（1－h'）MCだけを支払うことになる。

<フリーライダー問題>

両者の希望に沿う負担額となっているという意味で，これは理想的な費用負担額発見モデルであるかに見える。ところがこのやり方は，恐らくうまくいかない。なぜかというと，排除性がなくいくらでも消費できてしまうため，自分の要望DTPにつき嘘をついて真実よりも少ない評価を申告してしまう可能性があるからだ。この現象を「ただ乗り（フリーライダー)」と呼ぶ。一般の消費財については対価を支払う人が消費しそれを「受益者負担」と言うが，受益者でありながら応分の対価を支払わないのがフリーライダーである。

NHKの地上波テレビ放送は非排除性と非競合性を満たし，その意味で公共財である。誰が受信しても減らないし，料金を払わない家だけを受信不能にするのは難しい。そこで番組を視聴しながら受信料を支払わないフリーライダーは多く，NHKは頭を悩ましている。NHKが2012年9月25日に公表した都道府県別の受信料支払い率（2011年度末）によると，世帯支払い率は全国平均で72.5％。最低の東京都は60.8％と推定されている[*2]。

2. 公共事業の民営化

等質に近い財・サービスを提供する電話や電車などでは排除性と競合性があるため公共財ではなく，しかし線路や電話線などの設備が技術上

*2 「メディアフォーカス」『放送研究と調査』2012年11月

（図6－4）　自然独占

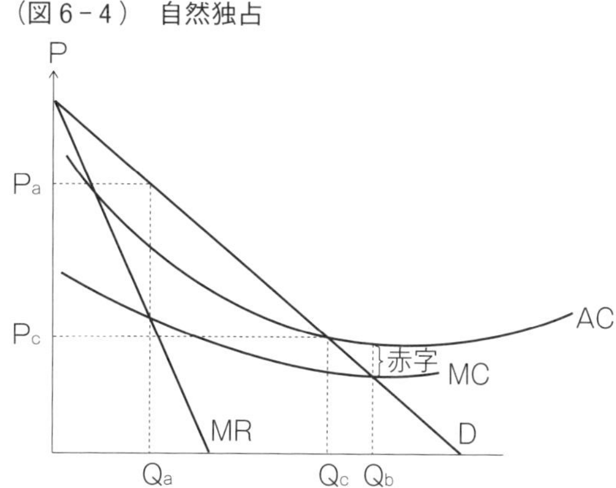

巨大であるためサービスを追加生産すると平均費用が逓減してしまう，つまりいち早く投資した企業にライバルがついてこられず，独占が起きやすいと言われる。これを自然独占と呼ぶが，そうした状態に達した独占企業を放置しておくと限界収入 MR と限界費用 MC を一致させて利潤を最大化しようとするため，供給量は少なく価格は需要曲線上にあって高くなる（Qa，Pa）。

こうした分野は私的財であると同時に必需品でもあるので，企業に対し政府は伝統的に価格規制を施し，公益事業として扱ってきた。価格と限界費用 MC を一致させる「限界費用価格形成原理」だと，Qb で D と MC に囲まれた社会的余剰は最大化する。けれどもこの場合，価格が平均費用を下回って赤字が発生するため，税で補填しなければならなくなる。赤字が出ないようにしながら社会的余剰をなるべく大きくすることがより受け入れられやすいので，公益事業では一般に，価格と平均費用を一致させるという「平均費用価格形成原理」が採用されてきた（Qc，Pc）。

そうした理由から日本では長らく鉄道は国有とされていたが，時代が移り自動車や飛行機が代替的な輸送手段として台頭し，同様に電気通信産業においても CATV 事業者や携帯電話事業者が代替的なサービスを提供するようになった。鉄道や設置電話の同業追随事業者であれば先行して価格を下げた企業には対抗できないが，同じ移動や電話サービスを提供する別の技術が出現したために，価格規制などで介入せず競争させればよいと考えられるようになった（第3章「コンテスタブル市場理論」参照）。この場合，自然独占企業は高い独占価格を維持できなくなって，価格を平均費用まで下げざるをえなくなる。それもあって価格規制は解除され，民営化により1985年にNTT，1987年にJRが誕生した。

3. 費用便益分析

民間企業が投資を行うとき，費用の見積もりを誤って赤字を計上すれば株主を中心とする関係者が負担しなければならず，損失にかんする責任論も出て，おのずから予測には慎重になる。ところが公共投資の場合，赤字が出ても国や自治体が税金で負担し，そもそも学術研究のように赤字が当然の分野ではどの事業が失敗であるのかの基準が明確ではない。また公共事業にかんし「乗数効果が○百億円と試算された」といった数字をエコノミストが発表しても，結果が出た後で予測が適切だったか検証されることは滅多にない。そのため「公共投資の波及効果論」は，一部の人の利益のために国民の税金を浪費するレトリックとしてしばしば悪用されてきた。税で賄うとなると人ごとのように思えてさほど異論が出ないため，一部の利益にしかならないハコモノが，とりわけ不況期には多数造られる傾向がある。

1992年にバブル崩壊が認定されてからはそうした傾向が強くなったが，ある事業が乗数効果で売り上げを伸ばしても別の事業の売り上げを奪ってさほど全体としての景気押し上げ効果がなく，公共事業への批判が強まり，公共事業費は平成11（1999）年度から減少の一途をたどっている*3。最盛期の平成10（1998）年の14.5兆円は，現在では6.0兆円ほどの水準まで減っている。

こうした状況を受け，公共財に対する必要性を政府が説明するために，代理変数から推測して公益を計算する費用便益分析が重視されるように

＊3 「平成27年度国土交通省・公共事業関係予算のポイント」平成27年1月，財務省より

（図６－５）　公共事業関係費の推移（昭和53年度～令和元年度）

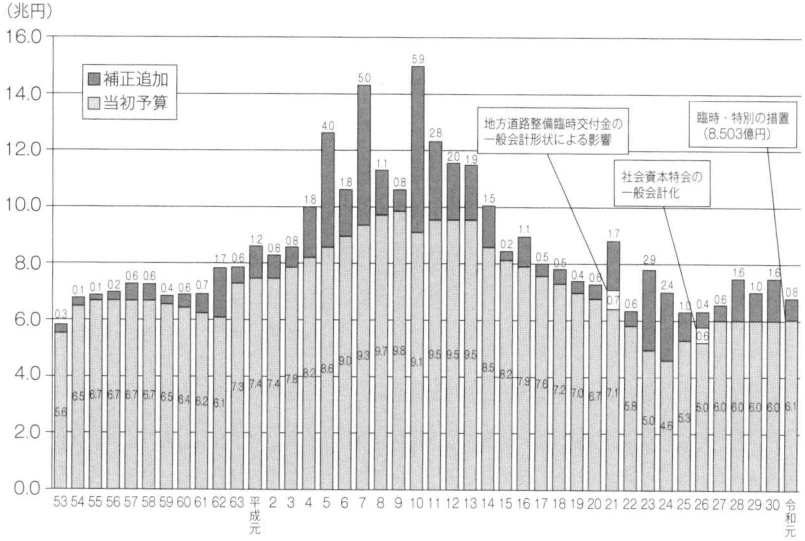

注：NTT-A，B（債務時補助等を除く）を含む。
出所：経済財政諮問会議　麻生議員提出資料，平成27年５月19日に国土交通省資料を追加

なった。社会的な便益は民間に表明させようとしても正直に答えるとは限らないので，費用とともに政府が推定するのである。ただし公共財の中でも公共事業は耐用年限が長く便益や費用は多期間にわたって生じるため，評価は単年度の需要と供給だけから行うわけにはいかない。

便益には，企業にとってのものと消費者にとってのものがある。道路ならば社用車が走った便益と自家用車が走った便益の合計である。企業が受ける便益は，生産額の増分の総和を算出する。高速道路の建設であれば自動車の移動速度が速くなるから，節約される時間の価値も金銭で推計する。外部効果を伴う場合はそれも計上する必要があり，騒音や排気ガスにより生じた外部不経済は取り除くのにかかる費用で負の便益を推定する。消費者の便益を推計することは図６－２のΣDを求めるのに等しく，似た財があればその市場価格が代用される。これを代替法と言う。消費者の便益は直接には観察できないため，様々な方法により代替されている。

1）旅行費用法

ある公共施設に対する消費者の便益を間接的に推定する方法として，旅行費用法がある。仮に利用料金が無料としても消費者が出発地から当該施設までかけた旅費（交通費）は便益を下回るはずと仮定して，旅費をもって消費者の便益とみなす。まず施設への訪問者から，居住地，そこから施設までの距離，往復時間，実際にかかった旅行費用などの情報を収拾し，一人一人の訪問者がかけた旅行費用を限界便益とみなして，大きい順に左から右へと一人ずつ並べ，需要曲線の総和ΣDを描く。ただし訪問は施設だけを目的としているわけではないから，別に用を足した場合にはその分を差し引く必要があり，面倒になる。

2）ヘドニック法

地代が都心や駅からの距離，商業施設などがあって便利かどうかといった価値の和に相当するとして，便利さには公共施設の存在も含まれるはずである。そこでヘドニック法は，当該公共施設が追加的に建設されたときどれだけ地価が上がるかを推計し，変化分が公共施設の便益に相当するとみなす。ただし公共施設のみが地価に与える影響を抜き出さねばならないから，他の要素の変化についても調査する必要がある。無電柱化が行われた地域にかんし，不動産鑑定評価手法，ディベロッパーの事業採算性，ヘドニック分析を行うと４～９％の好影響度が見られるという推計がある。大ざっぱには地価が上がるということで，これは無電柱化による景観向上，交通安全，防災についての便益を表すものと言える[*4]。

3）仮想的市場評価法（CVM：Contingent Valuation Method）

市場を仮想的に設定できるならば，そこでは住民が便益を表明しているはずであろう。そこでインタビューを実施して事業内容とそこから得られる便益を説明し，それに対し最大限いくらまでならば支払ってよい

＊4　足立良夫編・井上利一著『電柱のない街並みの経済効果　事例に学ぶ不動産の評価と手法』住宅新報社，2011年

かを答えてもらい，便益を金額表示するのが仮想的市場評価法である。

たとえばある地区で洪水が発生する統計確率と被害規模を示し，その洪水を防ぐことの出来る堤防があるならばどれだけ家賃が上がっても構わないかを答えてもらう。それがたとえば月に１万円だとすれば，その居住者は耐用年数50年の堤防に対し年間で12万円，50年間で600万円という便益評価をしていることになる。

一方，費用については，建設費以外にも用地取得費，補償費，維持管理費など，生じる費用の範囲を設定しなければならない。さらに将来時点で人材が逼迫して賃金が上がったり，海外で事故があって輸入される原材料費が高騰したりといった不確実性もある。

公共投資につき便益と費用を比較するには，異時点間での費用と便益の集計が必要になる。そこで各将来時点における便益と費用の差を算出し，特定の割引率で割り引いて現在価値化を行い，集計する。もしくは，生み出される社会的便益の現在から将来までの流列を割引いて現在価値化し，それが建設費用を上回れば，その事業を実施することが望ましいと判断される。

割引率が低いと事業の現在価値が高まり，公共事業が実行されやすくなる。逆に高いと現在価値が下がり，実施されにくくなる。そこで何をもって割引率とするかが問題になる。公共事業の費用は税金で拠出されるが，法人税を企業から徴収しないで投資させたとすれば何ほどかの収益が上がるはずである。そこで民間投資の平均収益率を割引率とすることが一案となる。

公共事業費となる税金が家計から所得税として徴収される場合，公共事業は徴税により国民の現在の消費願望を奪うのだから，時間選好率に相当するだけの割引率を持たねばならない。時間選好率とは，同じ資金を現在消費するのと，貯金して将来に消費することのいずれを好むかを表す比率である。時間選好率が10％なら現在の消費財100単位は将来の110単位に等しいと認識されており，20％であれば将来の120単位に相当する。時間選好率の大きさは，「現時点での消費したさの度合い」を示している。時間選好率が貯金の利率に相当するとすれば，国債利回りで

（図6－6） 概略検討フロー

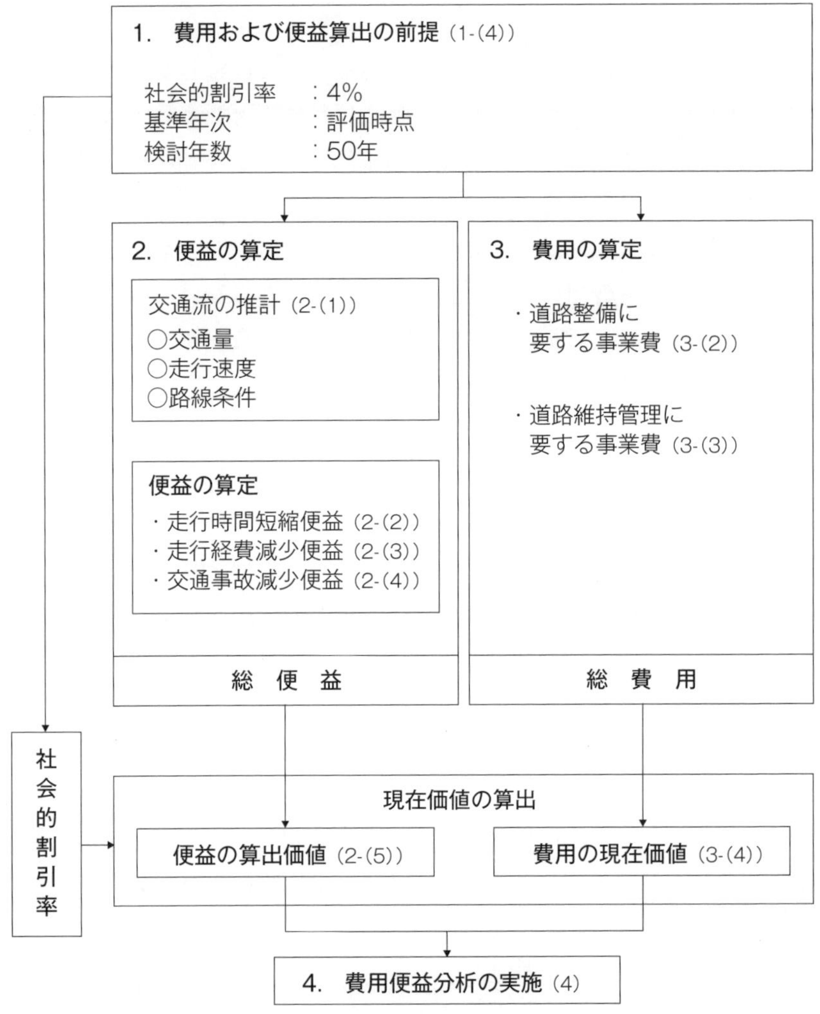

代用することができる。

割引率はこのように民間投資の収益率や国債の利回りを中心とし，海外の例も参考にしつつ決定されている。年限としては一般に耐用年限を用いるが，評価期間以降も価値が残るならば，「残存価値」を別途計上する必要が出てくる。

国土交通省が道路建設に際して行う費用便益分析のひな形を挙げてお

こう（「費用便益マニュアル第2版」国土交通省道路局）。ここでは道路が建設された場合の便益は，「走行時間短縮」「走行経費減少」「交通事故減少」の3項目で算出されている。

各省庁が行った費用便益分析の事例は，総務省がホームページで公表している。

費用・便益分析はあえて貨幣価値で費用と便益を数値化したものだが，数値によって表示することで公共事業の必要性と費用を具体的に議論の俎上に載せる効果をもつ。数値化が不可能なものについては，定性評価を付け加える必要がある。公共財は非競合性や非排除性といった物理特性，享受する住民にとっての便益で評価されがちだが，地域なり国なりにとって「公共性」があることも配慮すべきである。オリンピックを開催するために競技場を建設するという例で言うと，1964年の東京五輪では敗戦後の日本が「国際社会から大会遂行能力があるという信頼を得る」，「平和国家としてのイメージを世界に発信する」など，「信頼」や「自信」「イメージ」が，公共財として大きな意義を担った[*5]。それに比べると，日本が先進国となり，多種多様な世界大会が開催されている現在，五輪大会に将来世代に課される費用負担を越えるだけの公共性が見出しがたくなっているのが実状と言える。

4. 国土強靱化（national resilience）

経済学で財政規模の適切さというと，累積債務についての配慮は欠かせない。けれども社会にとって不可欠な公共事業であれば，不況の時期に重点的に進めるという柔軟さは保ちつつ，しかし景気刺激効果を過剰に主張することもなく，粛々と実施すべきである。そうしたものとして昨今では世界的に注目されている事業に「ナショナル・レジリエンス」がある。

＊5　それに対して「東北地方の震災復興をイメージづける」といった目的を掲げながら東京で国立競技場を壊してまで毎年の収支で赤字が必至となる競技場を新築することには，公共性の観点から説明することは難しい。

「レジリエンス」という概念はもともと生態学や心理学において発展したもので，外部から強い衝撃を受けても生態系や心理が深刻な傷を残さずに回復しうるという「しなやかな強さ」を意味している。金融危機が来ても財政危機に陥らずに経済が平衡状態に戻ったり，そのせいで財産を失った人が精神的に立ち直れるような状態を指す。レジリエンスを高めるべく大災害という危機（不確実性）に対し事後的に行われる財政政策が復興であるが，そもそも被害を最小限に止めるには，事前（平時）から防災を図る必要がある。2011年の東日本大震災以来，活発期に入ったとされる地震への備えとして日本政府（内閣府）が取り組んでいるのが，「ナショナル・レジリエンス」すなわち「国土強靱化」である。

日本では，大震災を中心とする災害が活発な時期に入っている。政府の地震調査委員会が2015年に出した予測では，2045年までに関東全域のどこかでM6.8の地震が起きる確率は50～60％であり，内閣府の巨大地震にかんする有識者会議の推計では（平成25年12月），首都直下型地震の場合，東京湾北部をM7.3が襲うと死亡者が最大１万1,000人，経済被害は112兆円に及ぶとされる。南海トラフ型の場合は最大M9.1で32万人，220兆3,000億円という途方もない数字となる。レジリエンスは景気波及効果だけでなく，貴い命や財産を失わずに済むことへの効果として理解されるべきであろう。

2013年に設置された国土強靱化の有識者懇談会では，レジリエンスは「致命傷回避」「被害最小化」「回復迅速性」を備えるものとされ，図のようなイメージでとらえられた。ショック耐性や回復力を高めることにより，危機に直面しても活動レベルを可及的すみやかに通常レベルに戻すのである。そのうえで，「リスクを特定する」→「脆弱性を特定する」→「対応策（プラン）を検討する」→「プランを実行する」→元に戻る，という回路を経つつ，巨大地震が到来したときに起きることの分析が行われた。その結果，45の「起こしてはならない最悪の事態」が特定され，さらに８つの大項目に分類された。「1．国民の生命が失われる」「2．救助，救急ができない」「3．行政が停止する」「4．情報通信ができなくなる」「5．経済活動が停止する」「6．エネルギー供給，交通等が途

（図6－7）　レジリエンスのイメージ

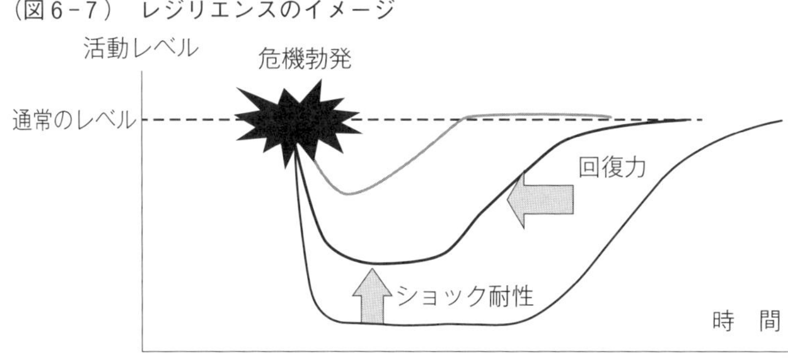

絶える」「7．深刻な2次災害が起こる」「8．地域が再建できなくなる」の8項目で，45の「最悪の事態」は，従来12の行政分野においてどうとらえられてきたかを表に書き出したものである。(1) 行政機能／警察・消防，(2) 住宅・都市建設，(3) 保健医療・福祉，(4) エネルギー，(5) 金融，(6) 情報通信，(7) 産業構造，(8) 交通・物流，(9) 農林水産，(10) 国土保全，(11) 環境，(12) 土地利用，に携わる各省庁である。この表を作成したことで，縦割りのせいで同種の仕事を複数の官庁が連携せずに行ってきたことや，逆に必須であるのにどこも担当してこなかった仕事があることが判明した。

注意しておきたいのは，「国土強靱化」は，防潮堤や耐震化といったハード面だけでは達成できないことである。東日本大震災において死者が劇的なまでに少なかった「釜石の奇跡」は，防潮堤が起こしたのではなく，「まず逃げよ」という教育の成果であった。この知見により，3.11以降はハード面とともにソフト面の重要性が注目されるようになった。ハザードマップの作成や避難訓練といったことで，いわば「人間関係資本」もとづくレジリエンスである。それ以外にも地形などの自然環境を活用し，自然との共生を図るグリーン・レジリエンスも注目されている。人工物としての公共資本だけではレジリエンスには十分でなく，共有資本も考慮すべきなのである。

以上は中央官庁の第一段階での取り組みであるが，その後見直しの回路に進みつつ，一方ではそれぞれの地方自治体にこの取り組みの地方版を作成することを要請している。また他方では民間にもBCP（business continuity plan 事業継続計画）の策定を求めて，実施した組織には認証を行うという取り組みが継続されている。国土強靭化は，中央が呼びかけるとしても実行するのは地方自治体であり，官とともに民による「自助」「共助」も動員されねば達成できないのである。

大震災からの復興は事後的に行うものだが，復興に携わった組織は完了とともに解消される。そこで得られた知見は次の大災害への備えである国土強靭化へと回収し，大災害という「不確実性」の衝撃を可能な限り抑えねばならない。

5.（準）公共財と共有資本の対立

公共投資の評価は予算が有効に使われるか否かに議論の焦点が絞られがちだが，別の問題もある。人工的に生み出されるコモンプール財やクラブ財すなわち準公共財には，コモンや文化資本と対立しその価値を毀損する可能性がある。ダム建設により川の上流から土砂が河口へ運ばれなくなったり，魚が遡上できなくなるといった例が一般に挙げられるが，それ以外に街の賑わいが再開発によって失われる可能性も小さくない。再開発は街に賑わいを取り戻す目的で行われるものだが，逆効果に終わることが少なくないのである。

巨大建築物を建てるという公共事業があるとして，それはハコモノを設置することである。けれどもハコというモノを置いても，人が集まるとは限らない。ハコに集まり賑わいを醸し出す人間関係資本は，長い時間をかけて自生し複雑な構造を持ち，人工的には容易に作り出されない。再開発により人の流れが断ち切られ戻らなくなることは珍しくないが，それはビルや道路が人間関係資本への配慮を欠いたままで新築されたことに起因することが多い[*6]。

---

*6　悲劇的な例が，阪神淡路大震災のあと神戸市主導で再開発され高層マンションが林立するようになった新長田駅周辺であろう。震災前の入り組んだ商店街は活気があったが，近未来的なビルの商業フロアは賑わいを取り戻せなかった。多くがシャッターを閉め寂れた状況は，「復興災害」とも呼ばれている。

J. ジェイコブズは大都市における人々の活動を観察して，都市が安全で暮らしやすくかつ経済的な活力を持つためには，複雑に入り組んだきめ細かな多様性が必要だと結論している[*7]。そのためには

条件 1 ：混合一次用途の必要性
条件 2 ：小さな街区の必要性
条件 3 ：古い建物の必要性
条件 4 ：密集の必要性

という「 4 つの条件」を満たすべきと説く。このいずれかを欠いた都市は，安全性や活気を失うと言うのである。そのいずれかもしくは複数が再開発によって破損する可能性がある。街における賑わいは，不思議なことに一見したところ古くごみごみした密集地帯に発生する。新宿ゴールデン街や吉祥寺のハーモニカ横丁は小さな飲み屋が建ち並ぶ区域で，駅に近く，ながらく再開発の候補と目されてきた。けれども現在，外国人観光客を多く集めて賑わう貴重な観光スポットとなっている。

災害に強い街づくりは，幅の広い道路を設け新築のビルで耐震化を強めることで進められる。一方，人が集まりたがり，賑わいがあるのは道幅の狭い横町である。そうした密集した街並みは火事に弱いという弱点を持つ。防災技術は日進月歩であり，コンクリートだけで防災がなしとげられるわけでもない。防災と賑わいを両立させるような知恵を働かせることが求められている。

＊7　J. ジェイコブズ（2010）『アメリカ大都市の死と生』山形浩生訳，鹿島出版会（The Death and Life of Great American Cities, 1961, Vintage, Random House）

参考文献

・J. ジェイコブズ（2010）『アメリカ大都市の死と生』山形浩生訳，鹿島出版会
・A. ゾッリ，A. M. ヒーリー（2013）『レジリエンス 復活力 あらゆるシステムの破綻と回復を分けるものは何か』須川綾子訳，ダイヤモンド社
・R. マスグレイブ（1983～84）『財政理論Ⅰ～Ⅲ』木下和夫監修，有斐閣

研究課題

1．公共事業の正当化には，投下された費用の乗数倍だけの景気浮揚効果があるという「乗数効果」がしばしば用いられる。それに対し本章では，需要や公共性を掲げている。両者はどのような関係にあるか。考察しなさい。

2．国土強靱化は大災害という不確実性を長期において削減しようとするものだが，それにもかかわらずハコモノ事業として設置に疑問が呈されることが少なくない。そうした批判にも正当な部分があるが，それを受けてどのような条件を国土強靱化に加えるべきか。検討しなさい。

3．公共事業のうち，治水や貯水を目的とするダムには自然を破壊するという批判，国道を通すことには街の賑わいを損なうという批判が呈されることがある。公共事業が共通資本としての自然資本や人間関係資本と対立するというのはもっともな主張ではあるが，それにもかかわらず公共事業を推進するならば，どのような点に注意が必要になるか。検討しなさい。

7 外部性

1. 外部性の分類

＜外部不経済についての分類＞

「外部性」とは，ある経済主体の活動が，他の経済主体に負担もしくは利益を与えながらも，市場価格に反映されないような現象を指す。外部性のうち，他の経済主体にとって好ましい影響を与える場合は「外部経済（external economy）」，疎ましい影響を与える場合は「外部不経済（external diseconomy）」と呼ばれる。外部経済についてはしばしば養蜂業者と果樹農家の例が挙げられるが，これは2者間の共栄の例である。それに対して交流するすべての人に利益があるメリット財の「読み書き計算」は，第6章で公共財の例とした。

外部不経済については一般の議論とは異なり，三つに分類しておきたい。第一は，外部不経済を受ける側がある程度までは我慢しうる，つまり受忍の限度内にあり，補償との交換でどれだけ外部不経済を容認するかを交渉で決めうる場合である。工場の騒音などがそれに当たる。

第二は，外部不経済が受忍限度内であるのか深刻であるかについての評価が時の経過とともに変化する場合である。公害問題では外部不経済を出す権利，もしくは受忍を強いられない権利のいずれが優先されるかが問題になる。当初は外部不経済が存在するか否かも明確ではなく，被害の深刻度や因果関係が時を追って明るみに出ると，因果関係の認定とともに交渉の前提となる権利配分が見直される。被害が受忍しうる限度を超えることが明確になると，加害者には道徳的な責任も問われ，最終的には製造禁止に至ることもある。

第三は，被害が甚大過ぎて企業が責任を負いきれず，また国にも責任の一端があると疑われる場合である。国策によって推進された原子力発電所が激甚事故を起こし，放射能汚染を拡散させた事例を考察する[*1]。

（表7－1）　外部不経済についての分類

外部不経済 (1)	迷惑行為	契約（環境への権利がいずれにあるかに依存）
外部不経済 (2)	受忍の範囲外にある被害について因果関係の理解が変化	権利の再分配についての政治判断，賠償，社会的規制，道徳的責任
外部不経済 (3)	受忍の範囲外にある事故と原因の因果関係の特定が困難であり，賠償・廃炉費用が甚大であるような原子力発電所事故	権利の再分配についての政治判断，賠償，社会的規制，税負担，道徳的責任

外部不経済が受忍の範囲内か否か，交渉の取引費用を無視できるか否かを明確にせず分析を行うと，とくに(2)で扱うべき事例を(1)と見誤るような場合，社会通念からしてもおかしな結論が導かれることがある。(2)で想定するのは激甚な公害で，鉱山の製錬に用いられた排水が未処理のまま河川に廃棄されて起きたイタイイタイ病（富山県，1955年報告），排水に含まれた水銀が海洋に投棄されたため生じた水俣病（熊本県，1956年報告）などである。

こうした公害に対し被害者と加害者が契約で解決しうるとする(1)の分類を当てはめると，被害者（患者）が金銭を支払って加害者企業に生産量（水銀の排出量）を減らしてもらっても，加害者企業が外部不経済を排除するための費用負担をするのと社会的意義（余剰）は変わらないといった議論が導かれる。それどころか，加害者企業が賠償金まで支払ったとしても，そもそも障害を負って人生を送ることを不本意ながら押しつけられた被害者やその家族の精神的苦痛が消えるわけではない。だが一方，公害病については原因が長らく確定しなかったのも事実であり，誰も認識しえなかった範囲まで企業側が責任を負わされるのは不当と考えることにも一理はある。外部不経済を出し将来に加害者責任を負わされることが不可知つまり不確実である場合にはどのような議論が可能か。

＊1　外部不経済（3）は，第8章で扱う。

以下それぞれの外部性につき検討してみよう。

2. 外部不経済（1）ピグー税とコースの定理

外部不経済にかんし，ある程度の排出量までは受忍しうるという(1)のケースを考える。有用な財を生産するとともに周囲に外部不経済をもたらしていると認識されている企業が，設備投資などのサンク・コストから生産中止には莫大な費用がかかるとしよう。住民側は企業から補償を得られる限りで，被害が受忍の範囲内にあるものとする。この場合には政府が外部不経済の削減に乗り出すか，もしくは当事者が交渉した結果，生産が継続されることがありうる。まず，政府によるピグー課税の考え方を紹介しよう[*2]。

ある工場が騒音を出しているとしよう。図7－2でMBA_1は，この工場Aが生産した製品量から消費者が得ている限界利益である。一方，生産量が増えるに従って騒音が大きく，出す時間も長くなり，周辺住民

（図7－2）　ピグー課税による対処

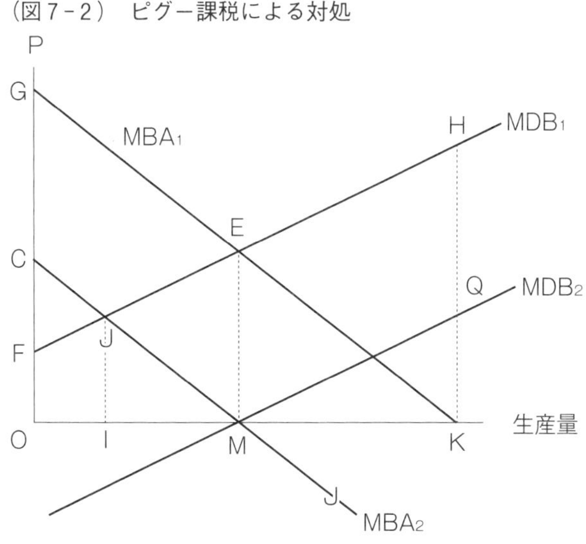

＊2　植草益編（1997）『社会的規制の経済学』NTT出版，第4章，洞口治夫「外部性」による。

Bにとって耐えがたさも逓増して，MDB_1が限界損失となる。これが限界外部費用であり，社会的費用とも呼ばれる。工場の騒音が公害として認定されていないならば工場主は限界利益が0になるまで生産を行う。生産量はOKとなり，工場の利益の全体はOGKとなっている。このときBの限界損失はKHで，被害（外部不経済）の全体はOKHF，社会全体の余剰はOGK－OKHFで，共通するOKEFを差し引くとFEG－EKHである。

社会全体の余剰を最大化する均衡点はEで，限界利益＝限界損失(EM）である。このときAの利益はOMEG，Bの損失はOMEFであり，社会的余剰はFEGとなる。工場が自由に生産を行ったときよりも，EKHだけ社会的余剰は大きくなっており，生産量を増やしても減らしても一方が得をし他方は損をするので，この点は「パレート最適」である。騒音が公害と認定されていない時点では生産量はOKで，パレート最適は達成されていない。

騒音が公害と認定された場合，政府はBの限界的な苦痛MDB_1を限界外部費用とみなし，工場の生産量をOKからOMまで引き下げて社会的余剰を最大にすることが望ましくなる。それにはどうすればよいか。A. C.ピグーは『厚生経済学』で，政府が生産量1単位ごとに工場にパレート最適な生産量における限界外部費用だけ課税すればよいとした。この例の場合，その税率はEMである。このとき工場の限界利益はEMだけ低下するから下方に平行移動し，MBA_2になる。徴税した分を被害者に補償するとすれば，限界損失はEMだけ回復して下方に平行移動し，MDB_2になる。騒音の限界損失EMは補償で打ち消され，被害者は騒音を我慢の範囲内とみなしている。こうした課税原理はピグー税と呼ばれ，環境税に応用されている。

ピグーは別の方法も検討している。減産すれば政府が工場に補助金を与える場合である。工場がOKまで生産しているとして，工場が1単位減産すれば工場は騒音を減らすのであるから「外部経済」をもたらしている。そこで政府が1単位減産に対し補助金をEMだけ与えるとしても生産量はOMになりうる。減産して操業するとき限界収入は減るが補助金はEMであるため減産の限界収入が正になり，それはOMまで減らしたときにゼロになるからだ。

ピグー税には弱点がある。課税しようにも，政府がMDB_1のみならず，MBA_1を正確に把握するのは困難という点である。被害者が損失を過大に申告すれば，課税額EMは適切なものにならない。「公害を出した」とされる企業の側は，被害者の中には過大な申告をする者が存在するという逆の被害者意識を持つと言われる。また補助金を与えて減産させる場合にしても，なぜ公害企業に補助金を与えるのか，納税者が理由を納得できない可能性もある。では，どう考えればよいのか。

R. H. コースは，条件が満たされているならば政府が介入しなくとも（MDB_1とMBA_1を正確に把握できなくとも），被害者が裁判を起こし，当事者同士で交渉すれば余剰は最大化されパレート最適な資源配分が実現するという「コースの定理」を示したとされる*3。その満たされるべき条件とは取引費用（transaction cost）が存在しないことで，ここで言う取引費用には，交渉相手を見つけだすのにかかる費用，交渉（裁判）にかかる費用，そして契約した条項が守られているのか点検を行う費用等が含まれる。

もうひとつ，コースは「環境に対する権利」がどちらにあるのかを明確に意識していた点が重要である。騒音を出す権利と静かに暮らす権利のいずれがこの社会でより重視され，法が裏付けているのかにより，交渉のあり方は異なってくる。静かに暮らす権利に優位性が認められる社会であれば，工場は生産量0から騒音を「出させていただく」代わりに補償を支払う交渉を周辺住民に持ちかけなければならない。最初の1単位生産でOFの補償をもちかけ，徐々に補償額を1単位当たり増やして交渉を進めると，最終的には騒音を出して工場が生産量をOMとし，住民に生産量1単位当たりEMだけの賠償金を支払うことで交渉がまとまり，パレート最適な状態となる。このとき交渉で増える社会的余剰はEFGである。

---

*3　R. H. コース（1992）『企業・市場・法』東洋経済新報社（"The Firm, the Market, and the Law", 1988），大路雄司（1993）『ミクロ経済学』有斐閣に，明快な解説がある。

しかし周辺の誰も住んでいない空地で工場がすでに騒音を出して操業しており，その優先権が認められる社会では，たとえば工場周辺に住宅を造成しようとして，すでに行われているOKの生産量をOMまで引き下げてもらおうとすると，被害者が逆に補償金を払って操業水準を下げさせる交渉を持ちかける可能性がある。工場が限界収益ゼロのOKから生産量を1単位減らすごとに利潤の減少分を住民が工場に支払うとすれば，工場はOMで1単位当たり限界収益分の補償をEMだけ得ることができる。住民は1単位当たりでMBA_1の高さ分を失うがそれはKHから解消されていく苦痛MDB_1の高さ分よりも小さいから，交渉で増える社会的余剰がEKHでパレート最適の状態となる。

「コースの定理」の内容は，「財産権や賠償責任が当事者間にどのように割り付けられていようとも，取引費用が無視しえて当事者間で自由な交渉が行われれば，最終的に達成される資源配分は同一であり，しかもパレート最適になる」というものである。これはちょうど「効率―公正」モデルに相当する考え方で，交渉は市場に似てパレート最適を達成すると唱え，それはどんな資源配分・所得分配になるのかを決める「環境に対する権利」という公正さにかかわる社会規範とは独立だ，と主張する。静かに暮らす権利が認められる社会では工場が賠償金を支払わねばならず，逆に騒音を出す権利が認められる社会では被害者が補償金を払わねばならず，所得分配には正反対の影響が及ぶ。けれども交渉結果としての資源配分（操業水準）はOMで同じとなり，経済学は資源配分についてのみ考察すればよく，どのような権利状態および所得分配を良しとするかは政治が決めることだと考えるのである。

3. 取引費用と権利の配分

ところが奇妙なことに，コース自身は主著において，「コースの定理」の定式化はJ.スティグラーがつくりだしたものだと述べている。「取引費用がゼロの世界は，しばしば，コース的世界と言い表されてきた。・・・この世界とは，現代経済理論の世界であり，私としては経済学者たちにそこから離れるように説得したいと望んでいた世界なのである」。

パレート非最適であって外部効果がないと市場メカニズムでパレート最適が実現されるが，外部効果が存在すると市場メカニズムは有効ではないから，それに代えて交渉を行えばやはりパレート最適になるというのがコースの定理であった。ところが交渉に取引費用がかかると，交渉も実現するかどうかは分からない。つまりコースが最終的に考察しようとしたのは「コースの定理」のように取引費用のない場合の交渉の帰結ではなく，逆に取引費用が存在し，しかも取引費用が契約から得られる社会的余剰を上回っている場合の帰結であった。

たとえば取引費用が EFG と EKH のいずれよりも大きいなら，工場と住民の双方にメリットがなく交渉は行われない。環境への権利が住民にあるなら工場の操業は認められず，権利が工場にあるなら OK で操業される。取引費用が EFG よりも大きいが EKH よりも小さいならば，環境への権利が住民にあるなら交渉は行われないため工場の操業は認められず，権利が工場にあるなら交渉の結果 OM で操業される。

さらにコースは，交渉が実施されず，政府が介入するケースも考えている。外部不経済が生じているのに交渉が始まらず，被害者が政府に訴えて政府が改善を図ろうとするならば，防音装置の設置を義務づけるかもしれない。さらに抜本的には，騒音を出す工場を特定地域に移転させようと干渉するかもしれない。後者の「区域規制」に従って工場と住民が住み分けた場合，工場は生産に課税されることもなく自由に OK まで生産できる。また騒音を出す権利や静穏さを享受する権利など権限の割当が見直されるかもしれない。コースが考察しようとしたのは，取引費用が存在するときには多様な対応が考えられるということであった。

重要なのは，それらの権利が，元をたどれば「静穏な環境」のような共有資本の利用権をめぐるものだということである。所有権は公か私のいずれかにしか属さないとみなすと，外部不経済とは「市場を介さずに」他人に悪影響を与えることと表現されるが，もとよりそれは共有資本である自然や社会，文化を汚染することである。汚染する権利が加害者にあるから生産量を減らすには被害者側が嘆願しなければならないのか，それとも静穏に暮らす権利が住民にあるから防音装置を設置せよとするのかは私権をめぐる交渉だが，共有資本の存在を認めるならば，「外部不経済」の問題は社会的規制をいかに変更するのかに帰着する。

＜電柱・電線＞

外部不経済につき交渉が一部しか進まず，環境に対する権利が時を追って見直された事例に，道路に林立する電柱と上空を覆う電線群（電気線・通信線）がある。日本では電柱・電線が外部不経済だという認識じたいに浅いところがあるが，大震災が来れば倒れて消防活動の邪魔となるし，狭い道路では通行人が自動車との間で挟まれる死亡事故がしばしば起きてもいる。景観を損なうこともあり，日本以外の先進国ではおおむね外部不経済とみなされて，当事者責任で撤去が進められている。日本では2016年に無電柱化推進法が制定され，電柱が外部不経済であることが実質的に認定された。電柱は人命や景観という文化資本を毀損するが，電柱を所有する事業者はそれに見合った社会的費用を支払っていない。

図７－３に見られるように，欧米の各都市では80％以上の電柱は取り払われており，アジアでもソウルは1980年代の17％から着実に無電柱化を進めて46％に達し，北京でも34％，マニラの高級住宅街・マカティ地区でも40％と，電柱が林立し電線が空を覆うという日本人にとっては見慣れた光景が，世界的には稀なものとなりつつある。

日本における電柱の総数は1987（昭和62）年に3,007万本，それが2012年には3,553万本となり，毎年7万本のペースで新設されてきた。最も無電柱化が進んでいる東京都でも，道路の無電柱化率は23区内で７％弱という低水準にある。強いたとえで言うと電柱と電線は路上に捨てられたゴミであり，電柱が林立する道路はゴミ屋敷状態なのだが，日本人はそう意識してこなかったのである。

電柱にはどのような害があるのだろうか。無電柱化推進法の「目的」を見てみよう。「この法律は，災害の防止，安全かつ円滑な交通の確保，

（図7－3）　各都市の無電柱化率の推移

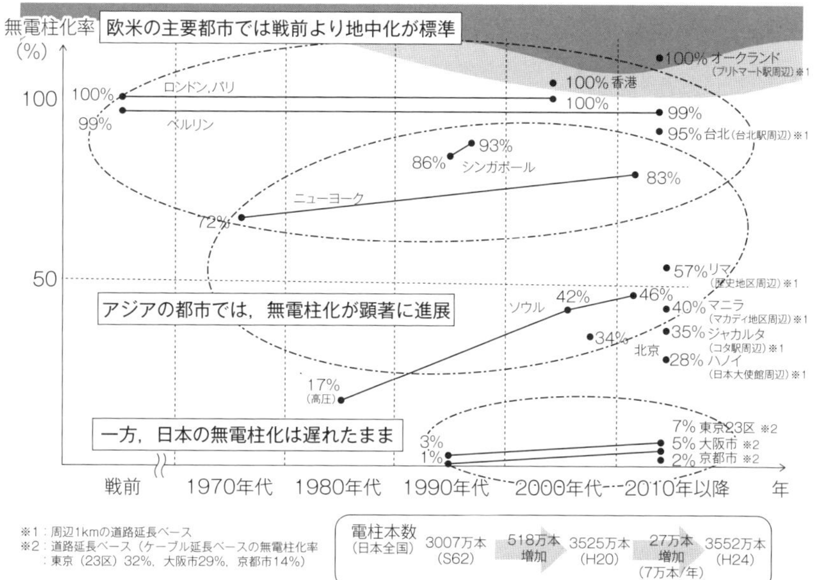

出所：国土交通省調べ
小池百合子・松原隆一郎（2015）『無電柱化革命』PHP 新書

良好な景観の形成等を図る」と書かれている。第一は，防災への障害である。2014年度に阪神淡路大震災の被災者200人に対して実施された調査によれば*4，被災者の76%が震災の際に倒れた電柱によって何らかの被害に遭遇した。震災時に電線が引っ張り合い，電柱は連鎖的に倒れて道をふさぐのである。直下型大地震では倒壊した家屋に人が取り残される。そこで出火すると陰惨な事態となるが，消防車は倒れた電柱に阻まれて，十分な消化活動ができない。そこで73%の人が復興のタイミングで電柱を地中化すべきだったと回答した。「どのような電柱（またはその機能を果たす送電設備）がよいと考えますか」という問いに対し，「地上に無い方がよい」という答えが65.5%を占めたのである。

台風の多い地域では毎年のように電柱が倒れるため，やはり地中化を要望する声には根強いものがある。けれども大震災を体験していない大

＊4　阪神淡路大震災被災者200名に対するアンケート「無電柱化民間プロジェクト」実行委員会調べ

半の国民は，それほど電柱を危険視していない。深刻な危機を体験した住民とそうでない住民とでは防災に対する評価が相当に異なるため戦後の日本で被災者の抗議は政治運動にまでは高まってこなかった。

第二は交通上の安全である。電柱は狭い道路を一層狭くし，車椅子や乳母車の通行の邪魔になっているが，それにとどまらぬ危険性もある。2014年には，電柱衝突事故は1,498件，うち死亡事故は106件（７％）で，交通事故の内でも高い死亡率となっているのである（平均は0.7%）。

第三は景観の汚染である。富士山の世界遺産登録をめぐっては，保全状況によっては取り消しもあるという指摘がユネスコの諮問機関からなされたが，その中には電柱・電線の撤去を求める項目があった。静岡県はこれを受け，白糸の滝，三保の松原周辺で10本の撤去を行った。電

（図７－４）　電柱衝突事故

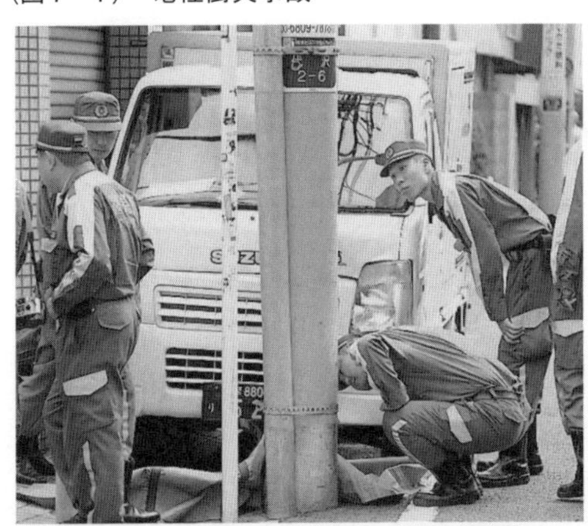

事故現場を調べる警視庁の捜査員ら＝17日午後2時45分、東京都世田谷区、杉本康弘撮影　デジタル版に動画

下校中はねられ重体　世田谷

17日午後1時半ごろ、東京都世田谷区代沢2丁目の都道で、小学3年生の女児3人が軽トラックにはねられた。警視庁によると、9歳の女児が意識不明の重体となり、8歳と9歳の女児が重軽傷を負った。

警視庁は、軽トラックを運転していた自営業の男(61)を自動車運転死傷処罰法違反（過失運転致傷）容疑で現行犯逮捕した。「大変なことをした」と容疑を認めているという。男は胸を打撲しており、入院するため釈放された。北沢署によると、現場は中央線のない直線道路。3人は下校途中で、道路の左端を歩いていて対向してきた軽トラックと接触。軽トラックは電柱にぶつかって止まり、重体の女児は車と電柱の間に下半身を挟まれたという。

出典：朝日新聞　平成26年９月18日（朝刊）

※当該記事では「重体」と報道されているが，その後，警視庁北沢署は死亡したと発表

柱・電線は，海外では景観への汚染物とみなされているのである。

ではなぜ電力・通信会社は電柱を建て電線を架空してきたかというと，公式には電気の安定供給と電話の確実な接続が理由とされてきた。けれども費用もまた見逃せない要因である。道路法では，「道路の外側に土地がないこと」を条件として「占用許可申請」を提出すれば，年当たり１本1,000円～2,000円の借地料を民地もしくは道路管理者に支払うだけで電柱を建てる権限が得られる。一方，電線の地中化は，現在の電線共同溝による埋設方式（浅層埋設）では電線類管理者の負担額は約2.3億円／km である。東京電力によると，地中化は架空の約10倍建設コストがかかる。

道路に危険な電柱が放置されてきたために震災や交通事故で死亡者が出ているということは，「通行者や住民を危険にさらしても埋設費用を安くすませる」という権利が電柱所有者の側に与えられてきたことを意味している。

歴史を振り返ると，明治維新以来の近代化で，さっそく電柱が林立した。ところが大正時代も半ばを過ぎると，街づくりへの関心とともに無電柱化の機運が高まり，東京都文京区周辺や旧満州の首都・長春では実行に移された。しかしそうした機運は長続きしなかった。戦争で焼け野原となった日本では，戦後になると応急措置のようにして電線が架空され，復興期から1960年代まで電柱は増設されていった。

その後，都心やビジネス街のように電力・通信会社が単独で電線を埋設する地区も出てきたが，費用負担してまで地中化するメリットがないと判断された地域では，無電柱化したい住民やディベロッパーが費用負担を肩代わりした。これは「要請者負担」と呼ばれる。電柱・電線に強い不快感を持つ一部住民やその代理であるディベロッパーが電力・通信会社と交渉の上，費用負担しつつ埋めさせたのである。コースの定理で言えば，被害者側が加害者に対して補償を行うケースと言えよう。それが行われてきたのは，住民自身においても，電柱のない道路を持つ権利を奪取する政治運動を組織するには至らず，安上がりな電力や通信をそれなりに評価してきたからである。

その後，遅々として無電柱化が進まなかったため，建設省（現・国土交通省）が1986年から無電柱化を働きかけてきた。当初は事業者による「単独地中化」が45%を占めていたが1994（平成６）年に電線共同溝法が施行され，国と道路管理者（自治体）が電線を入れる共同溝を道路に埋める費用を税で賄うようになると，単独地中化は１%まで減少していった。無電柱化の推進主体が電線管理者（事業者）から道路管理者（行政）へと移行したのである。ヨーロッパ各国では電力・通信会社が全額費用負担するのが一般的，つまり電柱・電線は公害という扱いになっているのとは対照的と言える。しかしその後，円高で海外に渡航する日本人が増え，電柱のある道路を不快と感じる声も上がり，阪神淡路大震災・東日本大震災を経て防災意識が高まったことから，電柱は生命にとっても危険という意識が拡がってきた。電柱の社会的費用が認識され始めたのである。

2016年の無電柱化推進法では再び電線管理者（事業者）が無電柱化の推進主体となることが謳われている。電柱を立てる権利に対し，電柱のない道路空間を持つ権利も意識されて，権限が移行したのである。今後は電力・通信業者と自治体・国および住民が，より安価な直接埋設方法や軒下配線方式の工事へ協力することにより，無電柱化を推進することが期待されている。

4. 外部不経済（2）

＜水俣病＞

外部不経済が認識され社会運動が起きたものの，どんな因果関係で生じるのかが不明で，時を追って明らかになったケースもある。そのうえ被害が受忍限度をはるかに超える例として，水俣病を振り返ってみよう。

水俣病は1940年代から症例が見られたとされるが，1950年代に入ると水俣湾でタイやエビが獲れなくなり，1953（昭和28）年には猫の狂死が相次いだことが翌年の地元新聞で報じられた。人間の最古の症例も1953年に見られたが，保健所が「原因不明の奇病」として公表したのは1956

年になってからであった。1959年には熊本大学医学部の研究班が有機水銀原因説を公表しており，新日本窒素肥料（現・チッソ）水俣工場の排水が疑われた。1964年に東大医学部教授が原因をメチル水銀と特定する論文を発表，1968年に厚生省が公式認定した。

チッソは1930年代前半から排水を水俣湾に流していたが，1950年代まで発症例がなかった。工場で使用していた無機水銀がメチル水銀となり廃水が深刻な健康被害を引き起こすという因果関係が仮説として指摘されてはいたものの確証が得られず，政府も水俣川河口への排水のみ禁止しただけだったため，発生源はなくならず1968年にアセトアルデヒドの生産が停止されるまで被害は拡がった。

因果関係の認定に手間取る間，1957年には水俣病患者家庭互助会が患者補償を要求したが，チッソ側は「水銀汚染と工場廃水の関係は明らかではない」，「今後の政府の研究結果を待ちたい」と回答を先延ばしにした。知事・市長の仲介で見舞金支払いには調印したものの，死者で30万円と，当時でも極端に低額であった。1971年には死者が48人となり，1973年の第一次訴訟でようやく企業の責任が認められ，廃水を放流する際に健康被害への注意義務を怠ったとして，原告が勝訴するに至った。この段階で，公序良俗違反として見舞金契約には無効が言い渡される。被害者団体・熊本県・関係省庁ら関係当事者間で合意が成立したのは，1995年になってからのことであった[*5]。

水俣病で問題となったことの１つに，当時の日本では法人に民事責任が認められていなかったことがある。過失は個人によってなされるとされたため，工場からメチル水銀が水俣湾に放流されたことは明らかとしても，原告が企業の中から具体的な個人を責任者として特定しなければならなかった。しかし「放流」には，現場で排水バルブを開いた者，それを命じた者，工場の責任者，経営の判断者等が関わり，事実上，外部から特定するのは不可能であった。

しかし1971年，新潟の水俣病裁判で，住民の健康被害につき昭和電工

＊5　水俣市立水俣病資料館ホームページ「水俣病―その歴史と教訓2007」

に企業の過失責任が認められ，これをきっかけとして1973年には熊本地裁でもチッソという会社の賠償責任が認められた。熊本水俣病判決ではそのうえで「化学工場が廃水を工場外に放流するにあたっては，常に最高の知識と技術を用いて廃水中に危険物質混入の有無および動植物や人体に対する影響の如何につき調査研究を尽くしてその安全を確認するとともに，万一有害であることが判明し，あるいは又その安全性に疑念を生じた場合には，直ちに操業を中止するなどして必要最大限の防止措置を講じ，とくに地域住民の生命・健康に対する危害を未然に防止すべき高度の注意義務を有する」と明言された。この宣言により，事業者側に注意義務と事故への賠償責任があるという権利・義務関係の再配分が画定した。

この事例から読み取れるのは，被害者にとって被害原因の特定は取引費用として大きすぎる場合，コースが考察したように交渉は行われないが，動的に展開される可能性がゼロではないということだ。生産中止をためらううちに被害が拡大し，社会的反響から大学など研究機関が原因を特定すると取引費用が下がり，政治が介入して環境への権利が被害者有利に覆って，交渉が開始されたのである。このような目まぐるしい動的展開は不確実性に満ちており，「効率―公正モデル」のように経済学は効率性にのみかかわり公正については論じなくてよいとは言えなくなる。

参考文献

・植草益編（1997）『社会的規制の経済学』NTT 出版
・松原隆一郎「無電柱化推進のために」『道路問題』2020.3
・R. H. コース（1992）『企業・市場・法』東洋経済新報社
・J. スティグリッツ（2000）『公共経済学』藪下史郎訳，東洋経済新報社

研究課題

1．水俣病訴訟において，被告企業側は排水する権利が自社にあると考えてきたが，裁判の結果，排水から健康被害を受けない権利が住民側にあるとして，権利の再配分が生じた。この判決結果は被告企業にとっては想定外つまり不確実であったが，想定外の事態についても想定するような姿勢が取られていたならば，被告企業はどのような行動を取ったであろうか。考察してみなさい。

2．「コースの定理」はコース自身の意に反して取引費用がゼロの状況を前提し，コースの抗議にもかかわらず「コースの定理」という呼称は一人歩きしてしまっている。それによって外部不経済にかんする経済学の貢献は貧しいものになったと言わざるをえない。そのことの弊害がどのようなものか。検討しなさい。

3．電柱は防災・交通安全・景観にかんし周辺住民に迷惑をかける外部不経済である。しかし行政側が税金を拠出して共同溝を埋めるこれまでの施策にかんしては，共同溝が設置されても電線管理者（電力・通信会社）が電線の埋設を完了させない事例が少なくないと会計検査院が指摘している。これに罰則規定を設けるなら，どのようなことになると推測されるか。また諸外国のように無電柱化の費用負担が電線管理者に義務づけられたならばどうか。考察しなさい。

8　企業と倫理

1. 企業の倫理とは

公害のような激甚な外部不経済が生じていても，因果関係を明確化するための科学的分析など交渉にかかわる取引費用が高額であるときには，交渉が成立しなかったり，結果的に環境に対する権利が再配分される可能性もある。なかでも社会通念からして看過しえない外部不経済が存在することが判明した場合には，市場取引のルールを正義にかなったものとするために，権利を変更するよう政府が法改正を行ったり，裁判所が判決を下したりする。

水俣病は不幸な外部不経済ではあったが，それでも因果関係が特定できた後は，それまで企業の自由とされていた廃水の放出が停止され，被害の拡大はその時点で止まった。原因を生み出した企業の側に「地域住民の生命・健康に対する危害を未然に防止すべき高度の注意義務」があったと裁判で言明されたせいで，企業が踏まえるべきルールが特定された。放水する側は排水と公害病の因果関係につき今後はみずから注意せねばならず，不注意から原因を生み出していると判明すれば賠償責任を負わされることになった。さらにチッソの生産停止が遅れたについては県や国にも監督責任があって，患者が被害者であるという構図が明確になった。

排水が原因となる公害についての責任は判決にもとづきこのように確定されたのだが，別次元の問題も浮き彫りになった。チッソ側からすれば，事後的に権利関係が覆るのでは経営にとって不確実にすぎると映ったかもしれない。排水にかかわる責任の所在が事前に明示されていたならば別の経営判断をした可能性があるからだ。しかし被害者にとっても獲った魚を食べるという太古から続いた日々の営みで発病するのは，想像し難い出来事であった。権利の再配分というルール変更はなるほど不確実性を伴うが，変化を前提とする資本主義経済においてはそれも不可避であることが経験されたのである。

日本政府は2000年，チッソが策定した「再生計画策定」を受けて賠償のルールを定めた。チッソはそれ以降の経常利益から水俣病患者へ補償金を支払い，県にも貸付金の返済を行って，返済ができない分が生じれば，国が肩代わりするという取り決めになったのである。チッソが返済することを前提に，金融支援措置も講じられた。

水俣市立水俣病資料館のホームページは，子ども向けの学習資料として「水俣病 Q&A」を掲載し，「会社はもうかることだけを考えて，人々の健康や環境のことを考えようとしなかったため，被害がこんなにも広がってしまいました」，「患者さんへのつぐないの支払いを続けるためにも，環境にやさしい企業としてこれからもがんばっていくことが望まれています」と記している。

その後チッソは優良企業として利益を出し，賠償を続けている。株主への配当はその分だけ減り，株主も責任を取った形となった。この裁判は日本の企業経営者に対し，株主や従業員のみならず環境にも配慮する義務を持つよう求めている。つまり環境をも利害関係者とみなすステイクホルダー・カンパニーたれ，と命じたのである。

ここで「企業の責任」とは誰が誰に対するものなのかという，新たな問題が浮び上がってくる。株主の利益を最優先すべきだというストックホルダー・カンパニーは，株主の利益のためには環境問題を放置するといった「私悪」や「強欲」を連想されがちで，外部不経済を直視する「倫理」とは無縁であるかに見える。ところがステイクホルダー・カンパニーを批判する急先鋒である M. フリードマンが，意外にも株主利益を最大化しようとする営利企業を通じて社会的責任は果たされうるという考え方を表明している。

> 私的所有に基づく自由企業体制の下では，企業の経営者とは企業の所有者の雇われ人である。経営者は自分の雇い主に対して直接の責任を負っている。その責任は，雇い主の欲求に従って企業

を運営することである。また，一般に雇い主の欲求とは，法律や倫理的慣習で具体化されている社会の基本的ルールを守りつつ，できるだけ多くのお金を稼ぐことである[*1]。

フリードマンというと，貪欲な企業家を支持する「資本主義の守護神」というイメージが流布しているが，この文章を見る限り，それは誤解と分かる。彼は確かに，経営者の責任は雇い主である株主の「欲求に従って企業を運営すること」に限られるとし，企業がそれ以外の倫理めかした目的を持つことを強く非難している。彼は経営者が企業の収益から慈善活動を行うことを，『資本主義と自由』でも批判している。けれどもそれは，慈善や社会貢献という行為そのものを否定するのではない。企業収益は原理的に雇い主たる株主のものである，そして株主個人には株式から得た収益を慈善活動に投じる権利がある，とフリードマンは言う。それゆえ企業収益を経営者が慈善活動に振り向けてしまうのは，慈善を行うという株主にとっての権利を経営者が奪っている，という理屈である。

ここでフリードマンは，「法律や倫理的慣習で具体化されている社会の基本的ルール」を守り，「できるだけ多くのお金を稼ぐ」ことが株主の倫理であり欲求だとしている。経営者はそれを満たすよう会社を運営する雇われ人だというのだから，経営者は株主が望むように社会の基本的ルールに従うべき存在であり，自分の倫理観を持ち込んではならないことになる。

現実の株式会社は，どのような行動方針を取ってきているのだろうか。フリードマンの考える株式会社のように，倫理的な株主に一元管理されて，倫理的な社会を実現しているだろうか。それを検討するために，まずは株式会社制度とはどのようなものかを振り返ってみよう。

＊1 M. フリードマン，「ビジネスの社会的責任とはその利潤を増やすことである」T. L. ビーチャム，N. E. ボウイ（2005）編著，加藤尚武監訳『企業倫理学Ⅰ 倫理的原理と企業の社会的責任』晃洋書房（Norman Bowie, Denis Arnold, Tom L. Beauchamp “Ethical Theory and Business（8th Edition)” 2008）

2. 株式会社（ストックホルダー・カンパニー）の有限責任制

現代において資本主義の中心を担う大企業の多くは株式会社である。株式会社の基本的な性格は，インドネシアの香料を求めて出船するために1602年に設立されたオランダ東インド会社に出揃っていたと言われる。それまで見られたような，航海ごとに出資者を募り帰港したのちに利益を分配して事業を清算するやり方だと，事業が失敗に終わった場合にリスクが大きすぎる。そこでオランダ東インド会社は，複数回の航海の通算で利益を分配するやり方に変え，リスクを分散するとともに初めて資本を継続する株式会社となった。取締役および株主に課される責任は，無限責任ではなく有限責任であった（無限・有限の意味は後述）。けれども大航海時代にあって同社は，誰もが設立しうるという性格を持ち合わせてはいなかった。オランダ東インド会社は，条約を締結したり自衛戦争を行ったり貨幣を鋳造したりと，国家の出先機関としての性格を色濃く持っており，現代の私企業とは性格を異にしていた。

誰でも会社を作ることができるようになったのは，2世紀の時を経た19世紀のイギリスにおいてである。18世紀のイギリスでは，株式会社の前身で初期は無限責任制であった合本会社（joint stock companies）が急速に増加していたが，バブル経済化とその崩壊において南海会社が引き起こした「南海泡沫事件」を機に，無許可会社が取り締まられるようになった。さらに19世紀に入るとイギリスでは産業革命が進み，多額の資本を集める必要が生じた。そこで法律に該当しさえすれば国王や議会の特許なしに法人格を付与され，市民の誰もが自由に会社を作れるという「準則主義」が芽生えた。学術協会や共済団体等を除く合本会社に準則主義を適用する1844年の「登記法」，登記法に従って登記された法人につき株主が元本以上の責任を負わないとする1855年の「有限責任法」，そして有限責任法に法的実効力を持たせた1856年の「株式会社法」によって，近代的な株式会社（company limited by shares）制度が確立されることとなったのである*2。

こうして出揃った株式会社の特徴には，法人格を持ち，株主の責任が有限であり，持ち分の譲渡が自由であり，取締役会へ経営権が委任され，株主が会社を所有しているといったことがある[*3]。

「持ち分の譲渡」から説明すると，株式会社では会社が財産を確保するために出資の払い戻しを原則として認めていない。そこで持ち分の譲渡を自由として，株主が資本を貨幣化できるようにされたのである。

取締役会へ経営権が委任されたのは，大規模な会社には資本を提供する株主の数が多く，それに比べて直接に経営の知識を持つ者は少なかったからである。そこから専門的な経営を取締役会に委任することが普及した。「所有と経営の分離」である。

「株主が会社を所有する」とは，経営は委任するものの株主には取締役を選任したり会社の運営事項を承認する権限があり，持ち分に応じて会社の利益が帰属することを指す。

無限責任・有限責任は，株主にかかわっている。イギリスの個人事業やパートナーシップ，日本の合名会社・合資会社は無限責任制で，出資者たる社員は債務まで責任もって返済しなければならなかった。倒産すれば株主の自宅にも債権者が押しかけて，返済しなければ裁判所に財産を差し押さえられた。それに対して株式会社は有限責任で，債務を弁済できなくなれば会社は倒産し，株主にとって出資分の株式は無価値になるが，それ以上の責任は問われない。株主の財産は，会社の債権者による取り立てからから守られるのである。

こうした諸特徴の中でも会社の倫理に関連して早くから論争を呼んだのが，株式会社の特徴である「株主の有限責任」であった。有限責任制とともに株式会社が拡がったのは，株主の責任を会社が倒産したときの株価の上限とし，株価はゼロになってもそれ以外の債務までは責任を負わなくてよくなったからである。株式を保有した際の損失につき上限が確定し，しかも取締役会への委任によって細かく会社を監視しないで構わなくなったために，株主は複数の株を保有することが可能になった。

＊2　米山高生（1980）「イギリス近代株式会社法成立の経済的背景に関する覚え書き」『一橋研究』第5巻第2号

＊3　吉原和志・黒沼悦郎・前田雅弘・片木晴彦（2005）『会社法1』『会社法2』（第五版）有斐閣

予想される株式の収益とリスクを適切に組み合わせる分散投資によって，期待収益を向上させることができる。株主は，多数の株式をいかなるポートフォリオで保有するか，いかにすばやく株式を売買して利潤を得るかに関心を集中させるようになり，投機の対象としてのみ会社をとらえるようになった。こうして株主は自分が所有する会社の経営方針につき，責任感が薄れていく。

このような性格を持つ株式会社が倫理的であるのかについては，A.スミスが1776年に出版した『国富論』でいち早く懸念を表明している。スミスの主張は近代的な株式会社が法的に確立される以前のものだけにその慧眼が分かるが，スミスが支持したのはイギリスの合本会社であった。スミスは，株主が配当にしか関心を持たなくなると，取締役たちによる会社業務の運営には「怠慢と浪費がつねに支配的にならざるをえない」と指摘している。

19世紀に株式会社制度をめぐる法律が制定されるに当たり，議会でも有限責任制に対する批判が沸き起こった。無限責任であれば，株主は会社が無謀な事業に手出しすることに反対するだろう。けれども有限責任になると株主には経営に対する無関心が拡がり，会社は危険な事業にも手を出しがちになるはずだ。有限責任だと株主は経営者に対する監督を怠るというわけである。そうした批判に答え，有限責任制度を支持したのが『経済学原理』（1848）を書いたJ. S. ミルであった。ミルはこの本で，鉄道のような大規模な経営は巨大な資本を要し個人の資力ではなしうるものではないとして，有限責任制の必要性を唱えている。その上で，有限責任の株式会社であっても責任を取るよう仕向ける条件を挙げたのである*4。

それが「資本が今もなお減少させられることなしに維持されている」こと，さらに「種々の勘定が記帳され」，「世間へ公表する」，「勘定の真実性を適当な罰則によって守る」ことであった。これらは今日の言葉では「財務内容のディスクロージャー」および「資本充実の原則」である。

---

*4　J. S. ミル（1848）『経済学原理』第5編第9章6「有限責任会社・特許会社」

株式会社がかりに倒産しても，資本金やそれで会社が買った設備や資産が十分に残っているならば，債権者はそれを差し押さえることで債権を取り戻せる。そのためには資産が目減りしていないか債権者が確認できるよう，情報公開を制度化すべきである。これら2つの条件が守られる限り，巨大株式会社であっても責任ある経営が行われ，債権者は資産を守ることができるし，株主は有限の責任で利益を追求できる。ミルはそう考えたのだった*5。

株式会社制度は大規模に資本を集めうるという利点を生かして19世紀から20世紀にかけ世界中に普及し，各国の経済発展に貢献した。その結果，20世紀前半には「所有と経営の分離」が一層進んだ。そのことを実証的に明らかにしたのが，A. A. バーリとG. C. ミーンズの『近代株式会社と私有財産』（1932）であった。彼らはアメリカの大企業200社のデータを元に，株式会社において「所有の拡散」と経営者への「権力の集中」が生じていると主張した。

1900年には400万人だったアメリカの株主は，29年後には1,800万人に膨れあがり，とりわけ高額所得者ではない層で株主が急増していた。個々の株式所有者は会社の経営にかんし無力で，会社に株主の個性が反映されるといったことは起きにくくなっていた。懸念された通り，株主たちは配当やキャピタルゲインさえあれば経営の内容には関心を持たない傾向を強めたのである。

所有権が広く分散し個々の株主が経営を左右しなくなると，経営者が権力を握り会社を支配するようになる。この「経営者支配」は，会社数で44%と顕著となった*6。「所有と経営の分離」が深まったがゆえに，経営者支配が強まったのである。

この「所有と経営の分離」が市場経済に対してもたらす影響についてはケインズが『雇用・利子および貨幣の一般理論』で分析している。ケ

---

*5 奥村宏（2015）『資本主義という病』東洋経済新報社

*6 ただし経営上の不手際があったときには，一部の株主が自衛委員会を立ち上げ，個人株主をまとめ上げて経営者を置き換えることもありうる。経営者が相互に敵対することもあり，その際は株主たちからの委任状争奪戦が勃発する。

インズは株主が企業の利潤（配当）を当てにするよりも投機に走りがちになると金融資産市場が不安定化する，つまり投機には金融危機を招く可能性があることを指摘した。実際，株主が得る利益は，気まぐれな株式市場の動向により左右されるようになっていった。

けれども「財務内容のディスクロージャー」と「資本充実の原則」が満たされる限りで，株式会社の経営は監督されるはずであった。ところが株式会社の不祥事は，21世紀になっても起き続けている。その背景となる事情は，日本とアメリカでは異なっている。株式会社にかんしアメリカで1980年代以降に起きた大きな変化は，企業体として大量の資金を運用する大口投資家すなわち機関投資家の急増であった*7。2000年前後には，機関投資家がアメリカ企業の上位1,000社の株式の50％以上を保有するまでになっている。1990年代前半から，アメリカの法学者の多くは機関投資家を「救世主」であるかのごとく熱狂的に迎え入れた。機関投資家が株主として経営に対する監視を強め「責任ある所有」を実行するなら，株主の無力化が不祥事を誘発するという懸念は払拭されると期待されたのである。

ところが事態は予想外の方向に進んだ。機関投資家たちは企業経営に強い関心を示したのだが，そこで経営者に突きつけた要求は，不祥事の禁止ではなく株価の最大化であった。さらに鮮明になったのが，株価の最大化を達成するまでの期限の「短期化」だった。1990年から1999年までに，アメリカにおける株式保有の平均期間は2年から8ヵ月に縮んでいる。ナスダック市場の1999年における株式の平均保有期間はもっと短く，5ヵ月となった。これは株式の持ち替えを高速化したということで，投機化が進んだことの兆候であった。機関投資家の急増は，企業の健全経営を監視すべく株式投資の投機化を抑制するどころか，逆に促進するようになっていた。

そして株価の上昇を背景に，1990年代以降のアメリカ経済は，会社の役員や従業員が自社株を購入し株価上昇を目指す行動をとるように動機

*7　L. E. ミッチェル（2005）『なぜ企業不祥事は起きるか　会社の社会的責任』斎藤裕一訳，麗澤大学出版会

づける「ストックオプション経営」や，株式市場を透明にするとされる会計事務所への信頼を特徴とするようになった。株主の利益を徹底的に追求すれば，不祥事は撲滅しうると考えられた。

それと同時にアメリカ政府は，そうした特徴が希薄なアジア各国や日本の経済を「クローニー・キャピタリズム」と呼び，政財官の癒着や情報公開の少なさを倫理にもとるとして繰り返し批判するようになる。機関投資家による企業の監視，会計事務所が保証する企業財務の正しさによって透明で公正な証券市場が育成され，経済発展は持続すると主張したのである。

ところが2001年，そうした主張を裏切る事態が発覚した。決算で利益増を連続して発表，株価を急上昇させて証券界で高い評価を得ていたエネルギー関連の大手企業エンロンが，関連子会社に損失を付け替えて決算を粉飾していたと発覚，破綻したのである。しかも問題はエンロン一社にとどまらなかった。会社資金の流用や不明朗な融資，ファミリー企業への債務保証など，最高経営者（CEO）たちの乱脈経営が次々に明らかになった。さらにはエンロンの会計を担当していた大手のアーサー・アンダーセンが損失の水増しを指導，不正発覚直前には関係資料の廃棄すら指示していたことも判明した。乱脈会計を取り締まるはずの会計事務所が，逆に不正を煽っていたのである*8。

アメリカではこれら大企業の会計不祥事を受け，不正を犯した企業幹部を20年の禁固刑に処する，投資家への不正収益を返還させるために暫定的な資産凍結を可能とする，監査法人への監視を強化する，等を含むサーベンス・オクスリー法（SOX法）が，2002年に急遽制定された。株式会社を健全なものにするためにミルが与えた2条件が無効とみなされれば株式会社制度そのものが否定される可能性があり，厳罰が処せられたのである。不正会計や証券詐欺は法人としての会社が行った違法行為だが，その責任は経営者にあるとして，会社を代表する経営者個人が

*8　L. E. ミッチェルはこうした経緯を踏まえ，経営の短期志向が誤りの根源であるとして，短期保有株主のキャピタルゲインに課税したり取締役の任期を5年としたり四半期決算を一年決算に切り替えるなどにより経営を長期志向に変えることを提案している。ミッチェル（2005）

禁固刑に処されたのだった。これは株主利益だけを追求すれば経済は倫理的になりうるという考え方が否定されたことを意味している。裁判によって，経営者もまた倫理的でなければならないと判断されたのである。

株価の引き上げを短期間に実現することに傾倒すれば，企業は環境汚染の防止には配慮しなくなり，大量の労働者を解雇し工場を閉鎖することも良しとされかねない。自然環境の保全や労働者の生活，工場がもたらす地域の活性化などは，株価の短期的つり上げにとっては「コスト」にすぎない。地域に足場を持たない機関投資家には，「社会の基本的ルール」はコストに見えてしまう。これはフリードマンが想定しない事態であった。

3. 利害関係者に対する会社責任（ステイクホルダー・カンパニー）

一方戦後の日本では，「株式の相互持ち合い」現象が生じた。所有と経営が分離されると，株式を市場で大量に取得すれば企業の買収が可能になる。そこで日本では1960年代から，外資による乗っ取りを防ぐために複数の株式会社がお互いに発行済株式を保有しあう「株式持ち合い」現象が現れ，それを通じて企業集団が形成されていった。信頼できる会社に株式を持ってもらい，買収を防ごうとしたのである。株式には株主総会で議決する権利が含まれ，株主は会社の意思決定権，なかでも取締役の選任・解任の権限を保有している。買収を防ぐことができ株価も短期的に安定するのだから，経営者は長期的な見通しのもとで経営することができる。

株式の相互持ち合いは1970年代前半にピークを迎えたが，これは互いに資本金を払い合うのであるから，「資本充実の原則」に反している。そのうえ日本企業には「オーバー・ボローイング」の傾向も見られた。自己資本に比べ社債や借入が超過する状態である。きっかけになったのは，川崎製鉄が1953年に千葉工場を建設する際，５億円の資本金なのに163億円を借り，大成功を収めたことであった。高度成長期の日本企業は投資意欲が旺盛で，しかし証券市場が今日のようには発達しておらず，起債も増資も困難な状態にあった。川鉄千葉工場の成功例は資本金からすれば過大な借入を銀行から行う先例となり，オーバー・ボローイングが慣行として一般化したのである。

債権のほんの一部しか資本金がないのだから，オーバー・ボローイングもまた「資本充実の原則」に反している。それは銀行にとって危険な状態であり，銀行には企業を監視する必然性がある。そこで高度成長期以降の日本では，株主ではなくメイン・バンクが企業をガバナンスするようになった。銀行が，経営者の交代にさえ強い影響を持ったのである。

ところが1980年代後半になると経済のバブル化で株価が高騰し，時価発行増資や時価転換社債の発行が盛んになって，株式の相互持ち合い率は低下していった。バブル崩壊を機に「持ち合い崩れ」が起きると，企業集団体制にも綻びが見え始めた。それとともに，不祥事が続発する。2000年代には，リコールにつながる欠陥車へのクレームを当時の運輸省に長年隠していた「三菱リコール隠し」や，原材料・表示・賞味期限切れなどについての一連の「食品偽装事件」が露呈していった。その多くは内部告発で明るみに出たのだから，新たに起きたというよりも，過去には隠蔽されていたものが，企業集団による締め付けのゆるみとともに社会の目にさらされるようになったと疑わざるを得ない。

これは何を意味するのだろうか。会社が利害関係者や環境に配慮するか否かについては，バーリとミーンズは楽観的であった。彼らは「支配集団は，むしろ，所有者，または，支配者のいずれよりもはるかに広い集団の権利に対して道を開いたものである。彼らは，近代的株式会社は所有者だけでもなく，また支配者だけでもなく，全社会に対して役務を提供すべきものであると要求する地位に，この社会を置いたのである」と述べている[*9]。これは，利害関係者（ステイクホルダー）に対して会社が責任を持つようになるだろう，という期待を語ったものである。

会社組織は，たんなる労働者や機械の集まりではない。人が人と関係

＊9 A. A.バーリ，G. C.ミーンズ（1958）『近代株式会社と私有財産』北島忠男訳，文雅堂書店＝文雅堂銀行研究社（Adolf Augustus Berle, Gardiner Coit Means, “The modern corporation and private property”, 1932）第四編 p.449

を結び，組織を築き上げている。顧客にしても，会社に対し「のれん」（ブランド）の価値を認めている。会社は個別の人や機械を超えた「有機体としての生命」を持ち，それが経営者によって指揮されている。つまり経営者は，会社にかかわる人々の「関係」から利潤を汲み取っている。そこでバーリとミーンズは，株主の分け前について，そうした「関係」維持に用いられる部分を除いた残りを上限とするべし，と主張した。株主の利益のためにも，従業員や顧客，社会の利益は不当に損なってはならない。そうした考え方が，経営者支配を通じて定着するだろうと考えたのである。

水俣病判決に戻ると，企業にステイクホルダー・カンパニーたれと命じ，バーリとミーンズの期待は実現に向かったかに見えた。ところが日本で株式会社が従業員や企業集団，銀行といったステイクホルダーに配慮するとしても，その外部にある社会や環境には責任を持たなかった。日本企業は「ステイクホルダー」として，「ストックホルダー」以外の従業員や企業集団，銀行までを利害関係者とみなした。近代以前の日本は村や自然，伝統文化を共有資本としたが，近代化とともにそれら自然や伝統にかかわる共有資本は解体され，銀行をトップにいただく企業集団はその内部に共有資本を再構築した。「内」と「外」を厳密に区別し，水俣湾の自然や伝統集落は「外」であり汚染水を廃棄して構わないとみなしたのである。水俣判決は，排水ルールの変更だけを意味したのではない。「ステイクホルダー」に企業の外にある自然環境や伝統集落を含めることを命じたのだ。

こうして日本では，株式会社は環境に対しても責任ある行動をとるかに思われた。ところが2011年3月11日，外部不経済についての第3のケースが突如勃発する。東日本大震災による福島第一原子力発電所の事故である。

4. 誰が何に対して責任を取るのか
―外部不経済（3）原発事故の場合

電力会社は民間の株式会社であるから，株主は有限の責任しか負わない。つまり株主は株価がゼロになることを上限として，会社の不祥事に責任を負っている。それゆえ銀行などの債権者は，原発事故に対してより大きな責任を負わなければならない。貸し込んだことに対する責任である。そして環境に対してもステイクホルダー・カンパニーたるべきことが水俣病裁判で要請され，株主や債権者は事故を避けることには何を置いても配慮するはずであった。

ところがその配慮がなされないことが仕組みに組み込まれているという異様な事態が発覚した。原子力発電事業は，株式会社のあり方として例外的な仕組みを前提していたのである。本件を題材に，不確実性と責任の関係を考えてみよう。

原子力発電事業が日本で稼働されるに先立ち，1961年に「原子力損害の賠償に関する法律」（原賠法）が制定されている。その第三条には，注目すべき文言が書かれている。株式会社である電力会社に対し，原発の運転から生じた損害賠償に限っては，例外的に過失の有無にかかわりなく無限の損害賠償責任を課すと言うのである。株式会社は有限責任だが，こと原発事故の被害者に対しては無限責任を負わせるということだ。それにより利害関係者の不安を取り除き，株主の責任は重くなって，1963年に原子力発電が開始されたはずであった。

ところが驚くべきことに，原賠法にはこの指定に反するような但し書きが付いていた。「ただし，その損害が異常に巨大な天災地変又は社会的動乱によって生じたものであるときは，この限りでない」。第三条が株主に無限の責任があるとしたのに，この但し書きのせいで巨大な天災が原因となる場合は例外とされたのでる。電力会社は巨大な天災地変による限り，原発事故を起こしても責任の所在があらかじめ不明とされていたのである。そして福島第一原発事故は，まさに津波という巨大な天災地変によって引き起こされた。

福島第一原発事故については，処理費用には損害賠償以外にも除染費用および廃炉費用があり，確実な試算ができないほどの巨額に上ると予測されている[*10]。なかでも被害者への損害賠償が最優先事項であり，廃炉まで併せて東京電力会社一社に負わせるならば同社は倒産してしまう可能性が高く，道義的には責任があっても処理の方法としては現実的ではない。

電力会社に損害賠償の無限責任があるとして，一般の企業であれば支払いきれないときには法的整理が実施される。そして損害賠償請求権は「更正債権」となり，会社更生法による更正計画が認可されるまで弁済されない。しかし原発事故被害者は着の身着のままで住居を追われて避難しており，認可を待つ時間的余裕がない。しかも被害者の損害賠償請求権は電力債やその他の債務に対し劣後する，つまり後回しにされることになっており，減額される可能性が高いと見積もられた。

事後立法で原発事故被害者を優先させることもありえたが，法的整理が噂されただけで株価は下落し格付けも急落するため，事実上の倒産となってしまう。法的整理が行われても被害者救済は行われなければならないから，最終的には廃炉も含め国が負担するしかなくなる。そこで法的整理を行った場合の国の負担と，電力会社を存続させて支払わせ続ける場合の国の負担を比較考量して，どちらにするのかを決めなければならなくなった。東電を存続させる場合，当面は国が資金援助を行うことになるが，それは電力会社を免責するためでなく，損害賠償および廃炉費用を払い続けさせることを今後の経営の主目的とさせるための援助である[*11]。

＊10　齊藤誠（2015）『震災復興の政治経済学』日本評論社。同書は，東電の現場が技術的対応の「手順書」で指定されていた早期の減圧注水の機会を再三見逃していたことも指摘している。それが事実だとすれば，この事故は天災というより，「マニュアル無視人災」だったということになる。

＊11　福島第一原発事故にかんしこれを制度化したものが原子力賠償機構である。この経緯については遠藤典子『原子力損害賠償制度の研究—東京電力福島第一原発事故からの考察』岩波書店，2013，澤昭裕監修「新たな原子力損害賠償の構築に向けて」21世紀政策研究所，2013参照。ただし齊藤誠『震災復興の政治経済学』日本評論社，2015は，原賠機構が東京電力の支払いを肩代わりし東京電力が将来にわたり返済するというのは建前に過ぎず，全電力会社が将来収益全額つぎ込んでも返済できないのが現実であって，納税者と電力利用者が負担することになっていると指摘している。

こうした事情を勘案すると，事故が起きた場合の廃炉費まで含めると，そもそも原子力発電は電力会社にとって，「資本充実の原則」を大幅に逸脱する事業だったのではないかと疑われる。原子力発電は，株式会社としての電力会社が単独で行うのではなく，事故に際しては国が税で費用負担を行うことが原賠法によって前提されていたのだ。しかし事故の後始末を国がつけてくれるなら，株主と債権者は事故を起こさないことへの使命感を持たなくて不思議ではない。まして但し書きは「巨大な天災地変」に由来する事故にかんしては電力会社や株主を免責すると宣言している。もともと我が国の原子力発電は，モラルハザードが起きる可能性が制度に組み込まれていたのである。巨大な天災地変であれば免責されるのだから，想定外の不確実性にまで想像を及ぼす努力はしなくて当然であった。

不確実性につきもっとも早い時期に的確な思索を展開したF.ナイトは次のように述べている。

> 利潤へ導くところの唯一の「危険」は，究極の責任を果たすところから結果する独特な不確実性である。そしてそれはその本来の性質からして保険することもできなければ，また資本化することも出来ないものである。利潤は，本質的な，事物の絶対的予測不可能性から発生する。また人間活動の諸結果は予期せられえないという全くの野蛮な事実から，そしてまたはこれらについての確率計算さえも不可能であり無意味であるような限りにおいてのみ発生するものである*12。

ナイトは将来に生起する事象にかんする推理の型を三分類し，ダイスを投げて目が6になる確率が6分の1であるといった数学的な「場合」の理論に基づく「先験的確率」とも，「特定の建物が特定の日に焼失する」確率のように，過去に生起した同様の事象の経験データから予測さ

*12 Frank Hyneman Knight, “Risk, uncertainty and profit”, 1921（『危険・不確実性および利潤』奥隅榮喜訳，現代経済学名著選集6，文雅堂書店，1959 第10章「企業および利潤（続）」）

れる「統計的確率」とも異なるものとして，先験的確率や統計的確率が算出された時に参照したような状態の特定と分類にかんする「なんらの有効な基礎もない」場合の「推定」を挙げた。「不確実性 uncertainty」については，将来の変化につき確率で予測できる「危険 risk」とは異なり，主観的にしか推定できない。発生する確率が予測可能な「リスク」については大数法則が成り立つため保険などのシステムで市場取引することができ，保険の支払いは固定費になるから，「リスク」は費用として処理される。それに対し企業家が「不確実性」につき推定をめぐらし的中して売上げが費用を上回った場合，会計的な「残余」が生じる。ナイトはそれが企業が生み出す「利潤 profit」の正体だとみなした。

ナイトの考察からすれば正負の利潤は不確実性から生じるものであり，責任を持つ株主と債権者に配分される。とりわけ株主は不確実性から正の利潤を得た場合には配当を得ていた。予測しえない円高などの事象が起きて利益を得たときには，電力会社は想定外の収益をプレミアムとして受け取り，電力料金の値下げという形でしか社会還元しなかった。それにもかかわらず負の利潤については株主も債権者も経営陣も責任を取らなかった。事故の責任を問われた場合だけ予測不可能を理由に株式会社を免責するのは，矛盾である。

そのうえ公的資金を投入した上で原発の再稼働が実施されたなら，「次に事故を起こしても天災ならば免責される」というメッセージを国が電力会社に送ったことになる。このメッセージを「社会の基本的なルール」と解釈することで，経営者の事故回避へ向けての断固たる信念はさらに緩むであろう。原発の再稼働によって電力料金が下がるとしても，人災が起きる可能性も高まるのである。

経営幹部については法的責任が問われているが，主に「巨大な天災地変」が事故以前に予測可能であったか否かに焦点が当てられている。けれどもこれは，企業の性格を不確実性を処理することで利潤を得ることにあるとする本講の立場からは，認めがたい方針である。

原発事故は，市場メカニズムや株式会社制度では十分に抑制できなかった。電力を使用して便益を得るのは現在の世代だが，巨大災害という不確実な現象が起きて税金でその後始末をするのは将来世代になる。原発の再稼働については，事故が起きた場合に税で後始末させられる最終的な利害関係者となる若い世代が，選挙等を通じて決断すべき立場にある。

参考文献

・遠藤典子（2013）『原子力損害賠償制度の研究—東京電力福島第一原発事故からの考察』岩波書店
・奥村宏（2015）『資本主義という病』東洋経済新報社
・齊藤誠（2015）『震災復興の政治経済学』日本評論社
・M. フリードマン，「ビジネスの社会的責任とはその利潤を増やすことである」T. L. ピーチャム，N. E. ボウイ（2005）編著，加藤尚武監訳『企業倫理学Ⅰ　倫理的原理と企業の社会的責任』晃洋書房
・A. A. バーリ，G. C. ミーンズ（1958）『近代株式会社と私有財産』北島忠男訳，文雅堂書店＝文雅堂銀行研究社
・L. E. ミッチェル（2005）『なぜ企業不祥事は起きるか　会社の社会的責任』斎藤裕一訳，麗澤大学出版会

研究課題

1．M. フリードマンは，株主は一般に経営者に対し「法律や倫理的慣習で具体化されている社会の基本的ルール」を守ることを求めていると言う。けれども水俣病裁判のように，事後的に「社会の基本的ルール」が変更されるような不確実性が伴うと，その理解について経営者と株主で判断が分かれる可能性がでてくる。そうした場合には，株主の要望と経営者の判断はどのような関係になるだろうか。検討しなさい。

2．水俣病裁判の判決では外部不経済を出す可能性がある事業者の側に注意義務と事故への賠償責任が負わされるとされた。一方，原賠法第三条は事業者に被害者に対する無限の損害賠償責任を課したが，その「但し書き」では「異常に巨大な天災地変又は社会的動乱」を例外とした。こうした規定では，事故が起きた場合に誰が責任を負う主体であり，どのような場で責任の割当が確定することになるのだろうか。またこの枠組には矛盾はないのか。考察しなさい。

第Ⅲ部　平時と危機，財政と金融

9　財政政策

1．財政の機能

財政とは，中央政府や地方自治体が民間から租税や社会保険料を徴収し，また公債を発行することで資金を借入れ，これらを財源として行う経済活動を言う。特徴として，税金や公債によって財源を集め，公共財の提供や社会保障などここまでに説明してきた経済政策を実施するに当たり，それらの経済政策を順位付けする点がある。経済政策は順位付けをしないと積み上がる一方となり，予算を超過してしまう。予算が赤字になると将来世代が負担しなければならなくなるため，どの世代が負担するのかを考慮しつつ経済政策の全体を監督するのが財政の役割だと言える。

財政の処理は国会の議決を必要とする。国会は，予算を決定することを通じて財政を管理している。こうした考え方を，財政民主主義と言う。日本の予算編成の手続きを図９-１に示した。各省庁が概算を要求し，財務省がそれぞれを査定しつつ集計し，予算原案を策定する，閣議を経てこれを政府原案とする，という過程を経る。

「効率―公正」モデルの考え方から見ておこう。財政は経済政策の全

（図９-１）　予算編成過程

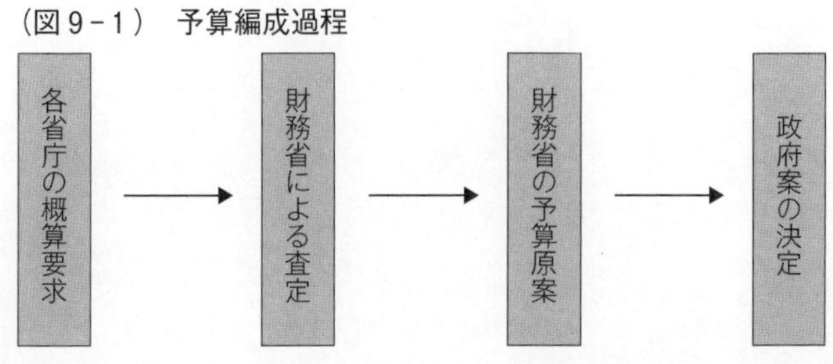

体を管理し実現することで，「資源配分の効率性」，「市場の失敗の補正」，「格差の是正」および「景気安定」を達成しようとしている。資源配分の効率化とは，不完全競争に対処することにより市場を十分に機能させることを言う。市場の失敗の補正とは市場で効率的に供給できない公共サービスや社会インフラ，メリット財を提供し，外部不経済を取り除くことである。格差の是正とは，社会保障を通じた所得の再分配を指す。景気対策とは，不況時に公共事業や金融緩和で総需要を拡大したり，好況時には逆に引き締めたりすることである。

景気安定策としての財政政策および金融政策にかんしては，評価が揺れている。金融政策については次回に回すとして，日本の財政政策については，1990年代にバブル崩壊後の対策として累積100兆円にも及ぶ公共事業が実施されたにもかかわらず，顕著な景気浮揚効果が得られなかった。累積債務を悪化させ，景気対策としては評価を下げた。俗に言うケインズ主義の凋落である。ダムや道路，地方自治体が好んで建てた美術館などの公共事業は，自然資本を破壊するだけでさして市民の役に立たなかった。景気浮揚効果も示すことなく，一部に利益誘導しただけで税を無駄遣いしたのではないかと批判を浴びたのである。批判を受け，公共事業を策定する際に便益を説明するため，「費用便益分析」が開発された。

こうした状況は，マスコミや政治学等では「ケインズ主義が否定され市場原理主義が跋扈するようになった」と評されているが，経済学における理解は，ニュアンスを異にしている。従来，マクロ景気政策はインフレ率と失業率の関係を示す「フィリップス曲線」やGDPと失業率の関係を表す「オークンの法則」といった経験則にのっとりつつ実施されてきた。ところが1970年代にオイルショックによって先進国でインフレと失業の共存が生じてそうした経験則が不安定化したため，ミクロ経済学とマクロ経済学に整合性がないという理論面が注目された。そこで1980年代以降，「マクロ経済学のミクロ的基礎付け」や「時間的整合性」を通じ，理論を一本化することが流行した。ミクロ経済学の「効率—公正」モデルにより，景気対策も評価されるようになったのである。

けれども本講は，「効率—公正」モデルの立場は不確実性への対処という経済政策にとって最重要の課題を見逃していると考える。将来につき，起きることの種類やリスクが分かっているならば市場は均衡に向かい，景気対策の効果はその速度を上げるにとどまる。けれども市場社会はそもそも不確実性に満ちており，それを直視して売り上げを伸ばした生産者が利潤を得る。まして日本は地理的に，巨大災害という特殊な不確実性も抱え込んでいる。ミクロ的基礎付けというならば，不確実性に配慮したものとする必要がある。

不確実性が蔓延しており確信を持てないでいる危機において，人は貨幣を投資や消費に使わず将来に備える。企業も正規雇用を固定費用とみなし非正規雇用に置き換えようとする。こうしたときにたとえば給付金を家計にばらまいても，貯蓄されるだけで需要は増えない。その表れとして，次章で説明するように信用乗数が下がる。多くの人が貨幣を実物と交換しないため，総需要が不足して不況が深刻化するのである。民間が貨幣を消費や投資に使わない時に，政府が代わりに財・サービスを購入するのが公共投資であり，公共サービスだというのがケインズ自身の主張であった。

価格メカニズムは，「効率—公正」モデルでは総需要と総供給を一致させ経済が循環するよう機能するとされているが，貨幣が銀行に退蔵され使われないと，価格メカニズムだけでは市場は均衡には至らない。金利がゼロまで下がっても，収益率も小さいとかさらに何が起きるか不確実と予想されるなら，投資は実行されない。財政政策による景気対策は，不確実性が存在してもなお人々が将来への確信を強めたり，不安を取り除くために用いられるべきものである。

本講は，いたずらに乗数効果を持ち出すことは戒め，不確実性に取り組むものとしての財政政策を支持している。政府がカネを家計にばら撒いても，不安が蔓延していて当面必要なければ退蔵されてしまう。それに代えて国民が必要と納得する社会インフラや公共サービスを政府が提示し，平時に予定されたその供給スケジュールを前倒しすることで総需要を拡大させるといった景気対策が必要になる。市場が機能している

「平時」には将来の不確実性に備え，「危機」が到来すれば断固として対応するのが財政政策の目的である。

2. 財政の仕組み

予算の視点から，政府部門の関係を見ていこう。まず公的部門は，一般政府と公的企業に分かれる。一般政府は中央政府と地方政府，社会保障基金からなる。そのうち中央政府は一般会計と非企業特別会計，地方政府は普通会計と事業会計その他を通じて，政府最終消費支出および公的固定資本形成・土地の純購入等に支出している。公共財のうちでフローとしてのサービスの提供に相当するのが政府最終消費支出であり，ストックとしての社会インフラの形成が公的固定資本形成で，土地の購入と合わせて公共事業と呼ばれている。

政府最終消費支出は政府各省庁やそこから派生して生み出される公的サービスだが，市場を通さないため政府が国民に代わって消費すると想定し，公的サービスの提供に要した費用を消費額に当てている。「国民経済計算」の目的別に言うと，環境保護・一般公共サービス・公共の秩序安全・防衛・経済業務・教育・保険がそれに当たる。

中央・地方政府の主な収入は所得税・法人税等の直接税，消費税等の間接税といった租税である。社会保障基金は年金や医療，介護等の保険

（表９－２）　公共部門

一般政府	中央政府（一般会計・特別会計）
	地方政府
	社会保障基金（年金・健康保険・労働保険など社会保険）
公的企業	現業（国有林野事業・地下鉄など交通・水道など）
	特殊法人（公団・公社・空港・日本郵政など）
	第３セクター
	独立行政法人（国立大学・博物館・美術館・研究機関など）

参考：奥野信宏『公共経済学』岩波書店，2008

料を収入とし，それらの給付を支払いとしている。

一般政府において租税等の収入から政府最終消費支出や社会給付等を支出した残額が貯蓄で，公共投資（公的固定資本形成と土地購入）の財源となっている。それが不足した場合には，差額は公債発行によって賄われる。

また中央政府と地方政府と社会保障基金の間では，相互に移転が行われている。とりわけ日本では，戦後ながらく中央から地方へと交付金や補助金が移動し，全国で一律の公共サービス・社会資本形成を実現してきた。

国または地方の一般会計は，すべての歳入と歳出を単一の会計で経理する「単一予算主義」を原則としている。ところが歳入が登記印紙等の特定財源や財政投融資資金のように特定の事業に使われる場合，他の事業と合算してしまうと個々の事業の収支や資金管理に不明朗な点があっても浮き彫りにならなくなる。そこで例外的に切り離して独立の会計を設けたのが特別会計で，平成27年度では14あり，「企業」「公共事業」「行政的事業」「保険」「資金運用」「整理」「その他」の各部門に分類されている。会計間の取引等重複を除いた純計は195.1兆円で，これは一般会計の96.3兆円に比べて大きいが，主たるものは国債償還費（90.4兆円），地方交付税交付金（19.3兆円），財政融資資金への繰り込み（14.0兆円），社会保障給付費（62.6兆円），東日本大震災復興経費（3.2兆円）で，残りは約5.6兆円となっている。

特別会計は人目に付く一般会計と異なり，また規模も大きいため，しばしば「トンネル」「埋蔵金」といった批判を受け，行革推進法で整理されてきた。しかし規模が大きいといっても主たるものは国債償還費であり，余剰に見える積立金は不確実性や危機に備えるためには必要で，取り崩しても累積赤字の解消にはほとんど寄与しない。むしろ一般会計においては国立競技場や国立劇場のような大型公共建築物にかんし改築のための積立てを行ってこなかったため，巨額の新築費が短期間に必要になり予算を圧迫する原因となっている。特別会計における資金の流れの概要は，「特別会計ガイドブック」に示されている。

（表９－３）　特別会計一覧（令和２年度）

・交付税及び譲与税配付金特別会計（内閣府，総務省及び財務省）
・地震再保険特別会計（財務省）
・国債整理基金特別会計（財務省）
・財政投融資特別会計〈３〉（財務省及び国土交通省）
・エネルギー対策特別会計〈３〉
（内閣府，文部科学省，産業経済省及び環境省）
・労働保険特別会計〈３〉（厚生労働省）
・年金特別会計〈６〉（内閣府及び厚生労働省）
・食料安定供給特別会計〈７〉（農林水産省）
・国有林野事業債務管理特別会計 ※経過特会（農林水産省）
・特許特別会計（経済産業省）
・自動車安全特別会計〈４〉（国土交通省）
・東日本大震災復興特別会計
（国会，裁判所，会計検査院，内閣，内閣府，復興庁，総務省，法務省，外務省，財務省，文部科学省，厚生労働省，農林水産省，経済産業省，国土交通省，環境省及び防衛省）

〈　〉は勘定数，（　）は所轄府省。
出所：財務省『特別会計ガイドブック』令和２年度

財政投融資は，投資資金が巨大であったりリスクが大きいが社会的に必要とみなされる分野に政策融資するものである。かつては郵便貯金や厚生・国民年金，簡易保険等を財源としていたが，投資の収益性が批判されたため，現在では財投債（国債）で調達し，農林水産（設備投資），教育（有利子奨学金），社会資本（都市再生事業），研究開発，地方（災害復旧・廃棄物処理）等を低利で長期に支援している。

公的企業としては，中央における三公社と国営企業である五現業が有名だったが，前者の日本専売公社・日本国有鉄道・日本電信電話公社は民営化され，後者のうち紙幣等の印刷事業や造幣事業が独立行政法人化し，郵便事業は日本郵政，国有林野事業は廃止，アルコール専売事業は日本アルコール産業となった。また地方公営企業には上下水道，病院，交通，ガス，電機，工業用水道，港湾，国民宿舎等があり，住民の福祉増進を目的として地方公共団体が料金収入で運営している。

3. 租税の原則

財政において，歳入の中心となるのが租税である。租税の原則としては，一般に公平性・中立性・最小徴税費の三つが挙げられる。「公平性」のうち「水平的公平性」は，同じ経済状態の人には同じ税負担をさせるとするもの。また「垂直的公平性」は，所得が高いほどより大きな税率負担をすべきというものである。

「中立性」は「資源配分の効率性」に由来する考え方で，特定の分野にだけ高い税を課して価格メカニズムに歪みが生じることを防ぐ。「最小徴税費」とは納税者にとっての納税協力費用，徴税者にとっての徴税費用がともに小さい方がよいとする考え方で，税の体系が簡素であるほど満たされる。

第二次大戦後の先進国で，租税の中心は所得税であった。所得税には2つの特徴があり，第1が「累進制」である。所得税は基礎控除を含む所得控除を行ったあとの所得の大きさに応じて課税されるが，課税額がゼロとなる課税最低所得が設けられている。そのとき所得当たりの平均税率は累増的になる。そのうえで，さらに所得が上がるにつれそれにかかる限界税率も上がる累進制が採用されている。

その理由として，所得が上昇すると一円当たりの限界効用が下がるという点が重視されてきた。貧困者にとって少ない所得の一円は貴重だが，高額所得者にとって一円はさほど重要とは感じられない。この立場は垂直的公平性を求めるものであり，欲求をより多く満たす方向に金銭を移転すべきであり，社会全体で幸福を最大化しようとする発想にもとづいている。

平成25年度の改正により，年収が4,000万円を超えた者の税率は最高の45％とされたが，6,000万の課税所得者が2,700万円を支払うわけではない。つまり累進課税の「税率」は，所得の全体にかけられるのではない。最初の195万円に５％がかかり，330万円までは10％となって，最高税率45％は全体ではなく，4000万円以上の残り2000万円にかかる仕組みである。この最高限界税率は，趨勢として世界的に引き下げられてきて

（図9－4）　所得税の税率の推移（イメージ図）

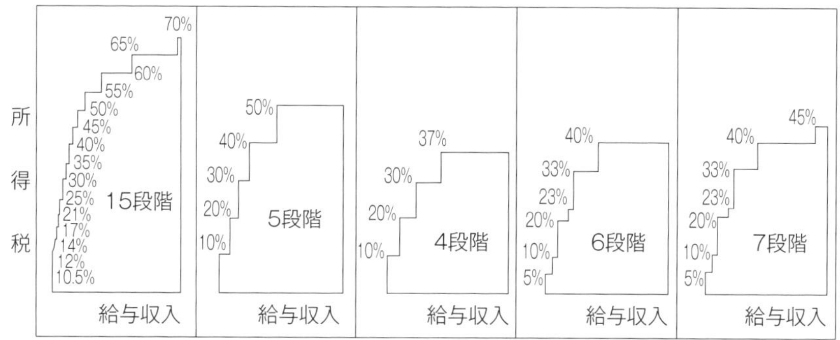

*この間，税制改革（平成6年11月）において，平成7年分からの所得税について，税率は据え置いたまま，その適用範囲（ブラケット幅）が拡大された。

出所：財務省

おり，かつては60～80%だったものが，ほぼ40～60%の枠内となっている。

第2は「包括的所得」である。これは多様な所得源を合算するのみならず，保有資産の価値増加分も所得とみなすというものである。

M.フリードマンは所得税の設計にかんし，「負の所得税」を唱えている*1。課税最低限額（免税点）を定め，それを超える所得には均一率で課税し，下回る者には下回った額の一定割合が支給（負の所得税）されるという案である。免税点があるため所得当たりの平均税率は累進的であるし，負の所得税があるために公的扶助も含まれる。この案には最低賃金や生活保護，軽減税率といった複雑な福祉支出を最低所得保障にまとめ，徴税についても簡素化する狙いがある。徴税と福祉の双方において膨大な労力を節約でき，公務員への支出を減らせるという利点があって，最小徴税費の原則を満たす目的で唱えられた。

フリードマンの主張にはもうひとつ，法人税の廃止がある。企業は利潤を生み出したとしても，最終的な処分者ではない。それゆえ課税されても，その分を商品価格に上乗せしたり，競争上それができないなら賃

*1　M.フリードマン『資本主義と自由』西山千明他訳，マグロウヒル好学社，1975（“Capitalism and Freedom” 1962），第10章

金を削減もしくは賃上げを延期をしたり，株主への配当を減らすといった対応を行う。設備投資から生み出される利潤に課税した場合も，その分だけ設備への需要が減退するし，ともに資源配分を変えてしまい，中立性が損なわれる。しかも法人税を転嫁された人は，所得税と二重の課税になってしまう。それがフリードマンの主張であった。

この発想は個人主義にもとづいている。経済活動は最終的に個人の所得に帰着するのだからそれにだけ課税すべきだとするのである。法人はヴェールにすぎないから個人に完全に還元できる，それゆえ法人税を徴税することは従業員や株主への二重課税であるという主張だが，それが成り立つには，すべての利潤は個人の行為や精神に帰属するものであって，集団で生み出すことはありえないことも論証しなければならない。これは利害関係者の集合的行為が利潤を生み出すという企業観（ステイクホルダー・カンパニー）を否定するものである。

法人税が高すぎると法人が国外に流出してしまうという説があるが，企業がどの国に立地するかは法人税だけで決まるわけではない。治安の良さや労働の質の高さ，行政の簡素さや消費者への近さ，利害関係者や公的サービス，社会インフラや利便性等，費用（cost）に対する便益（benefit）も立地の決定を左右するはずである。得られる便益に応じて税を負担すべきだとするのが「応益原則」だが，利害関係者や公的サービス，社会インフラの利用に対して法人税を支払うのは，広義では応益原則と言える。

現実の所得税には業種間で捕捉率が異なるという技術的な問題があり，クロヨンとかトーゴーサンと呼ばれている。給与所得者（サラリーマン）が9割（10割），自営業者は6割（5割），農業従事者が4割（3割）のみ捕捉されることを揶揄した表現で，「同じ経済状態の者からは等額の徴税を」という公平性は事実上，満たされていない。そこで捕捉率にかかわりなく徴税する付加価値税が注目され，日本の消費税は付加価値税の一種として導入された。

付加価値税は，製造から小売までの各段階で生み出された付加価値に対して課税するものである。たとえば付加価値税率が10%として，製造段階で100円の財を卸売に販売したとしよう。ここで税は10円であり，販売価格は110円になる。卸売は付加価値を100円付けるとしよう。ここで税は10円で，販売価格は220円になる。さらに小売が付加価値を100円付けたとすると税は10円で消費者に330円で販売することになる。3段階の付加価値合計は100＋100＋100＝300円で，それを消費者は330円で買っているから，製造・卸・小売という途中段階は付加価値税をすべて消費者に転嫁していることになる。

このように付加価値税を消費者に完全に転嫁するには，製造者・卸売・小売のそれぞれの業者が販売相手に支払った税（この例では10円ずつ）が控除されなければならない。その方法として日本の消費税では「帳簿方式」が採られ，帳簿とともに取引相手が発行した請求書という証拠書類の保存が求められてきた。単一税率であるために適用税率や税額の記載は不要になる。一方，EU では「インボイス方式」が実施されており，請求書ないしは納品書に商品種ごとの税率と税額，事業者の登録番号が記されたインボイスを付して，仕入れ税を控除している。

消費税にかんしては，所得が高くなるほど（所得税の累進制とは逆の）逆進性が働くと言われる。所得に対する消費の割合（平均消費性向）が，所得が増えるほど下がるからで，所得に占める消費税の割合も減少する。それを解消するために，低所得者が所得の中で購入する割合が高い必需品の税率を下げるのが「軽減税率」である。EU でインボイス方式が用いられているのは，生活必需品である食品等に例外的に軽減税率を適用，商品種ごとに税率が異なっているからである。軽減税率が導入されれば帳簿方式は記載が面倒になるため，日本でもインボイス方式に移行することになっている（令和5年の予定）。

近年，以上のような租税の仕組みは，様々な逆風にさらされている。上場株式にかんする譲渡所得（キャピタル・ゲイン）を申告して分離課税とすると，20％の軽減税率が適用される優遇措置がとられている。これは直接金融の活性化を目的とするものではあるが，富裕層は年収1億円を超えるあたりから所得に占める譲渡所得を急増させており，平均所得税率は1億円の所得をピークとしそれ以上の所得に対しては低下するという逆進性が顕著になった。そのうえ金融取引の増大とグローバリゼーションの進展が重なり，租税回避の傾向も目立っている*2。

もともと富裕層は累進制に不満を持ち，節税に努めてきた。住宅ローン減税は居住用であればセカンドハウスに適用されるため，それを利用して節税対策でセカンドハウスを持つといったことは以前から行われていたが，より直截に，所得を税率の低い国に設けた口座に移転させるといった現象が見られるようになったのである。

また法人税についても，かつては世界的にも40%から60%の間だったものが，アイルランドが45%を10%という極端な低率まで引き下げ，世界的な大企業であるGAFA等が本部を移したことをきっかけに，1980年代以降，各国が激しい引き下げ競争に突入した。その結果，世界的にも20%から40%の間へと下方シフトが起きている。法人税は，日本では国税としての法人税と地方税としての法人住民税・法人事業税から成っているが，OECDのTax Databaseによると，2016年の実効税率で，アイルランドが12.5%，イギリスが20%，スイスが21.5%，韓国が24.2%，日本が29.97%となっている。しばしば日本は法人税が高いかに言われるが，アメリカは38.92%，ドイツは34.43%である*3。

海外に事業展開する大企業は，法人税率が国によりこのように異なることに着目し，有能な公認会計士や法律家を雇用して，様々な避税の手段を編み出してきた。たとえば「外国子会社配当益金不算入制度」は，外国の子会社からであれば受け取った配当額の95%を益金に算入しない制度である。海外の事業に投資をしたり企業を買収して得た配当収益については，現地の低い税率で税金を納めてしまうと，本社に環流させた収益には税金がかからない。大企業が国内で設備投資するよりも海外での投資に熱心なのは，それが一因と思われる。

また国内の親会社が法人税率の低い国に置いた子会社に割安な価格で原料や製品を卸し，日本での利益を圧縮して海外で低率の法人税を納め

＊2 概要は，諸富徹（2013）『私たちはなぜ税金を納めるのか 租税の経済思想史』新潮選書を参照。

＊3 OECDのサイトによる。Tax Database「Corporate income tax rate」

る「移転価格操作」の手法も開発されてきた。中小企業には大企業ほど優遇措置が適用されず法定基本税率をほぼ負担しているのに対し，大企業は様々な手法で課税所得を圧縮する余地がある。移転価格の差額分には移転価格税制によって課税するといった対策が講じられており，日本の財務省は日本で活動する一部の外国企業を除ききめ細かに徴税していると評されている。

各国の財務関係者は，パナマやケイマン諸島等のタックス・ヘイブンにペーパー会社を置くといった租税回避行為に頭を痛めており，データベースの整備や情報交換が急務とされている。けれども，ものづくりよりも金融立国に移行した英米は，規制の緩いオフショア市場やタックス・ヘイブンを重用してきたこともあり，徴税の国際協力には熱意が見られない。しかし国際金融取引が金融危機を起こせば，各国は税を用いて防衛するしかない。その税源に低所得者や中小企業に逆進性がある消費税を当てるのは，いかにも妥当性を欠いている。このところ格差が拡がりつつあるというのも，富裕層や大企業の租税回避行為の表れである可能性がある。包括的で透明性のある方策を多国間で合意する必要がある。

4．財政危機

日本では，1990年頃を境に財政赤字が深刻化している。一般会計の歳出と税収には大きな開きがある。歳出が増えたのに税収が追いつかないからで，毎年の差額が公債で埋められ，累積赤字額が増え続けている。一般会計税収はピークにあった1990年の60.1兆円から，2009年には38.7兆円まで減ってきた。内訳を見ると，所得税が28.0兆円から12.9兆円と半減しており，税収減の主要因となっている。法人税も18.4兆円から6.4兆円まで減っているが，それらを消費税の増分が一部埋めている。しかも1997（平成９）年と2014（平成26）年を境とした消費税の飛躍的な増収は明らかで，税収を増やすには消費税率引き上げが確実と政府が考える論拠となっている。

（図９－５）　一般会計税収の推移

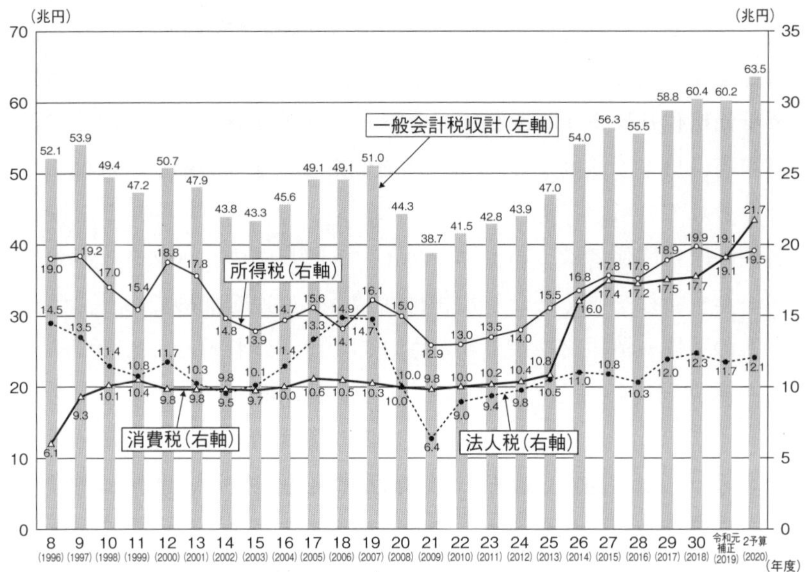

（注）　平成30年度以前は決算額，令和元年度は補正後予算額，令和２年度は予算額である。
出所：財務省

では，累積赤字を返済するにはどうすればよいか。国債の元本返済に充てられる債務償還費から考えてみよう。次式において，左辺が歳入，右辺が歳出である。

税収＋公債新規発行額
　＝政策的経費（政府最終消費支出＋社会給付＋公共投資）
　　＋利子支払＋債務償還費

この式で財政赤字とは公債新規発行額で，右辺の歳出（政策的経費と過去の利子支払，債務償還費）を税収が賄いきれず新たに借金した額に相当する。つまり財政が均衡しているとは，税収が政策的経費と利子支払，債務償還費に一致し，新規の借金をする必要がない状態を指す。税収が政策的経費までしか賄えないと（この状態を基礎的財政余剰 primary balance の均衡と呼ぶ），利子支払と債務償還費の額だけ公債を新規発行（借金）しなければならなくなる。この利子支払額は債務残高に金利を掛けたもので，GDPは経済成長率を掛けた分だけ毎年増加していくから，金利＞経済成長率だとすると，債務残高／GDPは増えてしまう。このことから，税収と政策的経費を一致させつつ経済成長率を金利よりも引き上げることが，累積財政赤字解消への一つの指針（フロー目標）とされてきた*4。

ただし，新規に発行する公債をどの部門が購入するかも，累積財政赤字の危険度には影響する。平成26年度の時点では，資金余剰部門は国内の家計と非金融民間部門（企業）で，そこに公債が吸収されている。利子支払いや債務償還の大半は国内で資金が移動するにとどまっており，財政危機が切迫しない理由となっているのである。けれども福島第一原発事故以来，原油の輸入増で貿易サービス収支が赤字になり，経常収支の黒字幅が縮小した時期があった。経常収支までが赤字になると日本国債は海外の資金で吸収されることになり，危機は現実味を帯びる。

一方，歳出の伸びの内容を見ると，1990年代はバブル崩壊後の景気対策として公共事業関係費が大きかったが，2010年代には減少に転じた。代わって歳出の中心となったのが社会保障関係費で，地方交付税交付金がそれに続いている。平成26年度で言うと，社会保障給付費は115.2兆円。うち年金が56.0兆円，医療費が37兆円，介護は9.5兆円。それを保険料の64.1兆円と国庫負担の31.1兆円等で賄っている。この国庫負担分が，着実に増加しているのである。

原因は高齢化で，その趨勢は人為的には止まらない。そこで年金には2004年にマクロ経済スライドが導入され，景気に連動して給付が抑えられる仕組みとされた。しかし医療費は，平均在院日数が32日と，欧米の6日から13日程度よりもはるかに長く，1,000人当たりの病床数も多いと指摘されている。診療体勢や医療保険制度を見直す改革が急務となっている*5。

このように財政逼迫の折から，日本でも1999（平成11）年にPFI

*4　金利支払費は1990年代には一貫して10兆円を上回っていたが，累積債務が顕在化して以降，幸いなことに金利水準が低下したため，2000年代は10兆円を下回っている。

*5　社会保障費を縮小しようとすると「高齢者いじめ」という短絡的な批判が出ることが多いが，国の累積債務はむしろ「若年世代いじめ」であろう。

（図9－6） 歳出の増加要因（＋約438兆円）

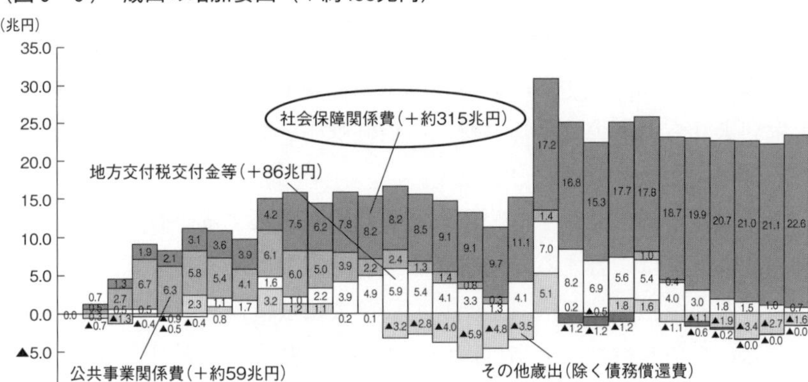

平成2年度末から令和元年度末までの変化
出所：財務省『日本の財政関係資料』令和元年

(Private Finance Initiative) 法（民間資金等の活用による公共施設等の整備等の促進に関する法律）が制定され，建築物や橋・病院・学校などの公共施設の建設や維持運営に，民間の資金や経営能力を導入するPFI手法が盛んになってきた。2013年までで累計で440の事業数に上っており，国や地方公共団体等よりも事業コストを削減し，より質の高い公共サービスが提供されると期待されている。

選定された事業者（SPC）にとっては，大きな資金調達から建築物の建設・運営に至る長期の事業機会を得て，建設会社・維持管理会社・運営会社などの請負・委託契約を結んだ構成企業各社とともに利益を得るというメリットがある。また公共部門の側にも，物価や金利変化，天災などのリスク負担を専門家である民間事業者に移転し，本来の公共サービスに専念できるというメリットがあるとされる。

民間事業者が参入することのデメリットとしては，公債よりも民間資金の方が高い調達金利となっており，しかも金利は民間金融機関の利益となっていること，同一の公共サービスを提供するのに対して必要となる費用（利益・配当を含む）が小さくなると論証する際の計算根拠が明確でないといった問題が指摘されている[*6]。

参考文献

・M.フリードマン，西山千明他訳『資本主義と自由』マグロウヒル好学社
・諸富徹（2013）『私たちはなぜ税金を納めるのか　租税の経済思想史』新潮選書

研究課題

1．1990年代に公共事業が景気浮揚効果をさほど持たなかったことについては，経済主体が将来期待を形成することや市場の効率性といった観点から様々に説明がなされてきた。だがそれはリスクや効率を前提しており，不確実性の視点を欠いている。不確実性が拡がっていたとすると，どのような説明がなされるか。考えてみなさい。

2．政府予算には，平時における短期の公共サービスと長期の公共事業，危機における経済対策といった支出項目の比率を調整する役割がある。それに対して財政当局は財政収支の均衡もしくは財政危機に対処するための「フロー目標」を堅持しようとしてきた。両者はどのような関係であるべきか。検討しなさい。

3．財政赤字とは，税収が歳出（政策的経費と過去の利子支払，債務償還費）を賄えず公債を新規発行している状態である。そこで累積財政赤字を解消するには，税収と政策的経費を一致させつつ経済成長率を金利よりも引き上げることが一つのフロー目標とされてきた。これは租税収入が先行して政府の歳出を賄っているという財政当局の考え方だが，政府がまず公債発行（財政赤字）により通貨を発行して歳出（民間の財・サービスを購入）し，事後的に租税を徴収するという考え方（Modern Monetary Theory，ランダル・レイ『MMT　現代貨

＊6　岸道雄（2011）「PFI（Private Finance Initiative）の有効性に関する一考察」『政策科学』18-3. Mar，内閣府民間資金等活用事業推進室（2014）「PPP/PFI事業　事例集」

幣理論入門』東洋経済，2019等）がケインズの真意を継ぐものと標榜して，近年注目を浴びている。後者だと通貨を生み出す財政赤字はむしろ常態であり，インフレ・デフレは財政の赤字・黒字にはよらず，総需要・総供給のどちらが超過するかで決まる。財政均衡に固執する必要がなくなり，歳出を柔軟に拡大することができる。現在，金本位制を脱して国は金の裏付けなく通貨を発行していること，しかし歳出の内容や租税の大きさ次第では国民が海外に移住する可能性があること等を考慮しつつ，両説を比較して優劣を論じなさい。

10 金融政策

1. 中央銀行の役割

金融政策は中央銀行によって実施されるが，中央銀行は国によって設立の由来と仕組みが異なる。本章ではもっぱら日本銀行に焦点を当て説明する。

中央銀行の多くは歴史的に国（王家）の財務を管理する制度として発足している。最古の中央銀行は1668年に創設されたスウェーデンのリクスバンクで，イングランド銀行は対仏戦争の戦費調達を目的として1694年に設立された。商業銀行が発展したもので，19世紀前半までのイギリスでは他の商業銀行も銀行券を発行していた。1816年の金本位法がそれらに銀行券と一定重量の金との交換を義務づけ，さらに1844年の「ピール条例」により他の銀行は発券を禁止されて，イングランド銀行が発券業務を独占することになった。

ベルギーでは1850年，独占的に発券する通貨を法貨（法定通貨）とする国立銀行が設立された。日本銀行は1882年にこれをモデルとして設立され，銀と引き換えられる兌換券としての日本銀行券発行が認められた。当時は西南戦争の戦費調達のために乱発された政府紙幣や国立銀行紙幣等の不換紙幣も複数流通しており，激しいインフレーションが生じていた。それらの紙幣を使用停止とし，日銀券が法貨とされたのである。こうした経緯から，通貨価値の安定がまずは日銀の使命とされた。

しかし中央銀行には，政府から他の役割を求められることも少なくない。日本に遅れて1913年に設立されたアメリカの連邦準備制度（FRB federal reserve board）は，第二次大戦中に国債価格の支持と利回りの引き下げを財務省に求められ，国債を買い支えた[*1]。しかしそのせいで

＊1　これは通説であり，異論もある。富田俊基（2004）「財務省・連銀によるアコードの検証」『知的資産創造』2004年1月号

利子を経由する金融政策が十分に使えなくなり，反省からFRBは1951年に財務省との間で合意（アコード）を結び，中央銀行の独立性が確認された。これは政府の意向からの独立ということであるが，政府は国民の歓心を買おうとして金融緩和を要望しがちで，アメリカが1970年代に激しいインフレを経験すると，中央銀行の使命は物価の安定であり，政府からの独立が必要とみなされるようになった。

日本銀行にかんしては，1957年からの数年間，1942年に制定されていた日本銀行法の改正が金融制度調査会で論議された。中心的なテーマとして，金融政策の独立性が取り上げられている。当時の大蔵省は経済政策の統一性の必要を強調し，金融政策を経済政策の全般と協調させるため政府は日銀に対して命令権を持つべきと主張した。それに対し日銀側は，政府の経済政策は時の政局に左右されがちであり，通貨価値の安定には日銀の独立が必要と反論した。命令権か独立権かという問題であるが，議論は白熱したものの，この時点では結論は出ずに終わった*2。

日本銀行法の改正はバブルの発生と崩壊を経た1997年に実現し，翌年施行された。バブル経済化への反省と，諸外国でも中央銀行の独立性が強化されていることに鑑みて，独立性の確保が明確に打ち出された。ただし独立性の確保と引き替えに金融政策の決定過程を透明化することが打ち出されて，金融政策決定会合の議事要旨を速やかに公表，議事録についても10年後には公表することとなった。また半年に1回，もしくは求められた際に，金融政策や業務につき日銀総裁が国会で説明することも制度化された。日銀の金融政策決定会合は，総裁と2名の副総裁，6名の審議委員によって構成され，原則として毎月2回ずつ行われている。これは1月半に1回のアメリカ，月1回のイギリスやECB（欧州中央銀行）よりも高い頻度となっている。

新しい日銀法では，日銀の目的が法文として明確化されている。「物価の安定」以外の目的には「金融システムの安定」がある。「金融システムの安定」はプルーデンス政策と呼ばれ，金融機関の経営破綻が全体

---

*2　元調査局長である呉文二の回想による。呉文二（1973）『金融政策—日本銀行の政策運営』東洋経済

に波及するシステミック・リスクを防ぐため「最後の貸し手」となったり，金融機関の経営を考査することを指す。プルーデンス政策については次回に「金融危機への対応策」として扱うことにして，以下，物価や景気にかかわる金融政策を，日本銀行の歴史を振り返りつつ見ていこう。

日本銀行のバランスシートは表10-1のようになっている。注目すべきは，資産の部では国債，負債の部では発行銀行券（日本銀行券）および当座預金である。日銀券は市中で流通するか，もしくは銀行が保有している。預金を取り扱う金融機関は準備預金法にもとづき預金残高の一定割合（法定準備率）を中央銀行に当座預金として預けることが義務づけられ，法定準備以上に預金を積んだ分には金利が付く。日本銀行の主たる収入は国債からの受取金利，支出は当座預金の超過準備部分に対する支払い金利である。

家計や法人が財やサービスを購入し，同時に支払いを行うとき，支払い手段は「交換手段」と呼ばれる。これに対し時間的に遅れて支払いを

(表10-1)　日本銀行のバランスシート（平成26年度末　単位；千億円)

資産		負債	
現金		発行銀行券	896.7（＋30.4)
うち		当座預金	2060.7（＋737.2)
国債	2697.9（＋714.6)	政府預金	17.9（＋1.2)
(短期国債を含む)		売現先勘定	176.1（＋42.3)
CP 等	19.8（＋1.0)	資本金	
社債	32.4（＋0.4)	準備金	31.4（＋2.5)
金銭の信託（株式)	13.7（＋0)		
同（ETF)	44.8（＋16.3)		
同（J-REIT)	2.1（＋0.6)		
貸付金	341.0（＋77.8)		
外国為替	71.1（＋1.0)		
資産合計	3235.9（＋820.1)	負債合計	3197.0（＋815.8)

注：資本金は１億円

※現金は銀行が当座預金を引き出した時に発行される。発行銀行券と相殺されて負債となっている。

出所：日本銀行（https://www.boj.or.jp/statistics/boj/other/acmai/index.htm/）に営業毎旬ごとに報告が掲載されている。

するなら，支払いが実行されるまでの間に債権債務関係が発生する。その債権債務関係を清算することを「決済」と言い，支払い手段は「決済手段」でもある。決済の方法としては，自分が取引する金融機関に払い込み，その金融機関が，相手方の取引先金融機関が日銀に持つ当座預金との間で口座振替を行っている。これが日銀の決済機能で，日銀は「銀行の銀行」と呼ばれる。日銀には決済を実施するため，国や外国の中央銀行とともに，銀行・信用金庫・外国銀行支店・協同組織金融機関の中央機関，証券取引を行う証券会社等の金融商品取引業者，短期金融市場取引の仲介者である短資会社などが当座預金口座を開設している*3。

財政収支についても，租税による歳入や公共事業・公務員給与などの歳出は政府の当座預金口座からの振替で決済が行われている。したがって日銀は「政府の銀行」でもある。

2. 伝統的金融政策

日銀はバランスシート上のやりとりを通じて金融政策を行うが，その方法は時代を通じて大きく様変わりした。戦後の高度成長期においては，当時の大蔵省銀行局・証券局が国内外の金融取引全般に介入し，なかでも産業界に低利で資金を供給することを目的として，厳しい金利規制を実施した。自由な競争を抑える一方で大金融機関には超過利潤を与え，他方で経営力が落ちた金融機関には余力のある金融機関との合併を指示した。こうした金融行政は「護送船団方式」と呼ばれ，そのもとではながらく金融機関が破綻せず，プルーデンス政策としての役割を果たした。

企業の資金需要に対して銀行が貸出を行うと，銀行の口座には企業の預金が生まれるが，1980年代末まで日本銀行はそうした銀行の貸出増加額も裁量的に割り当てていた。通貨量を適切な範囲に収めるためで，こうした手法は窓口指導と呼ばれた。窓口指導には強制力はなかったが，戦後直後から金融機関は全般的に資金不足に悩まされ，受け入れた預金

*3 個人や一般企業からは預金を受け入れていない。日本銀行ホームページ参照。

だけでは不足が生じた銀行は不足分を日銀から借り入れて，貸出を行った。日銀からの借入を頼りに民間に貸し付けていたため，窓口指導には従わざるをえなかったのである。その際，日銀が民間金融機関に貸出す基準金利が公定歩合である。1950年代後半になると地方銀行は日銀から借入れることはしなくなったが，大都市に本店を構える都市銀行は引き続き日銀から多額の借入をし，さらに他の金融機関からもコールマネーや手形売却の形で資金供給を受けていた。貸出額が預金額を上回るこうした状態は「オーバーローン」と呼ばれ，当時から問題視されていた。

当時の都市銀行がオーバーローン，もしくは資金不足に陥った理由は，融資先としてそれらの銀行をメインバンクとする大企業を持っていたからである。それら大企業は高度成長期に積極的に設備投資を行ったため資金需要が旺盛で，これに都市銀行は低金利で融資した。都市銀行は資金不足だったが資金過剰の金融機関もあり，それらが併存する状態は「資金偏在」と呼ばれた。

日銀の貸出金利である公定歩合は，市場金利よりも低く抑えられた。そして民間銀行の金利は公定歩合に連動したため，公定歩合が変更されると銀行の預金金利・貸出金利等，他の金利も変動し，設備投資や消費など経済の実体面にも影響は及んだ。当時の金融政策は，公定歩合の変更，法定準備率の変更，そして国債を売買する公開市場操作すなわちオープン・マーケット・オペレーションの３つを手段としていた。

ところが1970年代に国債が大量に発行され民間金融機関だけでは消化しきれなくなると，売買が行われるようになり，金利が自由に決まる国債流通市場が生まれた。海外との資金取引も拡大し，金融にかんする規制緩和を求める声が諸外国から寄せられた。その結果，1979年に譲渡性預金の発行が開始され，規制の例外として各銀行が金利を自由に設定するようになると，翌1980年にはそれまで原則禁止されていた対外資本取引も原則自由となって，金融自由化が始まった。

1980年代前半，アメリカは財政赤字と貿易収支赤字の「双子の赤字」に直面，1985年には主要５カ国に呼びかけて，プラザ合意を取り結んだ。アメリカはみずからは緊縮的，すなわち財政緊縮と金融引き締めを行い，他の国々は拡張的，すなわち財政拡張と金融緩和の経済政策を行うという合意である。その影響はなかでも日本経済を直撃し，1980年代半ばからは株価や不動産価格が急騰した。これは資産価格が実態から乖離するというバブル現象だったが，1990年代初頭にはバブルが破裂，資産価格は急激に下落した。

金融自由化からバブル崩壊へという流れを受け，金融政策も一変した。都市銀行のオーバーローンは解消され，1991年には銀行の貸出にかんする窓口指導が廃止された。1994年に民間銀行の金利も完全に自由化されると，公定歩合と預金金利の連動性が消滅した。1996年には「日本版（金融）ビッグバン」と呼ばれる金融制度改革が開始され，「自由（free）」で「透明（fair）」，「国際的（global）」を３原則とする改革が2001年まで続いた。バブル崩壊を受けて日銀は次第に政策金利を下げ，実質ゼロまで達してそれを維持するという「ゼロ金利政策」を取ることになった（1999年から2000年）。

「政策金利」とは日本銀行が市場金利として適当と判断する金利のことで，日銀は政策金利として短期金融市場（無担保コール翌日物）の金利にかんする誘導目標（ターゲット）を金融政策決定会合が終了するごとに公表するようになった。日銀は満期まで一年未満の国庫短期証券や手形，CP（commercial paper 無担保約束手形）などを公開市場操作の対象とし，それによって政策金利を実現している。民間銀行はそれを参考に，将来の金利が高まると思えば貸出を控え，低くなると予想すれば貸出を拡げようとする。短期市場金利は公定歩合よりも低くなっているため，2001年から公定歩合はその上限を意味するものとなった[*4]。

日銀が民間銀行に供給する資金量であるマネタリーベースもしくはハイパワードマネーをＨと記し，決済に用いられる通貨であるマネーストックをＭと記して，関係を式で表記してみよう。マネタリーベースＨとは，民間銀行全体の貸出のうち民間非金融部門に流出した現金残

＊4　湯本雅士（2013）『金融政策入門』岩波新書。日銀貸出は滅多に行われなくなり，公定歩合という言葉も2006年をもって使われなくなり，代わりに「基準割引率および基準貸付利率」が用いられている。また法定準備率操作も超過準備の状態では金融緩和に効果がなく，1991年以来行われていない。

高（CU）と，民間銀行が預金額（D）に対する準備として中央銀行の当座預金としている部分（R）の和であり，H＝CU＋Rとなる。民間銀行の預金額Dには，要求払い預金（当座，普通，貯蓄，通知，納税預金等等）のM１，それに定期預金・譲渡性預金（CD）を加えたM２，さらに郵便局・農協の預貯金を加えたM３がある。マネーストックMは市中で流通する現金（CU）と銀行における預貯金（D）の和CU＋Dである。MとHの比を見るためにCU＋DをCU＋Rで割ると次式になる。

$$\frac{M}{H}=\frac{\frac{CU}{D}+1}{\frac{CU}{D}+\frac{R}{D}} \quad \cdots\cdots (1)$$

ここでCU／Dは，公衆が通貨を現金と預金のいずれの形で持つのかという「現金・預金比率」である。R／Dは銀行の日銀への「預け金・預金比率」で，法定準備率がかかわってくる。これらが比較的安定しているならば，MはHの定数倍という関係になる。個々の銀行は受け入れた預金の一部を貸し出しているが，銀行の全体を俯瞰すると預金は他行から回ってきたものであり，純粋に外部から入ってくる資金は日銀からのマネタリーベースだけである。そう考えると，⑴はマネタリーベースから信用が生み出される関係を示す式と理解することができる。この倍率を「信用乗数」と呼び，現金・預金比率CU／Dが10%，法定準備率が10%でR／Dに等しいとすると，(0.1＋１)÷(0.1＋0.1)＝5.5で，マネーストックMはマネタリーベースHの5.5倍となる。

どうしてこんなことが起きるのか。仮にいま預金者が銀行に新たに10だけ預金したとしよう。銀行は預金の一部，準備率が10%なので１を法定準備として日銀に預け，残りの９を貸し出す。この９が借り手の取引先銀行の預金口座に振り込まれると，借り手は10%という現金・預金比率からしてとりあえず0.9を現金として引き出すから，8.1が銀行に残る。そしてこの銀行は8.1×0.1=0.81を日銀の口座に預け，残りの7.29を貸し出そうとする。このプロセスが無限に続くとすると10＋8.1＋7.29・・・・・・＝10÷(１－0.81)＝約55となる。つまり当初に発生した預金の5.5倍の預金が各銀行の口座に生まれる。

これは，貸出された金額が口座に収められたままますぐには引き出されない，引き出されたとしても一部しか現金としては流通せず他の銀行に振り込まれるという性質によるものである。それは，銀行が貯蓄と決済を兼ねるという特性を持つことに起因している。ただしマネーストックはあくまで民間銀行が貸し出すことで生まれるものであって，日銀が主体的に創出するものではないことには注意を要する。M＝信用乗数×Hは，Hが操作可能ならば自在にMを管理しうるという式に見えてしまう。しかしマネーストックは，企業や家計に資金需要があってこそ生まれる[*5]。マネーストックを直接に操作できないからこそ，日銀は短期金融市場での公開市場操作を用いつつ政策金利を誘導目標に導き，間接的にマネーストックの大きさに影響を与えようとしている。

では誘導目標とされる政策金利を，日銀はどう決めているのか。これについてはJ.テイラーが各国の中央銀行の一般的な方針を調べ，インフレ率とその目標とのギャップ，およびGDPにかんする総需要・総供給のギャップを加えて定められていると指摘した。テイラーが示した次式は「テイラー・ルール」と呼ばれ，金融資産市場の均衡を示すものともみなされている[*6]。

$$\text{政策金利} = \alpha \times \text{インフレ率ギャップ} + \beta \times \text{需給ギャップ} + \text{定数項}$$

ただし家計や企業が投資や消費を行う際に主に関心を持つのは，長期の金利である。金利の期間構成にはどのような関係があるかというと，日銀が短期の金利を操作すればそれが中期（満期まで5～10年）・長期（同10年以上）の市場金利も動かすと考えられる。というのも，短期債を購入し，償還されるごとに次の短期債を購入することを繰り返すと，長期債と同じ期間に達する。両者が同じものであるならば，長期金利は

＊5 池尾和人（2010）『現代の金融入門 新版』ちくま新書，に詳しい説明がある。

＊6 これに供給面における条件を示すフィリップス曲線（インフレ率＝将来の予想インフレ率＋γ（自然失業率－現実の失業率））と財市場の均衡条件を示すIS曲線を交えたものが標準的なマクロ経済学モデルとみなされている。齊藤誠・岩本康志・太田聰一『マクロ経済学』有斐閣，2010参照。

（図10-2）　イールド・カーブ

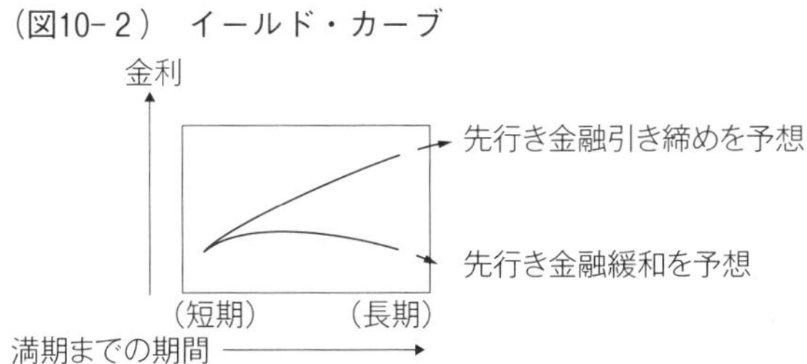

現在から長期に至る短期金利の平均値となっているはずだからである。しかし現実には何かが起こるリスクも考慮されるため，長期金利はリスク・プレミアムの分だけ高くなり，期間が長くなると右上がりになると推定される。逆に将来の短期金利が金融緩和によって相当に低下すると予想されるなら，右下がりになる可能性もある。この曲線を「イールド・カーブ」と言い，市場が将来をどう予想しているか，リスクをどれほど重く見ているかがその形状から読み取れると考えられている。

3. 非伝統的金融政策

日銀は2000年にいったんゼロ金利政策を解除したが，景気の回復は思わしくなかった。そこで日銀は銀行から証券を買い入れ，法定準備の水準を相当に超えるまで当座預金を積み上げるという「量的緩和政策」を採用した（2001年から2006年）。

この頃から日銀が採る金融政策は，伝統的なものから逸脱するようになっていく。ターゲットを短期金利ではなく金融市場から買い入れる資産の範囲や規模とし，それを拡張することにより金融緩和を図ったのである。そうした一連の金融政策は「非伝統的金融政策」と呼ばれる。量的緩和政策は準備預金をターゲットするものであったが，総じて景気に対する顕著な効果は見られなかった。

2002年から2007年のサブプライム・ショックをまたぎ2008年のリーマン・ショックに至るまでの73ヶ月間，日本経済は戦後最長の好景気，い

（図10-３） 消費者物価と名目金利の推移

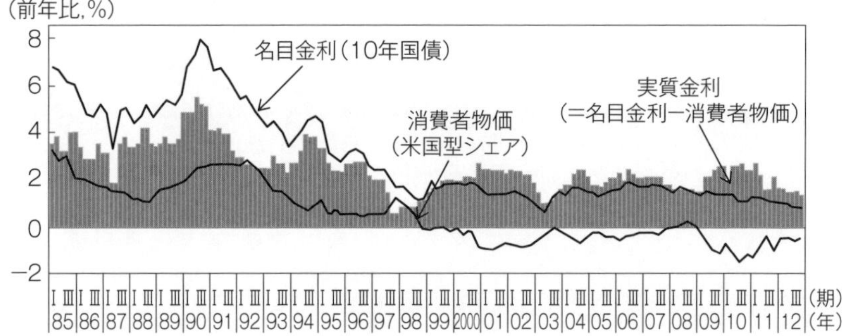

出典：堤雅彦・市橋寛久・木下怜子・長内智（2013）「デフレ脱却の意義と課題」『マンスリー・トピックス No016』平成25年２月27日，内閣府

ざなみ景気にあった。それにもかかわらず，この間には別の問題が浮上していた。2001年に内閣府が物価下落すなわちデフレを認定*7して以降，物価水準が持続的に下がり続けたのである*8。

デフレには弊害があるとされる。３つを挙げておこう。第一は，名目金利がゼロ周辺にあったとしても，物価上昇率を引いた実質金利がプラスになってしまうことである。物価上昇率がゼロのとき，借入をして名目金利を支払うとしても，購入した投資財の期待収益率が名目金利を上回るならば，この実物投資には実行する価値がある。ところが物価上昇率がマイナスになるデフレだと，投資財の期待収益率は名目金利にデフレ率の絶対値を上乗せした分を上回らなければならなくなる。投資財を用いて製造される商品の価格がデフレ分だけ下がってしまうため，期待収益率も下がるからである。つまりインフレは設備投資をやりやすくするが，デフレは抑制的に働く。そしてデフレで実質金利が高まるだけ，投資は抑制される。

第二に，デフレは自国通貨高（円高）の方向に圧力をかける。これは購買力平価説にもとづく考え方で，たとえばハンバーガーが世界中で同

---

*7 「月例経済報告」2001年４月。
*8 堤雅彦・市橋寛久・木下怜子・長内智（2013）「デフレ脱却の意義と課題」『マンスリー・トピックス NO.016』平成25年２月27日，内閣府

質・同量であるとして，その一個が日本では100円，アメリカでは１ドルだとしよう。そのとき１ドル＝100円という為替相場になっていると主張するのが購買力平価説である。

１ドルのハンバーガー１個が100円なのに１ドルが150円だとすると，日本のハンバーガー１万個を100万円で買ってアメリカで販売すれば１万ドルになり，そのドルを売れば150万円と交換できて儲かってしまう。この作業を繰り返しドルを売り続けると，ドル安円高へと圧力がかかる。このドル売り圧力は，１ドル＝100円となるまで続く。

次にデフレについて考える。１ドル＝100円のまま日本がデフレでハンバーガーが１個50円になったとすると，日本で１万個を50万円で購入してアメリカで販売すれば１万ドルになり，日本円に交換すると100万円になる。儲かるのでこの作業を繰り返すと，やはり１ドル50円になるまで円に買い圧力がかかる。

購買力平価説は短期的には為替相場の説明にはならないが，貿易で商品が移動する長期には成り立つ可能性が高まり，日本でデフレになると長期的には円高になりがちになる。円高になると輸出がしにくくなり，海外に生産拠点を移動させる企業も増えるから，国内の雇用にも悪影響を及ぼす。

第三に，企業はデフレによって名目での売り上げが伸びなくなり，それでも利潤を確保するためには，コストを圧縮するようになる。そこで企業は賃金を下げたり雇用を減らしたり，正規雇用を非正規雇用に振り替えたりといった行動をとりがちになる。名目賃金の低下率よりも物価の下落率の方が大きければ，実質賃金が上がるために労働力への需要が減ると言い換えてもよい。

このようにデフレには弊害があると理解され，2010年，日銀はデフレ対策として中長期の資産の買い入れを行った。包括的金融緩和措置である。ターゲットを短期から中長期に広げたのである。まだ引き下げる余地のある中長期金利を直接に引き下げ，特定証券のイールド・カーブを下方シフトさせた。相対的に有利になる方向へ民間セクターが投資のポートフォリオをリバランスさせるならば，金融機関は貸出を増やすと期待されたのである。

ところが2011年３月に東日本大震災が勃発，それもあってかデフレ脱却はなかなか実現しなかった。そこで2012年２月，当時の日銀の白川方明総裁はついに「中長期的な物価安定の目処」を設定，２％以下のプラスで１％を中心とするとし，資産を矢継ぎ早に買い込んでいった。これは物価を直接の目標とし，その目処を設定したという点では目新しいものだったが，期待に働きかける「フォワード・ガイダンス」政策としては，それまでにも短期金融市場金利の誘導目標を公表する形で採られてきた路線を継続するものであった。

けれどもこうした一連の金融政策に対し，一部のエコノミストから声高な批判が沸き起こった。「目処の設定」を「物価安定の数値目標」に替え，さらに「生鮮食品を除く消費者物価上昇率で１～３％」にすると具体的に表明すべきであって，日銀は長期国債の購入増加や，それでも足りなければ上場株式投信（TOPIX 運動投信），優良な不動産投資信託（REIT）の大量購入も視野に入れるべきと主張したのである。

それによってマネタリーベースを増やせばマネーストックも増え，しかもインフレの数値目標も掲げるのだから消費や投資が拡大して，インフレが起きるという主張である*9。それまでの日銀のやり方は公衆に対するフォワード・ガイダンスとして強度が足りない，インフレ目標値が実現されるまで責任を持ってコミットメントすると宣言すべきで，買い入れる資産の範囲や規模も目標を達成するまでは限界を設けないならば，実際に物価上昇期待が醸成されインフレになると唱えたのである。

これには厳しい反論も生まれた。その一つは，インフレが目標値を超えるとハイパー・インフレになり，制御できなくなるのではないか，というものである。マネタリーベースが増えたことの結果としてインフレになるのなら，逆に減らせば物価上昇は抑えられるだろう。ところがここでインフレの原因となるのは，インフレ期待である。インフレ期待が形成されたとしてもそれを自在に変更しうるとまで言えなければ，ハイ

*9 伊藤隆敏（2001）『インフレ・ターゲティング』日本経済新聞社

パー・インフレへの対処は困難である。

二つめは，日銀にはマネーストックを増やす能力があるかに言うことへの批判である。マネーストックはあくまで民間の資金需要であり，それが日銀にマネタリーベースの拡大を要請するのであって，逆ではない。インフレ期待が形成されたとしても，民間の資金需要が増えるとは限らない。インフレだと投資財需要が増えるというのは，不確実性が無視できる場合である。

こういった論争が続いたのだが，現実には2013年３月に黒田新総裁が「量的・質的金融緩和政策」を打ち出し，インフレ目標政策を実行に移すこととなった。安倍政権が提唱するアベノミクスの「第一の矢」である。そして日銀保有長期国債が急増するのと足並みを揃えて実際にマネタリーベースも激増していった。それを追うようにして株価が急騰，為替相場も一気に円安基調となった。そして輸出産業を中心として収益も回復していったのである。

4. ハイエクとケインズ

以上のように，非伝統的金融政策のあり方については論争があった。けれども，デフレは回避すべき経済現象でありマクロ経済学の理論を用いて可能な限りでそれに立ち向かうべきだとする点では意見の対立はなかった。

それに対し，「一般物価水準」のようなマクロ集計値を指標とする金融政策を批判する理論も存在している。C. メンガーから L. ミーゼス，F. A. ハイエクと受け継がれたオーストリー学派の資本理論である[＊10]。ハイエクは，景気対策としての金融緩和政策は，市場を撹乱するだけで悪しきものだと主張する。

オーストリー学派によれば，現在の経済社会が以前よりも豊かなのは，

＊10　松原隆一郎『ケインズとハイエク』講談社現代新書，2011，ヘスース・ウエルタ・デ・ソト『通貨・銀行信用・経済循環』蔵研也訳，春秋社，2015（Dinero, crédito bancario y ciclos económicos (1998)）を参照。

過去に生産され維持されてきた資本財が存在するからである。資本財とは最終消費財が生産される過程で使われる建物や機械，中間財等で，それらは過去において生産要素を消費財生産に集中させなかったせいで生産され，現在に至っている。企業が資本財を生産するか消費財を生産するかは，それぞれの時点で家計が現在の消費と将来の消費のいずれをより評価するかに応じて決まる。これが時間選好であり，消費財と資本財の相対価格としての利子率で示される。家計が将来を選ぶなら貯蓄して消費を減らし，企業はその貯蓄を借り受けて資本財を生産する。

このとき消費財の生産に向けられていた生産要素は資本財に移動する。こうした時間選好の考え方はR. ルーカスによって賞賛され，ケインズ主義への批判とマクロ経済学のミクロ的基礎付け論へと展開された。公共投資の景気浮揚効果を唱えるケインズ主義は，消費が所得の関数だとする消費関数に依存する部分が大きい。それは貯蓄が利子率の関数でないということでもあり，時間選好の投資財への影響を無視している。ハイエクもまた，時間選好が利子率に反映されなくなる可能性を指摘し（自然利子率と貨幣利子率の乖離），それが銀行の信用創造によってもたらされたと批判した。

インフレ期待のもとで消費も投資（資本財生産）も一律に需要が増え，資金需要に応えて銀行が信用創造を行うと，消費財生産を減らすことなく資本財が生産されてしまう。生産要素は移動しないので，その価格が高騰する。けれどもやがて融資が打ち切られると資本財の生産は維持できなくなり，もともと消費を減らして貯蓄を増やし資本財への需要も増やしたわけではないので，一転してもとの資源配分に戻ってしまう。これがオーストリー学派の言う恐慌で，それが起きた原因は一般物価を押し上げるような金融緩和である。

これをインフレ目標論に当てはめてみると，インフレ期待が生じマネタリーベースが増えて株が買われると株価が上がるが，それはその企業の将来収益が評価されたわけではなく，誤投資にすぎない。そして現実に２％といったインフレが達成されるとしても，インフレ目標を達成した後の日銀は，ハイパー・インフレにならないようマネタリーベースを減らさねばならない。これは「出口問題」と呼ばれる問題で，実体が評価されたわけではない「誤投資」株から先んじて株価が急落することになる。ハイエクらオーストリー学派が信用創造やマクロ集計値にもとづく金融緩和政策を批判するのは，「出口」で恐慌が起きるとみなすからである。

一方，ケインズは，人々が将来に確信が持てない，すなわち不安が蔓延している状況においては，財・サービスであれ資産であれ貨幣と交換しない，それゆえ資金需要の利子弾力性が極端に小さくなるとして，「流動性の罠」と呼んだ。「流動性の罠」は貨幣で資産を購入しなくなることと解されることが多いが，経済の実態により大きな影響を与えるのは消費や投資を手控え資金需要が縮小することである。不確実性が蔓延している状況では，手持ちの貨幣を手放すことは危険である。インフレが起きるとかハイパー・インフレが手に負えなくなるという以前に，そもそも貸出しへの需要がないのだから，資金供給を増やそうとしても受け取られずインフレが起きるはずもない。

それを反映して，インフレ目標政策が実施されマネタリーベースが急増した2013年から，(1)式の信用乗数は急落している。図10-４を見てみよう。図では比較的安定しているのは現金・預金比率であって信用乗数ではない。信用乗数の急落は，日銀への預け金（日銀当座）・預金比率が急増したことの裏返しである。日銀がいくら国債のみならず株式信託やREITまで購入したとしても，売却した側の民間銀行は得た資金を日銀の当座預金に置いたままにしており，貸出には回していないのである。まるで日銀の口座に「タンス預金」しているような状態と言える。民間銀行が企業に融資しようとしても不確実性の存在から資金需要そのものが少なく，日銀当座に預金の金利が付くこともあり，引き出さない[*11]。流動性の罠の状態では，出口以前にインフレの入口にも達していないのである。

＊11　日銀が2016年から取り始めた「マイナス金利」政策とは日銀当座預金の金利をマイナスにするというもので，日銀当座預金が積み増すと民間銀行は日銀に金利を支払わねばならなくなる。それによって日銀当座預金を減らす狙いがあるが，しかし民間で資金需要があるわけでもないので，効果には疑問がある。

（図10-4）　信用乗数の推移

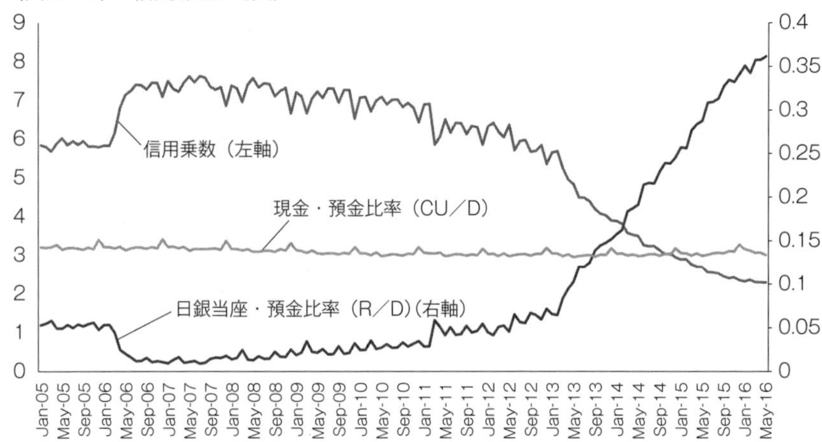

＊ R は日銀当座預金残高・準備預金制度適用先合計・月末残高，CU は日本銀行券発行高・月末発行高，D は預金合計月末残高

出所：日本銀行 HP より作成。

参考文献

・池尾和人（2010）『現代の金融入門　新版』ちくま新書
・伊藤隆敏（2001）『インフレ・ターゲティング』日本経済新聞社
・呉文二（1973）『金融政策―日本銀行の政策運営』東洋経済新報社
・齊藤誠・岩本康志・太田聰一（2010）『マクロ経済学』有斐閣
・早川英男（2016）『金融政策の「誤解」“壮大な実験”の成果と限界』慶應義塾大学出版会
・ヘスース・ウエルタ・デ・ソト（2015）蔵研也訳『通貨・銀行信用・経済循環』春秋社
・松原隆一郎（2011）『ケインズとハイエク』講談社現代新書
・湯本雅士（2013）『金融政策入門』岩波新書

研究課題

1．歴史上，金融当局に対して政府から国債支持などの要望が幾度となく出され，「中央銀行の独立性」を認めるべきか否かをめぐり議論が闘わされてきた。中央銀行を政府の指揮下におくべきとする立場からは，歴史的に金融政策に対して政府のどのような要求が投げかけられたか。具体的かつ特徴的な例を挙げなさい。

2．金融政策の有効性をどう評価するかは，マネタリー・ストックＭとマネタリー・ベースＨの関係式(1)をどう解釈するかにかかっているともいえる。ＭがＨの定数倍だとする解釈はＨを増やす金融緩和政策によって自動的にＭも増えるとみなしているが，それはどのような貨幣需要と貨幣支出を想定しているか。ケインズが示した３つの貨幣需要動機を参照しつつ，考察しなさい。

11 危機における財政政策と金融政策

1. 市場経済と危機

経済学において,「危機」は適切に位置づけられていない概念である。深刻な不況を「恐慌」(crisis, Wirtschaftskrise) と呼んだのはK.マルクスだが,しかし彼の経済学において恐慌は次第に深刻さを増すもので,経済体制としての資本主義が最終的に破局を迎え,社会主義が到来すると説かれる。けれども社会主義経済の崩壊後を生きており市場社会の中で危機を乗り越え続けなければならない私たちにとって,これは現実的ではない。

一方,「効率―公正」モデルにもとづく主流派経済学では,危機は景気循環において「不況」が深刻化し一時的に市場が機能しなくなって,正常な資源配分が行われない状態である。そして市場を社会や文化,自然や慣習とのかかわりから隔離してとらえるため,財政と金融のマクロ経済政策によって機能を回復させるべきか,それとも市場の機能を妨害する要因を除去すべきかという二者択一で議論が進められる。インフレ目標は前者のマクロ経済政策のひとつであり,金融政策を重視するものである。小泉構造改革の「構造改革なくして景気回復なし」というスローガンは後者の立場を表すもので,不況は経済活動の自由や価格メカニズムを抑制する慣習や規制,制度といった要因によって生じるから,それらを取り払う「構造改革」を進めるべきとする。市場メカニズムの不調は金融・財政政策で補うべきか,それとも外部から市場への束縛を除去して修復するか,という対立である*[1]。

この二者択一は「効率―公正」モデルにおいて長期不況を想定するも

---

*1 「構造改革」が前提する「効率―公正」モデルでは,市場は共有資本による規制から離れても自律しうるとみなされる。そのため,共有資本が要請する社会的規制と対立する可能性をはらんでいる。第13章－2,1－3参照。

のだが，対照的に市場社会にありながら，危機がなぜ起こるのか，いかに乗り越えるかを，市場と不確実性との関係から考察した人たちもいた。第10章の最後に触れた，ハイエクとケインズである。彼らは市場社会において，危機は貨幣が引き起こす平時とは別の局面だと指摘し，それが不確実性の高まりや慣習の急激な崩壊，市場の適切な資源配分を無効にする金融緩和によって引き起こされると分析した。平時とは，逆に不確実性が表面化せず，貨幣が順調に支出され循環している状態と見たのである。

ハイエクによれば，恐慌が生じるのは政府が金融緩和をし，銀行が全体として受け入れた貯蓄以上の額を融資してしまうような信用創造が行われたことに原因がある。各経済主体は融資を受けると消費もしくは貯蓄に使い，貯蓄は投資になるから流動性の罠は生じない。ただしハイエクは価格メカニズムだけでなく「自主的なルール」も市場社会には不可欠とみなすから，政府主導の構造改革には反対するだろう。

それに対しケインズは，どんな金融システムにおいても裁定だけではなく投機が行われる以上，貨幣を過剰に使おうとするバブル化と過少にしか使わない流動性の罠は不可避という視点を提供した。いずれにせよ，金融システムが適切に機能しなくなると，それ以外の市場も危機に陥るとしたのである。

金融システムもまた他の消費財とは次元の異なる共有資本だというこうした見方は，第２章にも触れたように，K.ポラニーが示唆した立場でもある。共有資本の特性として，一般の商品のように自由に売買すると問題が生じることがある。共有資本としての金融システム（金融資本）にはなんらかの社会的規制をかける必要があり，ハイエクは金の存在量で金融を拘束する金本位制を主張した。一方ケインズは，市場経済が不可避的に直面する危機に，財政政策と管理通貨制度で対処することを唱えた。対立するかに見えるが，ハイエクが平時（危機への備え），ケインズが危機（事後の対処）を論じたと考えられる。

金融システムが共有資本であるというのは，一つには，金融機関が決済機能という公共性を持つという点においてである。決済に用いられる貨幣には，前章に述べたように，現金よりも預金が多くを占める。そして預金を取り扱う金融機関が破綻すると，少なくとも一時的には決済ができなくなる。個別の金融機関の業務は私的サービスだが，安心して決済ができることには公共性がある。

二つに，金融機関には「システミック・リスク」という特異な脆弱性がある。銀行が破綻すると預金者がいち早く預金を引き出そうとするため，他の銀行への「取り付け騒ぎ」も招いてしまう。決済不能は一時的な不便だけでなく，金融機関間の連鎖も呼ぶのである。どんな企業にとっても取引先が倒産することはリスクであるが，金融機関の破綻には健全な銀行や企業も連鎖的に倒産させる可能性がある。これが金融機関の抱えるシステミック・リスクである。そこで金融システムは，決済機能を持つ共有資本として，政府の規制を受けなければならない。

市場経済の危機には，このように金融システムの不安定化を発端とするものが多く見られる。それを端緒として，健全な事業までが危機に瀕し，雇用や資産の喪失が急激に拡大するのである。そうした危機的状況は経済危機と総称されるが，大別すると通貨危機，金融危機，財政危機の三種類がある*2。それらは金融システムが危機状態に陥ったために他の市場の機能も一時的に失われる状態である。これらは，需要を失なった事業を市場が淘汰する過程である「不況」とは性格を異にしている。「不況」は，市場が正常に機能しているからこそ生じるからである。経済危機は伝染病に似て，健全な経済活動も停滞させたり消滅させたりする。それゆえ公的に対処することが望ましい。

1）通貨危機は，固定相場制を採っている国で，自国通貨と外貨との交換比率すなわち為替相場が急激に下落して，外貨建ての負債が多い企業や金融機関の多数が一時に集中して経営危機に陥るような状況を指す。そのきっかけとなる為替相場の暴落は，経常収支が赤字となって為替相場を支えるだけの外貨準備が枯渇したり，信用力が低下して新

＊2 深尾光洋「金融・財政システム危機の発生メカニズムと予防・対処方法」『巨大災害・リスクと経済』澤田康幸編，日本経済新聞社，2014参照。

規の借入が困難になることにより生じる。1997年に勃発したアジア通貨危機では，対ドルで事実上の固定相場（ドル・ペッグ）にあったタイやインドネシア，韓国の通貨が，ヘッジファンドの空売りによって暴落させられた[*3]。

なかでもタイでは金利を高めに誘導して外国資本を引きつけ，輸出主導で経済成長を実現していたが，経常収支は慢性的に赤字だった。1995年以降のアメリカの「強いドル」政策により，ドル高に連動してバーツ高にもなっていた。そこで投機筋は，過大評価されているバーツを空売りし，安値で買い戻すことで利益を得たのである。その結果，アジア諸国は変動相場制に移行することを余儀なくされ，日本でも融資が焦げ付いて97年の金融危機を招き寄せた。

固定相場制度から脱すれば，通貨危機は起きない。しかし変動相場制のもと為替相場が不安定になると，外需に依存する企業は工場を海外移転させるべきタイミングかどうか困難な経営判断を強いられる。変動相場制を採った多くの途上国は，為替相場の不安定性に悩まされるのである。

2）金融危機は，金融システムが不安定化する状態である。資産バブルが生じ過剰な借入にもとづいて投資が行われると，いつかバブルは崩壊する。それとともに資産価格が暴落し，大手の金融機関が破綻すると，それをきっかけとする取り付け騒ぎによって金融機関から資金が大量に流出したり，預金が引き出し不能になったりして，資金繰りが困難になった企業が連鎖的に倒産する。そうした現象を金融危機と呼ぶ。日本の金融市場では，1997年の北海道拓殖銀行と山一証券の自主廃業以降，2003年かけて不安定な状態が続いた。アメリカの金融市場

＊3　荒巻健二（2001）『アジア通貨危機とIMF』日本評論社（増補版）はアジア通貨危機の原因につき，危機に陥った国の経済構造に問題があったとする「ファンダメンタルズ論」と，アジアに対するパーセプション（見方）の悪化および民間短期資金が急激に移動する国際金融システムが銀行取り付けに似たパニックを引き起こしたとする「金融パニック論」という2説を紹介し，後者を支持している。そして危機が発生した国に構造改革が必要であることは認めるものの，「火事場で火消しが火元に対し出火原因の是正を求めることを優先すれば，火事は近隣を巻き込んで大火へと発展するおそれがある」と結論している。経済危機全般についての重要な指摘である。

では2008年から翌2009年にかけ，サブプライム危機にリーマンブラザーズ証券の倒産が続いた。2009年のギリシア危機をきっかけとする世界金融危機も近年の事例である。

3）財政危機は，ある国の財政赤字が継続的に拡大し，国債の元利金返済にかんして疑義が拡がり，国債価格が暴落，長期金利も急上昇するような状況を言う。金融部門が巨額の損失を計上して金融危機も併発すると，政府が対策を実施しても財政危機が一段と深刻化するだけになる場合もある。

ギリシア危機は2009年末のギリシアの政権交代で，財政赤字がそれまで公表されていた5％程度ではないと暴露されたことをきっかけに始まった。翌年になると統計上の不備も指摘され，財政赤字の実情は13.6％と明かされた。それを機にギリシア国債は格付けが引き下げられ，投げ売り状態となって価格が暴落，続いて外国為替市場でユーロまでが下落して，各国の株価も急落するという連鎖反応が生じた。そこで欧州委員会やIMF（国際通貨基金），ECB（欧州中央銀行）がギリシアに緊急の金融支援を行なった。見返りにギリシア政府には増税や社会保障給付の削減などの緊縮財政が課され，国民生活は苦境に追いやられてユーロ離脱も取りざたされ，政治が不安定化した。

財政危機に対しては，長期間をかけて政府債務・GDP比率を下げるといった努力が必要になるが，いったん財政破綻してしまうと，国債への信頼がなくなるので通貨も売られ，通貨価値の下落から激しいインフレを伴いがちになる。その結果，預金封鎖やデノミネーションが行われて，強制的に国民が資産を失うといったことが起きる。日本の戦後でも，1946年の財政破綻とインフレに際し，幣原内閣が旧円を預金口座に入れさせて引き出しを制限，引き出すと新円に切り替えるという対策を断行した。政府の債務は国民の財産が消滅することによって帳消しとなったのである。

4）経済危機には以上の三種類があるが，その多くは過剰な投資や消費を借入で行ったために返済が滞るといった現象を発端とするものの，そのまま沈静化することはまれではない。けれども十分な資本を有すると査定されたはずの銀行が破綻するなど予想外の事態が生じると，金融取引の前提となる制度への信用が失われて，状況は一気に深刻化する。これを信用危機と言う。リーマン・ブラザーズは倒産時点まで各種の格付けで最上級の評価を受けていたために，金融市場は大混乱の様相を呈した。また1997年秋の日本でも，公表された財務諸表では自己資本比率規制を守っていた三洋証券が破綻したため，他の証券会社にも疑いが及び，有価証券の取り付けが発生した。

以上，財政危機の多くは金融危機を併発するし，通貨危機もまた金融危機や財政危機につながりがちで，単独のものとして対処するだけではすまされない複合危機となることが多い。緊急かつ大胆な財政・金融の拡張が求められるゆえんである。

2. プルーデンス政策

こうしたことから，とりわけ金融システム全体に対して信用秩序の維持と預金者の保護を図ることは政府にとっての重要な課題となり，「プルーデンス政策（prudential policy）」と呼ばれる銀行規制が敷かれてきた。これは決済制度としての金融システムという共有資本に対する社会的規制である。プルーデンス政策には，予防のための事前的な措置と，危機が現実のものになってから損失を最小限に止める事後的な措置とがある[*4]。

事前の措置として，「護送船団方式」においては預金金利など金利の上限規制や手数料規制，長短金融の分離，銀行・証券の分離といった業務分野規制，そして国際資本移動の管理が行われていた。これは預金金利や手数料という銀行にとって費用に当たるものを低く抑えることから，

＊4　池尾和人『現代の金融入門　新版』ちくま新書，2010，第7章

（図11－1）　銀行のバランスシート

（資産）	（負債）
現金	預金
国債等	
貸出	自己資本

収益を下支えし，経営破綻の可能性を減じていた。けれども金融自由化以来，資本移動の自由や金融の情報技術（IT）化が進み，国債が大量に発行され市場金利に連動する自由金利預金等が導入されるようになると，規制された金融市場の外に競争相手が登場することとなって，規制を持続していては銀行の競争力が落ちるだけと判断され，金融市場に対する規制が緩和されていった。それにともない銀行が自由に行う資産選択は次第に監督当局が規制するには複雑過ぎるものとなり，そこで銀行は，資産選択から生じるリスクに見合うだけの自己資本を保有するよう求められた。自己資本比率規制である。

銀行の自己資本とは，中央銀行への当座預金を含む現金や国債等の有価証券，貸出といった資産から，負債としての預金を除いた部分を指す。この自己資本が資産に対して占める比率が自己資本比率で，それを一定以上求めることとなったのである。ところが資産規模に応じて自己資本の最低額を決めるだけだとその中でハイリスクを狙いかねないため，BIS 規制（バーゼル合意）では国際業務を行う場合に自己資本比率を８％以上（国内業務のみだと４％）とすることが定められた（日本での適用開始は1993年）。さらに新たに見直されたバーゼルⅡでは，リスク資産量は銀行みずから計算するよう配慮されている。

事後的措置は，特定の銀行が経営破綻しても金融システム全般に危機が拡がらないようにする「セーフティネット」である。ここで注意しなければならないのは，特定の銀行が，本来ならば健全であるにもかかわらず預金の払い戻し請求が一時的に集中するような偶然の流動性不足により経営困難に陥っているのか，それとも支払い能力がそもそも欠如しているのかという区別である。

偶然の流動性不足に対しては，中央銀行が「最後の貸し手（lender of last resort）」となって貸出することが重要である。これはW.バジョットがイギリスの金融市場を観察し1873年に著した『ロンバード街』で初めて定式化した考え方で，他人の資本を預かって貸し付ける信用組織としての金融市場を健全に保つには，中央銀行が最後の貸し手となることが必要と説く。フリードマンとシュウォーツもまた大著『米国金融史1867～1960』（1963）で，1929年から数年間の「大収縮」は中央銀行が十分な流動性を供給しなかったために生じたと解釈している。ともに中央銀行は金融恐慌を食い止めるため高金利で積極的に貸し付けるべきと主張しており，これは今日「バジョット・ルール」と呼ばれている。日本では，信用力が十分にあると日銀が認めた金融機関に担保価額内で貸し付ける「補完貸付制度」（2001年導入）が「ロンバート型貸出制度」と呼ばれている。

一方，支払い能力を喪失した銀行に対しては，中央銀行が安易に貸し出してはならない。経営責任が問われないまま救済されると他の銀行にもモラルハザードが起きる可能性があり，過剰流動性からインフレが生じる懸念もある。とはいえ特定銀行に破綻が宣告されると，取り付け騒ぎを招く可能性がある。ある銀行の信頼性に疑問が生まれると，他よりも早く払い戻し請求しないと逃げ遅れてしまうため，預金者は我先に払い戻しを求める。金融にかんし素人の預金者はどの金融機関が信用できるのかを自力で判断できず，払い戻し要求は健全な他の銀行にも波及する。これが取り付け騒ぎである。

銀行は多くの場合，法定準備以外は大半を貸し出しており，健全な銀行であっても急には対応できない。そこで金融危機の拡大を抑えることを目的として，公的機関が銀行から保険料を徴収しておき，預金者には払い戻しを保証することになった。日本では,「預金保険機構」が預金者一人一銀行当たり1,000万円までの払い戻し（ペイオフ）に応じている。預金保険機構は，経営困難に陥った銀行を他の銀行が救済目的で合併する際に資金援助を行ったり，救済銀行が現れるまでの期間，継承銀行（ブリッジバンク）を設立することも行っている。日本では今のところペイオフは行われていないが，資金援助は1992年から2002（平成14）年にかけて頻繁に行われた。

ただし保護されるとなると預金者が銀行の経営状態にかんして厳しい目を向けなくなるという問題もあり，そうしたモラルハザードゆえに銀行が過剰にリスクを負担する可能性もある。しかも経営危機の度合いが募るほど銀行はハイリスクに賭けがけちになるから，自己資本比率が基準値を下回り経営破綻が近づいたと判断された銀行は，当局が直接の監視下におき，経営改善するか破綻処理を実施している。これは「早期是正措置」と呼ばれ，日本でも金融庁を所轄官庁として1998年に法制化された。

3. 災害がもたらす危機と復興

1）暮らしの再建

危機における事後的な経済政策に，大災害からの復興政策がある。阪神・淡路大震災（1995）や東日本大震災（2011）のような予期せぬ巨大災害では，生存者は身内を失うという耐えがたい心的苦痛のみならず，家屋や企業の設備・人的組織，さらに販路までを一挙に喪失するという経済危機にも直面させられる。復興にかんし経済政策が何を行いうるかについては，1959年の伊勢湾台風の被害を機に成立した災害対策基本法（1961）が，防災計画の作成から災害応急対策，災害復旧までを対象とすると規定している。

災害直後には，災害救助法にもとづき国が中心となって，現物給付すなわち避難所や仮設住宅，飲食料の供与を行なっている。しかし現物給付に当たっては，炊き出しや弁当の内容に制限があり，食事制限のある被災者に十分に対応できないなど限界がある。現金給付については災害弔慰金法により，政府は死亡者の遺族対して災害弔慰金，また障害を受けた被災者に対しては災害障害見舞金を支給しており，死亡者が生計維持者であった場合は500万円，その他は250万円となっている。

けれども被災者の住宅再建となると，公的補償が及んでこなかった。阪神・淡路大震災に際し当時の村山富市首相は，「自然災害により個人が被害を受けた場合には，自助努力による回復が原則」と発言した。「私有財産制のもとでは，個人の財産が自由かつ排他的に処分し得るかわりに，個人の財産は個人の責任のもとに維持することが原則」*5というのがその理由だった。税金を使う以上，焼け太って被災地外の国民との間に不公平を生じさせてはならない，ということである*6。

そこで避難所から応急仮設住宅，さらに災害公営住宅を設営することまでが復興における住宅政策の柱とされてきた。政府サービス，道路・ガス・水道といったインフラの復旧は公共財として災害応急対策ですみやかに実施されるのに対し，住宅再建については私有財産の領域という見方を崩さなかったのである。それゆえ「復興は進んでいるか」と問われて政府が「進んでいる」と答えるとすれば，それは社会インフラの復旧と災害公営住宅の設営までを指している。けれども一方で，住宅が全壊し，ローンを完済していない場合には返済と次の借家の家賃が二重払いになる被災者も存在する。復興事業が困難であるのは，個人生活の再建が取り扱いづらいからである。

そうした「取り扱いづらさ」は，大震災による被災をたんなるリスクとみなし，統計学的に合理的な準備をしてこなかった被災者の自己責任と考える「効率—公正」モデルが前提されていることに由来する。ところが大震災の発生は数十年という長期でしか予測ができないから，個々人にとっては不確実性に満ちており，震災保険により個人の責任で備えようにも限界がある。「大災害」は発生を予測しがたく，しかも所得のいかんにかかわらず被災者を窮地に陥らせるという意味において，不確実かつ平等である。大災害という「危機」に対しては，「効率性・公正」

*5　青田良介「被災者の住宅・生活再建に対する公的支援に関する考察—被災者の私有財産と公的支援との関係の変遷—」『地域安全学会論文集，No.14，2011.3

*6　阿部泰隆『大震災の法と政策　阪神・淡路大震災に学ぶ政策法学』日本評論社，1995

ではなく「不確実性・社会的規制」の枠組みで対処せざるをえない。

そのため現実には義援金という「共助」が住宅・生活再建を支援するための資金として用いられてきた。ところが義援金には，被災地の人口規模により一人当たりの支給額が大きく異なるという性格がある。それが明確になったのが，1993年の奥尻島の津波と２年後の阪神・淡路大震災のコントラストにおいてであった。奥尻島に比べ阪神・淡路では膨大な数の住宅が損壊したため，一人当たりの支給額が少額になったのである。

その穴を埋めたのが，「復興基金」であった。復興基金は1991年の雲仙・普賢岳噴火に際し長崎県が初めて貸し付けたものだったが，以後，大災害が起こるたびに，被災者の救済・自立支援を目的として創設されることが慣例化した。復興政策を補完する財団を設立し，財源として義援金と地方公共団体からの貸付金・出捐金（しゅつえんきん）を受け入れるのである。阪神・淡路大震災では，神戸市と兵庫県が財源を地方債の発行で調達し，住宅を再建する人の借入に対して利子の補給や既住宅債務の一部への補助，家賃への補助を行った。

こうした流れを受け，1998年には「被災者生活再建支援法」が制定された。災害により住宅が全壊したり倒壊防止のため解体せざるをえなくなって経済的理由から生活の再建と自立が困難になった世帯に対し，年収に応じた支援金が支給可能になったのである。基金からの支援金は，半額を国が補助するものとされた。

主な被災者支援措置をまとめると図11-２[*7]のようになる。かつての復興政策では公共財の復旧や弱者への社会保障といった名目しか立たないと考えられてきたのに対し，個人財産である住宅の再建への支援であっても現実の判断として正当性があると感じられつつあるようだ。

こうして住宅と生活の再建についても，高齢者や低所得者だけでなく，より多面的な支援が試みられるようになった。東日本大震災の被災地域は，所得や人口において以前から長期的に衰退傾向が顕著であった。都

＊7　佐藤主光「災害時の公的支援に対する経済学の視点」『会計検査研究』No.32，2005.9

（図11-2）　主な被災者支援措置

時間軸

災害直後

(1) 災害救助法による事業
避難所，応急仮設住宅の設置／食品，飲料水の給与／被服，寝具等の給与／医療，助産／被災者の救出／住宅の応急処理／学用品の給与等

(2) 災害弔慰金・災害障害見舞金

(3) 税・社会保険料の減免等
① 国税の軽減・納税の猶予
② 地方税の減免・納税の猶予
③ 国民健康保険制度等における医療費負担の減免及び保険料の減免

(4) 生活再建支援
① 災害援護資金の貸付け
② 生活福祉資金貸付
③ 母子寡婦福祉貸付
④ 被災者生活再建支援金

(5) 住宅支援
① 災害復興住宅融資
② 居住安定支援制度

(6) 事業・生産支援
① 農林漁業者への支援
経営資金等の融資／天災融資制度／農林水産業関係災害補償制度
② 中小企業者への支援
災害復旧資金の貸付　災害復旧高度化資金　小規模企業者等設備導入資金貸付の償還免除

復旧・復興へ

出所：『防災白書』（平成16年度），佐藤主光（2005）

会ならば経済の大半を占めるであろう資本財や消費財の取引の部分が薄く，共有資本としての人間関係，自然，文化などに依存する暮らしとなっていたのである。しかし大震災と津波により，家屋や船などの財産のみならず，家族・親族やコミュニティ，慣れ親しんだ三陸の浜といっ

た自然，祭りなどの文化までも喪われてしまった。共有資本までが被災したのである。それに対し復興庁を中心とする復興政策は，NPO を通しつつ，みまもりや生きがいづくり，子どもへの支援など共有資本の復興に重点を置き，個人生活の再建を図っている。

では，住宅建設については，どれだけの量が適当といえるだろうか。図11-3は，もともと衰退しつつあった地域が大規模災害で被災した場合の建物市場を表すものである。横軸が建物のストック量，縦軸が建物賃料を示す。点線は当該地域の最盛期における建物ストックへの需要を表し，賃貸料が下がるほど需要が増えるため，右下がりになっている。建物ストックの長期供給曲線は，建設費用を耐用年数で年賦（分割払い）換算し，修繕・更新の費用も加えた長期限界費用線で表されるとしよう。最盛期においては長期的に需給が一致する A 点まで建設され，賃貸料も長期限界費用に相当するものとなっていたとする。そして被災以前に街の衰退が始まっており建物ストックへの需要が下方シフトしていたとすると，賃貸料は B に下がり，修繕・更新の費用が賄えない状態となって建物は老朽化するに任されていたことになる。

ここで大災害に遭遇し，建物ストックは大幅に減少したとする。人口が流出しないか，しても戻ってくるとすれば，需要に対して建物ストックが過小であるために賃貸料は C まで上がる。地域住民が自力で住居

（図11-3） 震災前後の建物市場

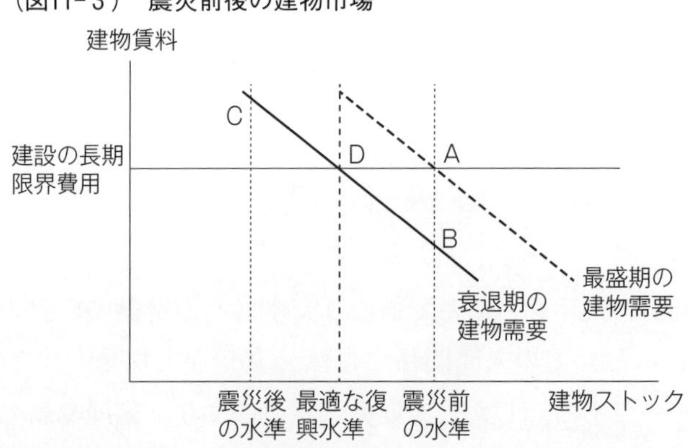

出所：斉藤誠（2015）『震災復興の政治経済学』日本評論社，第10章

を再建することができるならば建設ラッシュとなってＤ点に至るところだが，そうでないならば建設費の一部を援助するか復興住宅を公的に供給し，Ｄを実現することが望ましい。そこで重要なのが，衰退期の建物需要がどのレベルにあるのかを正確に見いだし，Ｄ点を確定することである。ところがもし地域住民の希望が被災前の建物ストックＡへの「復旧」にあったとして，自治体がそれを要望し，地方分権の精神から国も承諾して被災前の建物ストックを実現してしまうと，復興後に賃貸料は再びＢに下がってしまう。

衰退している地域では理想的な建物ストックはＤ点なので，それは量的には被災前を下回っている。つまり「コンパクト」化が求められているのである。そのうえ避難先に定着した人口が戻らないならば，建物需要がさらに左シフトし，理想的な建物ストックはＤよりも左にあることになる。けれども身内や街の情景を失った喪失感から，政治的合意には被災地の原風景に思い入れの深い高齢者の声が反映されやすくなる。実際に東日本大震災の復興では，人口が被災前と変わらないことに期待をかけて，量として大規模な造成工事を必要とする高台・内陸への移転や，大がかりな土木工事を必要とする防潮堤・かさ上げ道路が計画・実行されている。将来において地方自治体が支払うストックの維持更新費用が税としてのしかかってきたり，個人宅の家賃が下がるのであれば，若年層には将来時点で負担となり，流出を加速させてしまうかもしれない。

もちろん被災前の「街の記憶」を継承することは重要であり，被災地には街の景観や伝統文化を撮影した写真や動画を収集するような施設は必須である。しかし街そのものを物理的に元に戻そうとする過大な公共投資は，税の拠出者に対して無駄な負担を強いてしまう。二度と被災しないよう安心を確保したいということであれば，全国の他地域でも実施される「国土強靱化」の計画に復興の方針をすりあわせるべきだが，そちらでは全国の沿岸部で高台移転したりかさ上げ工事を行うことは主軸とはなっていない。

2）企業の再建

被災前には経営がうまくいっていた企業であっても，被災を克服して経営を再開してみたら，販路の多くが戻ってこなかったという例は少なくない。しかし巨大災害で被災した一般企業につき支援を行うことも，既存の政策枠組みでは困難である。多くの企業が収益や工場設備などの資産を災害により失うが，公的な支援が収益の回復に直接につながると，個人財産を形成してしまうからである。

これについて考えるため，東日本大震災に岩手県釜石市で被災した小野食品の事例を紹介しよう。小野食品は三陸の魚介を調理冷凍加工して販売する会社で，従業員は被災時点で102名であった。被害状況は，本社第一工場と大槻事業所が全損で解体，本社第二工場は改修で合計４億円，原料・製品は１億円。計５億円の損失は，現地ではほぼ平均であった。

同社は被災後100日で事業を再開したが，ここで過酷な現実に直面する。被災前に主力であった外食産業や産業給食（弁当業者向け・ホテル朝食食材）等，業務用の分野で，売り上げの60％が戻らなかったのである。というのも，被災直後から一部の顧客は別の仕入れ先を急いで探し，頼み込んで取引を始めたため，小野食品が経営を再開しても取引は呼び戻せなかったのである。

そこで工場再開後，小野食品は全国の顧客である問屋・商社を訪問し，取引再開の可能性を確認し，その後に事業の絞り込みを行った。給食以外では，それまで売り上げ規模が小さかった消費者直販の通信販売に力を入れることとし，それに当たっては低価格ではなく品質・おいしさを優先するというように，経営方針を転換した。というのも被災後に販路を奪われたのは，低価格分野だったからだ。

事業再開と同時に業態転換に挑むことになったのである。それ当たってはマーケティング課題の分析，通販事業の収益管理（月次損益分析），生産管理体制の徹底した見直しを行った。取り組みは，宣伝の強化，顧客管理システムの構築，仕分け業務のアウトソーシング（宅配便活用）に及び，同社は経営再開後，「お客様の声」を詳細に分析し，要望は伸ばし不満を修正するというシステムの構築に成功した。

こうした取り組みを可能にしたのが，（独）中小企業基盤整備機構や岩手県商工労働観光部から紹介された，それぞれの分野での専門家の助言であった。こうした努力により業績はほぼ回復し，売り上げ構成比は大幅に入れ替わった。小野食品は業態改革に挑むに際し専門家を派遣してもらうという支援を得て，古い事業形態への「復旧」ではなく，新たに商品開発と販路獲得する「復興」で経営を起動に乗せたのである[*8]。

この事例が示唆しているのは，私企業への支援は，融資は別とすれば販路の損失を金銭で補填するのではなく，被災後に業態改革を遂行する際の間接支援を中心に行うべきだということである。第３章で指摘したように顧客からの需要は不確実であり市場がたえず流動するものである以上，「企業の復興」にしても，被災前の事業水準に戻すことではありえない。被災前の事業水準に戻したとしても，市場においてそれは「過去」にすぎず，自力での存続は不可能だからである。復興への公的支援は「自立」を介助することにあるが，市場は業態改革を求めるのだから，そこに復帰しなければならない。被災企業への支援は，自己変革努力への支援に重点が置かれるべきなのである。こうした見地から，復興庁は企業が必要とする人材を被災地外の企業から派遣してもらうマッチング事業（WORK FOR 東北）に取り組んだ。

＊8　以上は東日本大震災復興推進委員会視察（2015年８月25日），小野食品の説明による。復興庁(2014)「被災地での55の挑戦―企業による復興事業事例集 vol.2」26年３月

参考文献

・阿部泰隆『大震災の法と政策　阪神・淡路大震災に学ぶ政策法学』日本評論社，1995

・池尾和人『現代の金融入門　新版』ちくま新書，2010

・M.ウルフ『シフト＆ショック　次なる金融危機をいかに防ぐか』早川書房，2015

・深尾光洋「金融・財政システム危機の発生メカニズムと予防・対処方法」『巨大災害・リスクと経済』澤田康幸編，日本経済新聞社，2014

・復興庁（2014）「被災地での55の挑戦―企業による復興事業事例集 vol.2」26年3月

研究課題

1．プルーデンス政策としての事後的な措置が整い，長期にわたって経済危機が生起しないと，事前的な措置について緩和するような要望が拡がりがちになる。ウルフ（2015）を読み，リーマン・ショックを帰結したアメリカの金融行政を例に，プルーデンス政策のあり方について検討しなさい。

2．大震災からの復興においては，公的な支援は基本的に当初における衣食にかかわる支援物資の供給から，仮設住宅と復興住宅の建設と維持までにとどまるとされてきた。それゆえ「個人の生活再建」には公的支援が不足していたが，阪神淡路大震災で「復興基金」を利用する金銭的支援，東日本大震災ではNPOを活用するサービスが加わった。それでもなお焦眉の課題とされているのが，復興過程におけるコミュニティーの断裂である。神戸市長田区においては既存の商店が高層ビルに入居したものの，顧客のコミュニティーが再生せずシャッター通り化しており，東日本大震災の被災地でも復興住宅の人間関係に適応できない入居者が少なくないとされる。非物的な人間関係としてのコミュニティー再生に向けて，経済政策にできることがあるだろうか。

検討しなさい。

3．ハイエクの考える金融緩和の弊害は，実物的な需要が高まったわけでもない部門が融資を受けることにより誤投資し，金融引き締め時にはその設備を整理しなければならなくなるというものである。2020年の日本では新型インフルエンザが引き起こした景気悪化に際して様々な支援が資金援助の形で講じられたが，この施策が有効であった場合と，実物部門に資源配分の歪み（誤投資）を引き起こした場合があると思われる。具体例を挙げて議論しなさい。

12 | 国際経済政策

1. 自由貿易がもたらすもの

国際経済の分野においても,「効率―公正」モデルにもとづく経済政策が「不確実性・社会的規制」による経済観と厳しく対立する。「効率―公正」モデルから見れば自由貿易は,リカードの比較優位説が主張するように,効率的に経済厚生を高めるという理由で必要とされる。そして日米構造協議,WTO(世界貿易機関:World Trade Organization)やTPP(環太平洋戦略的経済連携協定)にいたる国際経済協議において,自由貿易を阻害し経済厚生の向上を妨げる要因の撤廃が唱えられてきた。しかし「効率性」や「経済厚生」を名目とする国際経済の自由がもたらしたのは,国際的な金融危機の波及であり,国内の社会的規制をも解除させようとする外交圧力であり,それを理由とする消費者の安心への脅威であり,企業や富裕層による租税回避行為であった。国際経済はどうあるべきものなのだろうか。

<比較優位説>

まず,自由貿易を正当化するためのもっとも基本的な論理である「比較優位説」の説明を見てみよう。D.リカードによれば自由貿易は,各国の技術的な比較優位性を背景とし,双方が有利になるために行われるべきものである[*1]。彼が述べた主旨を簡単な数値例で述べてみる。生産要素として労働だけがあり,ポルトガルとイギリスの二国がワインとラシャ(毛織物)の二財だけを製造しているものとする。イギリスはラシャ1単位製造に100人,ワインには120人,ポルトガルはラシャに90人,ワインに80人の労働を使う技術を持つとしよう。

---

*1 D.リカード,羽鳥卓也,吉沢芳樹訳(1987)『経済学および課税の原理』上・下,岩波文庫(David Ricardo, "On the principles of political economy, and taxation" 1817)

（図12-1）　比較優位説

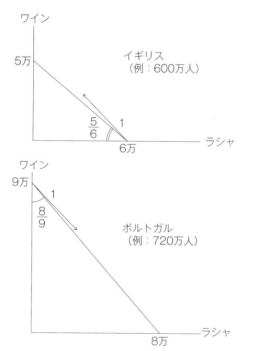

	ラシャ	ワイン
イギリス	100	120
ポルトガル	90	80

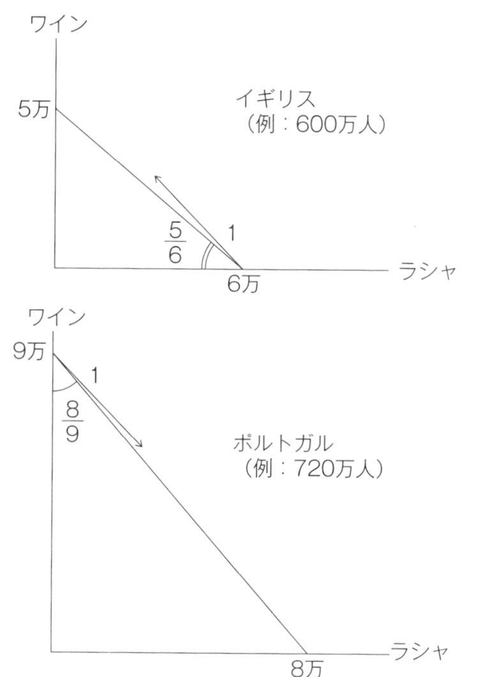

この場合，イギリスは両財ともポルトガルよりも生産性が低くなっている。ラシャ，ワインともに，１単位製造するためにより多くの労働者を必要とするからで，絶対的な劣位にあるとも言える。このときイギリスは国際競争力が低く，いずれの商品もポルトガルに買ってもらえなさそうに思える。そうした考え方が「絶対優位説」である。その絶対優位説を覆したのが，リカードの比較優位説であった。

仮に両国の労働人口が，イギリスは600万人，ポルトガルは720万人だとしてみよう。ここでイギリスがワイン醸造に特化し，ラシャ造りをやめるとすると，5万単位のワインを生産することができる。逆にラシャ造りに特化すれば，6万単位を生産できる。特化しないとすると，図12-1の線分が，イギリスにおいて両財の生産が可能となる組み合わせとなる。図中の三角形の内部は輸出入のない閉鎖経済におけるワインとラシャの生産可能領域である。ポルトガルでは9万単位以下のワインと8万単位以下のラシャの組み合わせが生産＝消費可能な三角形であり，閉鎖経済ではその内部で生産および消費が行われている。

ここで両国がワインとラシャを1対1の比率で交換（貿易）するとしよう（ちなみに交換比率は5/6から9/8の間であれば，どれだけであっても双方の国が両財の消費範囲につき有利化する）。イギリスはラシャ造りに特化すれば，6万単位生産して，一部を輸出できる。ラシャをワインと1対1の比率で交換するので，貿易後はたとえばラシャを5万単位，ワインを1万単位消費できる。このときイギリス国民が消費しうる領域は，図中の矢印のように拡張される。一方，ポルトガルはワイン造りに特化して9万単位のワインを生産，そのうち1万単位のワインを輸出すれば，8万単位のワインと1万単位のラシャを消費できる。このときポルトガル国民が消費できる領域は，やはり図中の矢印のように拡張される。このとき両国とも，閉鎖経済時に消費しえた三角形よりも外側で消費できている。貿易を始めたことにより，閉鎖経済よりも消費可能領域を広げることができたのである。

両国が貿易で有利になるのは，生産性に相違があることを理由としている。閉鎖経済での生産性比率は，ワイン対ラシャでイギリスが5対6に対し，ポルトガルが9対8と異なっている。比率が異なっている限り，比較して技術的に優位にある財の生産量を増やし，劣位にある財の生産量を減らした上で貿易に臨むと，両国とも消費可能領域を拡げることができる。ここでは消費者が得をするから両国は貿易に賛成するということになっているが，それに際して比較劣位にある産業は撤退し，生産要素である労働を比較優位産業（イギリスのラシャ，ポルトガルのワイン）に移動させて生産の特化を行っている。なかでもポルトガルのラシャ産業は，生産性においてイギリスに比べ絶対優位にあるにもかかわらず，廃業することになっている。これには同国のラシャ業者は容易には納得がいかないのではないだろうか。ポルトガルのラシャ業者は，自国の消費者の求めとはいえ，自分よりも生産性の低いイギリスのラシャ業者に生産を委ねるのである。この場合，利害が対立しているのは両国のラシャ業者ではなく，ポルトガルにおいてラシャ業者にものづくりへの情熱を断念させる消費者の欲望であり，それを比較劣位に置いた同国のワイン醸造技術である。

ここから何が言えるだろうか。F. リストの主張はすでに紹介したのでそれ以外に触れると，1つに，リカードのモデルではラシャ職人からワイン職人への転職は容易で，労働者に可塑性があると暗黙のうちに前提されている。可塑性（malleability）とは，労働や資本といった生産要素が特定の用途に固定されず，費用や時間をかけずに他の用途に転用されうることである。比較劣位にある産業が自由貿易で廃業になっても必ず全体としての経済厚生が向上すると言うのは，転職が苦にならないと想定されているからである。

日本で自由貿易により衰退した産業と言うと，戦後に石炭から石油へとエネルギー革命が起きた際，炭鉱が1950年代後半から閉山になっていったことが挙げられる。このとき日本政府は石炭産業を無理に保護するのでなく，炭鉱夫の離職者支援を講じた。けれども比較優位産業に移動できるのは若者に限られ，高齢者は行き場がなくなっていた。石炭産業の労働者は失業し，慣れ親しんだ住まいや地域文化を棄てて移動するという苦痛も背負わされた。そこで職の多い都会だけでなく地方都市へも広域的に転職を支援したり，離職者の追跡訪問までも手厚く行った[*2]。現実の人間には経済学が想定するような可塑性は乏しく，住み慣れた自然や社会と別れ，手に付けた職を変えるのは，とりわけ高齢者にとって困難である。TPP によって農業が衰退を余儀なくされるとすれば，離職についての補償や支援を配慮すべきであろう。

＊2　嶋崎尚子（2013）「石炭産業の収束過程における離職者支援」『日本労働研究雑誌』December, 2013。一山として最大の解雇者が出たのは，福島県いわき市の常磐炭礦磐城鉱業所の4,702人（1971年閉山）。

2つには，現実に撤廃されるのは関税という経済的規制だけでないということである。自由貿易は輸出入がもたらす経済厚生にのみ焦点を当てて支持されるが，撤廃を要請されるのが各国の社会的規制であることはまれではない。リカードの想定では，自由貿易は双方が有利になるのだから，双方の国が自発的に貿易を開始しそうなものである。けれども19世紀の現実を振り返ると，自由貿易は合理的だから世界に受容されたというよりも，イギリスが強大な軍事力によって脅迫し，押しつけたという印象がある。

軍事力による脅しをともなう自由貿易は，「帝国主義（imperialism）」と呼ばれる。19世紀には，蒸気船・鉄道・運河・電信等の発明により貿易に要する取引費用が下がった。ところがイギリス人は清国の茶や陶磁器・絹に魅せられながらも，輸入超過が続いていた。清国民が欲する物産を持ち合わせなかったからだ。そこでイギリスが清に持ちこんだのが，植民地のインドで栽培したアヘンだった。

中国では明代末からアヘン吸引の悪弊が広まり，清代になると1796年を始めとして何回も輸入禁止令が発せられ，それでも密輸入は止まらなかった。そしてイギリスは1839年に清とアヘン戦争を開戦，1842年に勝利すると，文化における先進国だった清国はアヘン漬けになり，弱体化していった。アヘン戦争は，清英間に不平等条件のもとでの自由貿易を強いるとともに，アヘン禁制という清国における社会的規制を破壊したのである*3。4年後の1846年，イギリス議会はリカードの悲願だった穀物条例（保護関税）の撤廃を国内で実現する。さらに1854年にはアメリカからペリーが黒船を率いて日本に来港，4年後には駐日総領事のハリスが不平等な日米修好通商条約を結んだ。

現代では，軍事力によるあからさまな脅迫は行われなくなった。そして現在の日本では，TPP で GDP がどれだけ増えるかという内閣府の試算*4が国民への説得に使われている（13.6兆円増）。それは一国全体の

*3 K.ポメランツ，S.トピック（2013），福田邦夫・吉田敦訳『グローバル経済の誕生』筑摩書房（Kenneth Pomeranz and Steven Topik, M.E. Sharpe “The world that trade created: society, culture, and the world economy, 1400–the present”, 1999）

経済厚生の拡大を示唆するものではあるが，国民の安全にかかわる社会的規制，たとえば遺伝子組み換え農産物の表示義務については米大手のモンサント社が日頃撤廃を主張し，アメリカの政府機関に同社関係者が就いているとの報告があるものの[*5]，TPPは秘密交渉であるため，交渉内容は開示されていない。

さてリカード没後に，比較優位性が生じる理由を，労働と資本という複数の生産要素にかんする賦存量の相違によって説明したのがE. F. ヘクシャーとB. G. オリーンである。「ヘクシャー＝オリーンの定理」によれば，ある国が外国に比べて資本が豊富で労働を稀少とするとき，その国では資本集約的な産業に比較優位がある。日本を連想するようなその国では，貿易の自由化とともに資本集約的な産業に特化し，労働集約的な産業は衰退して，生産要素（労働および資本）は資本集約産業に移動してゆく。ただしこの定理の含意は，労働集約的な農業が衰退するとしても，農業のすべてが衰退するということではなかろう。資本集約的すなわち機械化された農業には生き残る可能性があり，実際に最近では工業部門からの農業への参入が活発化している。

けれどもこうした発想は，生産要素として労働と資本設備だけを想定するにとどまっている。本源的生産要素として労働以外に自然や文化があるとすれば，自然や文化が豊かな国ではそれを生かした農業，すなわち自然農法や，伝統農法が育んだ文化を生かす農業が比較優位となる可能性もあるはずだ。自然農法については第14章で触れるとして，後者については国連食糧農業機構が，伝統農法や風景・文化・生物多様性において貴重な62地域を「世界農業遺産システム（GIAHSジアス；Globally Important Agricultural Heritage Systems）」として認定していることを指摘しておこう。日本では，能登の里山里海，長良川の鮎，高千穂郷・椎葉山の山間地農林業等，11地域が選ばれ，ツーリズムが盛んに

＊4　内閣官房TPP政府対策本部（2015）「TPP協定の経済効果分析について」。自民党がTPP推進意欲を鮮明にするにつれGDP増加効果についての試算が4倍に拡大したことについての批判は鈴木宣弘（2016）『悪夢の食卓』KADOKAWA参照。
＊5　マリー＝モニク・ロバン（2015），村澤真保呂・上尾真道訳『モンサント―世界の農業を支配する遺伝子組み換え企業』作品社（Marie-Monique Robin “Le Monde selon Monsanto,” 2008）

なっている。

2. 国際収支；モノの流れと資金の流れ

「日本は貿易国であり，輸出で稼いでいる」とか「石油の輸入が増え貿易収支が赤字になっているので原子力発電所を再稼働しなければならない」と主張されることがある。貿易収支が黒字であること，すなわち輸入よりも輸出が多いことが自国にとっての国益だ，といった理解がその背面にはある。この考え方についても検討してみよう。

国内総生産をY，輸出をX，輸入をM，消費をC，投資をI，政府支出をGとすると，一国のマクロ・バランスは以下の式になる。

$$Y = C + I + G + X - M$$

この中のX－Mの部分が貿易・サービス収支であり，これは国民所得で言えば需要項目だから，それが増えれば総需要が増えて景気がよくなるかに思える。それが，日本は貿易立国しているとか，貿易収支は黒字であるべきだといった主張の背景となる考え方であろう。しかし奇妙なことに，Xが増えYが増大するとYの関数と目される輸入Mも大きくなるから，貿易収支は減る可能性がある。Xが増えたからといって，X－Mという貿易収支の黒字が拡大するとは限らないのだ。

さらに重要なこととして，この式では隠されている資金の流れがある。

$$X - M = Y - (C + I + G) = (Y - T - C) - I + (T - G) = (S - I) + (T - G)$$

において，Tは租税，Sは国内総生産に相当する国民所得のうち租税と消費に支出されなかった部分つまり民間貯蓄である。モノの面で見ると，国内でC+I+Gで消化されなかった部分で海外で買われたのが貿易収支X－Mである。けれどもそれを，資金の面でいえば，収入のうち支出し切らず残された資金である民間の貯蓄・投資差額と政府の財政黒字が，海外に貸し付けられたことに相当している。その意味を理解するために，国際収支表を見てみよう。

貿易したり海外で所得を得たりするとして，その全体を記録するのが国際収支表である。国際収支表は複式簿記の原理にもとづいて，ある国に生活の本拠地がある「居住者」が，外国にある「非居住者」との間で行った一定期間内の取引の収支（受取と支払い）を計上するものである[*6]。日本の国際収支表は近年のヘッジファンド等の動きを明確にするために，2014年１月に表記が変更されている。

国際収支は「経常収支」と「資本移転等収支」，「金融収支」と誤差脱漏からなっている。「経常収支」は財の輸出と輸入の「貿易収支」，サービスの輸出と輸入の「サービス収支」，主に利子配当の純受取である「第一次所得収支」，食料や薬品等消費財の無償援助や国際機関への金銭拠出の受取額である「第二次所得収支」を含む。

「資本移転等収支」は外国政府への債務免除や社会資本への無償資金援助等。「金融収支」は外国資産の増減で，うち「直接投資」は外国企業の株式（10％以上）や海外不動産の取得，「証券投資」は株式や証券の取得，「金融派生商品」は金融派生商品の取得，「外貨準備」は政府・中央銀行が保有し外国為替市場で介入するのに用いられる金や外貨である。経常収支と資本移転収支は，資金の流れで見れば流入，金融収支は流出を示している。そこで次式が成り立つ。

国際収支＝経常収支＋資本移転等収支－金融収支＋誤差脱漏
＝(貿易収支＋サービス収支＋第一次所得収支＋第二次所得収支)＋
資本移転収支－（直接投資＋証券投資＋金融派生商品＋外貨準備）
＋誤差脱漏

新表記による2005年から2013年までの国際収支表は，（表12-２）になる。

数字の動向からすると，貿易収支は2011年から石油の輸入増，日本企業の海外工場からの輸入などで，赤字に転じている。しかしこれまでに

＊6　日本で働いている外国籍労働者や外国法人の日本支社は「居住者」，外国に旅行中の日本人も生活の本拠地が日本であるため「居住者」である。一方，日本法人の海外支社や訪日外国人観光客は「非居住者」である。

（表12-2） 国際収支表

暦年	2005	2006	2007	2008	2009	2010	2011	2012	2013
経常収支（a+b+c）	18.7	20.3	24.9	14.9	13.6	19.1	10.1	4.7	3.2
(a)貿易・サービス収支	7.7	7.3	9.8	1.9	2.1	6.6	-3.4	-8.3	-12.3
貿易収支	11.8	11.1	14.2	5.8	5.4	9.5	-0.3	-4.3	-8.8
輸出	63.0	72.0	80.0	77.6	51.1	64.4	63.0	62.0	67.8
輸入	51.2	61.0	65.8	71.8	45.7	54.9	63.3	66.2	76.6
サービス収支	-4.1	-3.7	-4.4	-3.9	-3.3	-3.0	-3.0	-4.0	-3.5
(b)第一次所得収支	11.9	14.2	16.5	14.3	12.6	13.6	14.6	14.1	16.5
(c)第二次所得収支	-0.8	-1.2	-1.4	-1.4	-1.2	-1.1	-1.1	-1.1	-1.0
資本移転等収支	-0.5	-0.6	-0.5	-0.6	-0.5	-0.4	0.0	-0.1	-0.7
金融収支	16.3	16.0	26.4	19.2	16.2	22.3	13.2	4.9	-1.6
直接投資	5.2	7.0	6.0	8.9	5.7	6.3	9.3	9.5	13.0
証券投資	1.1	-14.8	-8.3	28.8	20.5	13.2	-12.9	3.2	-25.5
金融派生商品	0.8	-0.3	-0.3	-2.5	-0.9	-1.0	-1.3	0.6	5.6
その他投資	6.8	20.4	24.6	-19.2	-11.6	0.0	4.4	-5.3	1.4
外貨準備	2.5	3.7	4.3	3.2	2.5	3.8	13.8	-3.1	3.9
誤差脱漏	-1.8	-3.7	1.9	4.9	3.1	3.6	3.1	0.3	-4.1

（備考）① 合計は四捨五入により合わないことがある。
② 金融収支のプラス（+）は純資産の増加，マイナス（－）は純資産の減少を示す。
③ 経常収支＋資本移転等収支－金融収支＋誤差脱漏＝0
④ 第一次所得収支は従来の所得収支に対応する。また第二次所得収支は従来の経常移転収支に対応する。

出所：深尾光洋（2014）「改定国際収支統計の見方」日本経済研究センター

海外に投資した資産からの収益である第一次所得収支が，それを上回る黒字額となっている。そのせいで，2013年においても経常収支は黒字を維持している。第二次所得収支および資本移転等収支がマイナスであるのは，日本が発展途上国に援助を行っているからである。誤差脱漏は，国際収支がゼロになるように決められる。そこで

経常収支＋資本移転等収支－金融収支＋誤差脱漏＝0

上式で資本移転等収支と誤差脱漏を無視すると，経常収支と金融収支は一致する。経常収支の黒字が金融収支の黒字に対応するのである。金融収支の黒字とは，貯蓄が国内では投資へと有効に使われないときに海外に振り向けられること，すなわち資本が移動するということである。

経常収支の黒字が必要という発想は，モノが売れるという面だけを見ると出てくるのだが，その背後では国内で使い切れない資金を外国に貸し付けるという意思決定も行われている。経常収支の不均衡は国際的な資金の貸借でもあるのだ。金を借りるにしても有効に使いそのうちに返せばよいだけであり，貸す額のX－Mが大きい方がよいとは言い切れない。

(表12-3)　主要国の対外純資産

国	対外純資産	国	対外純資産
日本	325兆70億円 (平成25年末)	日本	341兆5,560億円 (平成30年末)
中国	207兆6,101億円 (平成25年末)	ドイツ	260兆2,760億円 (平成30年末)
ドイツ	192兆2,121億円 (平成25年末)	中国	236兆779億円 (平成30年末)
スイス	103兆5,786億円 (平成25年末)	香港	143兆4,516億円 (平成30年末)
香港	80兆8,232億円 (平成25年末)	スイス	99兆5,142億円 (平成30年末)
ロシア	11兆5,042億円 (平成24年末)	カナダ	42兆9,458億円 (平成30年末)
カナダ	2兆6,409億円 (平成25年末)	ロシア	41兆1,110億円 (平成30年末)
英国	▲3兆6,801億円 (平成25年末)	イタリア	▲8兆7,573億円 (平成30年末)
フランス	▲50兆4,050億円 (平成24年末)	英国	▲20兆926億円 (平成30年末)
イタリア	▲67兆7,320億円 (平成25年末)	フランス	▲33兆9,869億円 (平成30年末)
アメリカ合衆国	▲482兆112億円 (平成25年末)	アメリカ合衆国	▲1,076兆9,500億円 (平成30年末)

財務省資料
http://www.mof.go.jp/international_policy/reference/iip/2013_g4.pdf

(注) 1．日本以外の計数は，IMFで公表されている年末の為替レートにて円換算。
2．一部中東諸国等については計数が公表されていない。
(出所) 日本：財務省資料，英国：英国統計局資料，その他：IMF資料

むしろ注意しなければならないのは，フローとしての経常収支の黒字が蓄積するとストックとしての対外純資産になるという点であろう。日本は世界一，対外純資産を保有している国である。一見したところ，対外純資産が蓄積されれば豊かになるように思えてしまう。これも経常収支の黒字が望まれる理由であろう。2013年末で日本の対外純資産は325兆円であり，中国・ドイツが続いている。それ対してアメリカは482兆円のマイナスである。それではアメリカ人は不幸だろうか。

実は，アメリカは基軸通貨国であり対外債務を自国通貨のドルで支払うので，ドル高になろうがドル安だろうが，為替レートの変化は痛みを伴わない。ところが日本の場合，世界最大の債権国でありながら，対外債権は債務国の米ドルで保有している。それゆえ自国通貨の円が強くなり円高になると，自国の対外債権の価値が下落するという為替リスクを抱えている。日本は経常収支の黒字によって対外債権を増やし続けながら，一方で円高によりその価値を減じてもきたのである。これは日本人がいくら働いても豊かになったという実感を持てない原因の一つであろう。

歴史的にもこれは例外の現象で，1870年から1914年までの金本位制下のイギリスにせよ，戦後に債権国であった頃のアメリカにせよ，対外債権は自国（ポンド，ドル）建てで保有していた。それゆえ経済が成長し通貨も強くなるほどに，対外債権の価値は増大していったのである。現在，中国が基軸通貨国になることを望んでいると伝えられるのも同じ理由であるだろうし，ドイツはユーロを単一通貨としてからはマルク高に悩まされなくなった。

しかも現在のアメリカの場合，経常収支の赤字が累積すればゆくゆくは破産しそうにも思えるが，そうなる気配はない。アメリカは，確かに対外総資産と対外総負債の差額である純資産はマイナスである。ところがなんと，対外総資産の運用で巨額のキャピタル・ゲインを得ているのである。それが対外総負債の利子支払いを大きく上回っているため，所得収支がプラスになっている*7。これはアメリカが金融で立国しているということである。日本はものづくり大国を意識し，経常収支の黒字を目指しているのだが，一方で資本移動の成果は生かし切れていない。国際金融の面でも，大国とならねばならないのである。

3. 通貨制度の変遷

＜金本位制＞

このように国際経済を考える際にはモノの動きだけでなく資金の動きにも目を向ける必要があり，さらにどの通貨で決済が行われているのかも配慮しなければならない。そこで異なる通貨を相互に交換するための国際通貨制度がどのようなものであるのかが重要になる。

まず19世紀から20世紀の前半にかけ機能したのが「金本位制」である。イギリスでは1816年に「金本位法」が発布され，金地金を鋳造したソブリン金貨をもって本位貨幣と定めた。当時のイギリスでは多くの銀行が銀行券を発行しており，鋳貨と多種の銀行券が流通していた。それらは一定重量の金との交換（兌換）が義務づけられており，これを金本位制と言う。イギリスでは当時，銀行券の発行が自由裁量に任されており，インフレーションが起きたため，銀行券の発行量を管理することが必要とみなされた。そこで1844年の「ピール条例」で，それまで一民間銀行でしかなかったイングランド銀行がスターリング・ポンドの発行を独占することとなり，それ以外の銀行券は回収された。こうしてイギリスの通貨量は，イングランド銀行が保有する金地金量によって厳格に規制されることになったのである。

金本位制を採用する各国の通貨は，金を媒介して交換比率が固定された。英米両国が純金１オンスとxポンド，yドルという法定相場で金を売買するならば，１ポンド＝y/xドルという等価関係が成り立ち，これが金平価となる。金本位制は，国際通貨制度としては固定相場制であった。

金本位制には，さしあたり三つの機能が期待された。第一は，通貨の

＊7　岩本武和（2012）『国際経済学　国際金融編』ミネルヴァ書房

発行量を金保有量に裏づけさせることを通じた通貨価値の安定である。

第二は，国際収支を自動的に調整することである。貨幣数量説が成り立つとすれば，物価水準は通貨量が増えれば上がり，減れば下がる。とすると国内に金が多くなれば通貨が増え，物価が上昇する。その結果，輸出品の価格が上がるから，輸出量が減少する。貿易収支が赤字に転じると，金は決済に用いられて国外へ流出していく。それに伴い通貨が減ると物価は反転して下落に向かい，やがて輸出が容易になり，金が流入してくる。貨幣と物価はこのように一巡する関係にあるとされ，「正金配分の自動調節機構」と呼ばれた。

この国際金本位制においては，金が流出（流入）したからといって中央銀行が通貨をより多く（少なく）発行して補う，つまり不胎化することは許されない。それがゲームのルールであった。

第三には，経常収支と金融収支の均衡が期待される。貿易収支が黒字になったとき国内の通貨量は増えるから，国内の利子率が下がるだろう。そこで資金が自国からより利子率の高い国へと移動すると，金融収支は黒字に向かう。国際金本位制のもとでは資本移動は自由であり，それによって経常収支と金融収支が一致したのである。

このような国際金本位制は1914年に第一次大戦が勃発するといったん崩壊したが，もともとのメカニズムにも矛盾が潜んでいた。なにより，金が流出して物価が下がるデフレ期には，不況から国民は中央銀行に金融緩和を求める。それは不胎化政策をとるということでありルール違反なのだが，大国として力を付けつつあったアメリカが1920年代に率先してそれを行ってしまった。大国であっても国際経済のルールを国内経済に優先させることはできなくなっていたのだ。また19世紀後半にはドイツも経済発展を遂げ，世界経済の規模が拡大していたが，金の存在量はそれとテンポを合わせては増えなかった。それゆえ先進国は慢性的に通貨不足になやまされ，金本位制から次々に離脱していった。

<ブレトン・ウッズ体制>

第二次大戦も終盤にさしかかった1944年，アメリカのブレトン・ウッズで連合国の通貨会議が開催された。戦後の経済秩序のルールをなすIMF 協定が結ばれたのである。主な制度は3つあり，第一は金・ドル本位制度であった。アメリカは諸外国が保有するドルと金の兌換に応じるものとし，金ドル平価を1オンス＝35ドルと定めた。ドルは高い信用を有し，国際通貨として諸外国に保有されていった。

第二は固定相場制だった。IMF（国際通貨基金）の加盟国は自国通貨と金との交換比率を定めており，それはドルとの為替相場を固定することでもあった。たとえば円建ての為替レートは1ドル360円に固定されていたが，ドルが売られる円高圧力がかかるときは，政府・日銀がドル買いの介入をして，レートを360円に止めなければならなかった。

しかしここまでだと，金本位制と本質的な違いはない。固定相場制であり，かつドルを介してはいたが金本位制でもあったからだ。大きいのは第三点で，大恐慌への反省から各国の資本移動は厳しく規制された。さらに貿易のルールの設定や執行には，かつての帝国主義のような軍事力によってではなく，IMF や世界銀行，GATT（関税と貿易に関する一般協定）といった多国間主義で運営される国際機関が当たることになった。それらはアメリカや他の大国の影響下にあったが，ある程度まで独立していたのも事実である。IMF の加盟国は一定の割り当てで金と自国通貨を出資し，各国はこの基金から，割当額の2倍までの範囲で資金を借り入れることができた。

GATT は1947年から95年までの間に8回の多角的貿易交渉を行い，輸入制限の撤廃や輸入関税の引き下げに尽力した。けれども一方では，企業統治のあり方や労働市場慣行，財界と政府の関係や社会福祉の仕組みにつき，各国にそれぞれ独自の国内政策を敷く余地を与えていた。日本でも証券と銀行の分離など，金融市場には規制が多く設けられ，日銀・大蔵省の管理下にあった。

けれどもこの体制も，根本的な矛盾をはらんでいた。貿易が世界中で拡大すると国際通貨であるドルの供給も拡大しなければならないが，それがアメリカの金保有量の限界を超えればドルの信認が低下するという矛盾（「流動性のディレンマ」）である。実際，アメリカは1960年代末にはベトナム戦争の泥沼から財政赤字および経常収支赤字となり，米ドルが海外に供給された。それが金の引き出しにもつながって，1971年にニクソン米大統領は金とドルの交換停止を宣言した。その結果，ドルの価値が大幅に下落することになり，ブレトン・ウッズ体制は崩壊した。

＜変動相場制＞

ブレトン・ウッズ体制の崩壊以降，日本を含む多くの国で採用されているのが変動相場制である。1980年代から金融自由化が進み，資本移動も自由になった。暫定協定（agreement）であったGATTは1995年に発展解消し，常設機関としてWTO（世界貿易機関）が設立された。その基本原則は自由（関税引き下げ，数量制限の原則禁止），無差別（最恵国待遇・内国民待遇），多角的通商体制（多国間での協議）で，物品の貿易だけでなくサービス・金融・情報通信から知的財産権に及ぶ通商ルールを決め，運用するものとされている。

当初，変動相場制に加えて資本移動の自由が拡がると，貯蓄が海外で効率的に配分されると期待された。ところがそうした期待とはうらはらに，金融危機や通貨危機が頻繁に起きていった。国内市場にかんしては，経済危機が起きたとしても最後の貸し手やセーフティ・ネット等が用意されている。銀行に対する自己資本規制にはバーゼルⅠ(1988)，バーゼルⅡ(2004）とより厳しい内容が国際的に課されていた。ところがアメリカの対外総資産は，規制が及ばず情報も開示されないシャドーバンキングを中心に，国境を越え運用されていた。シャドーバンキングの暴走は，サブプライム・ショックの発生をもたらした。

輸出では，為替差損が生じると巨額の損害が出る。それだけの利益を実業で上げるのには大変な努力を要するから，為替レートは中短期的に安定していることが生産計画にとって望ましい。ところが国際金融については，M.オブストフェルドらが「開放経済のトリレンマ」という否定的な見解を提示している。為替の安定，資本移動の自由，金融政策の有効性の3つは，両立しないと言うのである[*8]。

多くの先進国が採用している変動相場制においては，金融緩和すれば

（図12-４）　開放経済のトリレンマ

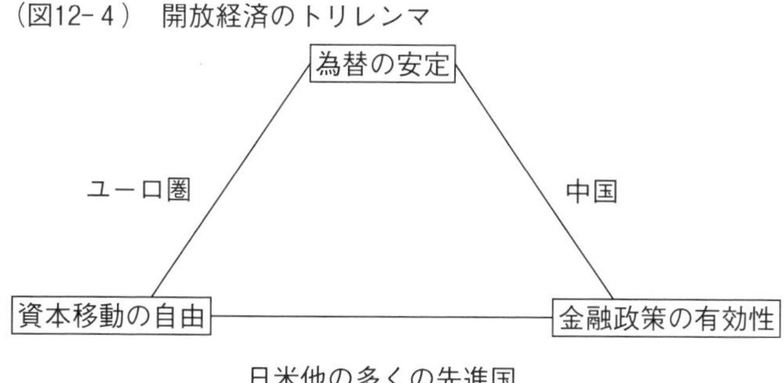

国内金利が下がり，設備投資増を通じて国民所得が増えることが期待される。ところが資本移動が自由だと，国内の低金利を嫌って資金は海外に流出するため自国通貨安になり，輸出が増えていっそう所得が増える効果がある。つまり金融政策が資本移動の自由のもとで国民所得増に有効であるには，為替の安定は放棄されざるを得ないのである。

一方，ユーロのような単一通貨圏では，各国通貨を廃止したため，加盟国間では為替の不安定性という問題は根本的に取り除かれた。けれども自国通貨による金融政策を放棄しているため，自国では不況で金融緩和したいとしても，欧州中央銀行がインフレ懸念から引き締めに回る可能性がある。こちらは為替の安定と資本移動の自由を満たす反面，金融政策が使えない。

またブレトン・ウッズ体制や現在の中国のように，為替を安定させつつ金融政策を有効にするには資本移動を部分的に規制しなければならなくなる。

以上からすると，資本移動が自由である限りで金融政策を有効にしようとすれば為替は不安定になる。資本移動の自由と為替の安定を求めるならば金融政策は放棄しなければならない（EU）。為替を安定させつつ金融政策を有効にするには資本移動をなにがしか規制しなければならない。このトリレンマからすれば，完璧な国際通貨制度は存在しないこと

＊8　Obstfeld, M, Shambaugh, J.C., and A.M. Taylor (2004), "The Trilemma in History: Tradeoffs among Exchange Rates, Monetary Policies, and Capital Mobility," NBER Working Paper, No.10396, March.

になってしまうのである。

さらに言うと，こうした通貨制度のトリレンマとともに各国経済の背景にある体制にもトリレンマが存在すると見る論者もある。唯一の経済体制が万能であれば世界中がそれを導入すべきであり，グローバリズムはそうした観点から推し進められてきた。ところがトリレンマを前提すれば，制度に普遍性を求めるのは幻想にすぎないことになる。次章でそれを確認しよう。

参考文献

・岩本武和（2012）『国際経済学　国際金融編』ミネルヴァ書房
・M. Obstfeld, J.C. Shambaugh and A.M. Taylor（2004）“The Trilemma in History: Tradeoffs among Exchange Rates, Monetary Policies, and Capital Mobility,” NBER Working Paper, No.10396, March.
・鈴木宣弘（2016）『悪夢の食卓』KADOKAWA
・K.ポメランツ，S.トピック（2013）福田邦夫・吉田敦訳『グローバル経済の誕生』筑摩書房
・D.リカード（1987）羽鳥卓也，吉沢芳樹訳『経済学および課税の原理』上・下，岩波文庫
・M-M.ロバン（2015）村澤真保呂・上尾真道訳『モンサント―世界の農業を支配する遺伝子組み換え企業』作品社

研究課題

1．経済学で貿易論においてはリカードの比較優位説が真っ先に教えられるように，自由貿易は経済の効率と厚生を高めると強調される。けれども現実の貿易史においては，帝国主義が支配した土地に見られるように自由貿易には血塗られた部分が少なくない。経済学ではなぜ光の部分だけが強調されてきたのか。ポメランツ＝トピック（2013）およびマリー＝モニク・ロバン（2015）を読み，考察しなさい。

2．貿易黒字であることを是とする主張には根強いものがある。けれども本章で述べたように，貿易収支を含む経常収支は対外純資産の増加になり，しかしそれが円高によって目減りし続けてきたことで日本人は豊かさを享受できずに来た。この点を改善するにはどのような対策が考えられるか。検討しなさい。

3．イギリスはユーロという単一通貨に参加していないだけでなく，EUという自由貿易圏からも離脱を決めた。その理由として，他国（東欧等）の労働者が流入することで低所得層が競争に晒されることが挙げられている。日本でも人口減少で移民を受け入れるべきとする主張があるが，実現すれば国内の非正規雇用がこれまで以上に固定化する可能性がある。外国人労働者が増え自国人の非正規雇用が増えても経済厚生が増進するというのは，どんな理屈で正当化できるか。議論しなさい。

第Ⅳ部　市場社会の変容と再生

13 市場と経済構造

1.「日本型経済システム」をどう見るか

自然や文化，人間は，市場経済にとっては生産要素に当たり，本来は商品ではない。それらが土地や文化，労働等として市場で取引されるには，土地利用や伝統文化の取り扱い，雇用制度などについて社会的規制が必要になる。それら社会的規制と経済的規制をゲームのルールとして行われる市場競争において各企業は，存否も不確実な需要を獲得しようと魅力的な財・サービスを提供している。そうした需要獲得に向けた努力の積み重ねが，市場社会を発展させてきた。ここまで述べてきた経済政策はそれをサポートするものであるが，日本にかんしては先進国として世界経済を牽引する立場にある現在，経済的規制は幼稚産業のような例外を除き撤廃されるべきである。

ただし経済活動が自由になると選択肢が拡がるため，不確実性が高まる。それに対し戦後の日本では，市場競争において自由の幅を狭めることで，不確実性を縮減していた。様々な経済的規制が，一般的ルールとしてではなく裁量によって適用され，それに連なるようにして業界内，企業集団内，企業内に無数の制度や慣行が張り巡らされていた。

終戦後，GHQ（連合国軍総司令部）によって民主化・自由化された日本経済は厳しい不況にさらされた。しかし朝鮮戦争を経て高度成長期に入ると，市場における自由の幅を狭めるようにして，次第に「日本型経済システム」が醸成されていった。それは市場取引を，「構造」によって制限するものであった。「構造」とは制度・規制・慣行の総称で，制度は業界が取り決め，規制は経済的規制・社会的規制をふくめ政府が敷き，慣行は人々が自己を拘束するようにして自然発生させたものである。労働市場・土地市場・資本市場から成る生産要素市場や消費財市場には，それぞれ「構造」によって制約が加えられていた。「構造」は個別企業内や業界，系列，日本経済全体にとって共有資本であり，それは封建時代における自然村の「掟」を近代化の過程で変容させたものであった。

まず消費財市場には，政府によって様々な規制の網がかけられた。たとえば酒販店には，免許を持っている店主が半径何メートルに一軒しか営業できないといった「距離基準」や，人口何人当たりに一軒しか許可されないという「人口基準」といった規制が施された。これらは「過当競争」を抑制するという名目で施行された経済的規制（酒販免許制度）で，消費者側の選択の幅を狭めることにより，酒販店側に利潤を確保させた。

企業間においては，大企業が原材料を購入するにあたり特定の「下請け」企業と長期的に取引する「長期的取引慣行」が形成された。下請けは長い取引期間を通じて細かい注文や短期間での納品といった無理を聞く関係を作り上げ，大企業にとってはいったん始めた取引を継続することが合理的であった。長期的取引慣行は，依頼しても要望通りに応えるとは限らないという新規取引に付随しがちな不確実性を引き下げ，新規企業を探す費用を節約させた。

労働市場では大企業を中心に，新卒で一括採用した後は長期に雇用する「長期雇用制」が形成された。中途採用には熱心ではなく，雇用の流動性が低かったのである[*1]。さらに大企業では，昇進と賃金支払いとにかんして勤続年数に応じて基本賃金が上昇する「年功賃金制」が採られた。大企業で労働者が競争しなかったと言うのではない。競争はむしろ盛んで，40代になるまで昇進に差がつかないために諦めず頑張ることが強いられた。また雇用期間の前半では限界生産力よりも低い賃金しか与えられず終盤に高めの賃金で回収する給与形態であるため，定年以前に

＊1　2011年度版『中小企業白書』によれば，2006年の段階で日本の大企業は，数の上では421.0万社ある企業総数のうち1.2万社と0.3％にすぎないが，従業員数は総数4,013万人のうち1,229万人で，31％を占めている。

退職するとその時点で未払いとなっている賃金は回収できない。それゆえ40代で差がついたとしても勤続したのである*2。

戦前の財閥にかんしては終戦後にGHQによって岩崎家，三井家，住友家等の株式支配が解体されたが，高度成長期に企業の株式が企業グループ内で「相互持ち合い」されたこともあり，商社を中心として再結集し企業集団を形成した。株式市場で買い占められて乗っ取られないよう，集団内で信頼の置ける他企業と相互に株式を持ち合ったのである。そうした信頼は，乗っ取りという不確実性に備える費用を削減していたともいえる。

資本市場では，株式や証券といった直接金融よりも銀行による間接金融が企業経営を支配した。それぞれの企業集団には一行の都市銀行が存在し，各企業は主に融資を受けるその一行を「メインバンク」とした。和製英語で表記される「メインバンク・システム」である。しかも株式市場・証券市場が未成熟な高度成長期にあって，各企業は資本金を含む総純資産以上に「オーバー・ボローイング」(「オーバー」とは，理論上は資本金および企業内の設備・資産の総額を超える，の意）した。そして三菱銀行，住友銀行，三井銀行といった都市銀行は，メインバンクとして融資先の経営者の行動に注文をつけ，時には退任も求めるというガバナンスを行った。また家計は，株などのリスク性資産を買うよりも，銀行預金を通じて企業に融資していた。これを直接金融に対する「間接金融の優位」と呼ぶ。

さらに大蔵省は，金融機関を保護する制度として，ながらく「護送船

*2　年功賃金制は，成果給・能力給制度と比べて成果や能力を反映しないかのように言われることがある。しかし年功賃金制度を説明する理論の一つであるG.ベッカーの「人的資本理論」によれば，教育や訓練の結果として仕事能力が向上する。長期的に教育・訓練を行う費用は投資とみなされ企業と従業員が分け合い，その費用の分だけ若年期には賃金が抑えられるが，熟年期に能力が向上すると，投資の成果として教育・訓練を受けなかったよりも高い賃金を受け取る。またE.ラジアーの「契約の理論」でも年功賃金制には説明がつく。個人が雇用期間の前半で能力よりも低い賃金しか受け取らないのは企業に「預託金」を積むということで，後半に高い賃金を受け取ることでそれを引き出し，定年の時点で企業への貢献と賃金受け取りが均衡する。これらはともに年功制では長期的に成果や能力と賃金が一致すると説明するもので，それに比べると短期的に成果・能力と賃金の一致を求める成果給・能力給制は，短期的に雇用契約を解消することを前提にしているのであろう。
清家篤（2004)「年功賃金はどうなるか」『日本労働研究雑誌』No.525, April, 2004

団方式」を採った。金融機関のうち危機に瀕するものがあると，大蔵省が仲介して余力ある金融機関に合併などの支援をさせたのである。また日本銀行は窓口指導により，銀行からの融資先の割り当てにまで介入し，低利で企業に融資させるとともに，通貨供給量をコントロールした。

土地市場にかんしては，都市機能を向上させたり住環境を維持し景観を保護するために，都市計画法や建築基準法により無秩序な立地・建築を規制した。都市計画法は商業地・工業地など建物の用度について定め，さらに建築物の建坪率や容積率を規制した。建築基準法と併せると建築物の高さすなわちスカイラインが制限され，街並みを整えた。

1950年代からこうした構造（制度・慣行・規制）が積み重り，全体としての「日本型経済システム」が形成されたのである。大蔵省と日銀が金融機関をまとめ上げ，銀行がメインバンクとして大企業をガバナンスし，大企業は長期雇用制や年功賃金制によって労働者を長らく自社にと

（図13-１）　日本型経済システム

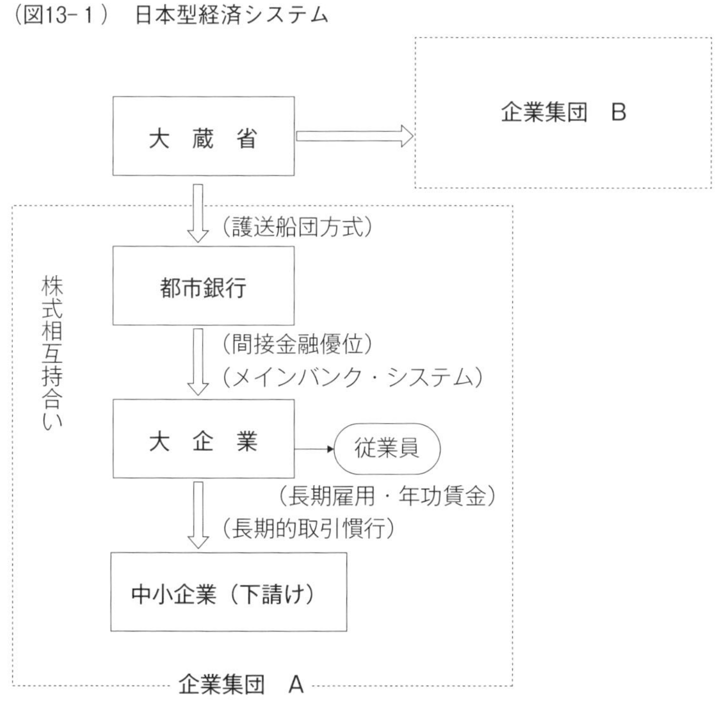

どめ，下請けとしての中小企業とも長期的取引慣行を維持した。末端の中小企業まで，労働と資本と土地を「構造」によって拘束したのである。こうした構造は，1970年代前半までには完成されていた。

第11章でも述べたように，大蔵省を中心とする「護送船団方式」は，金融市場においてプルーデンス政策の役割を果たした。「構造」についてはしばしば経済活動の自由と市場の効率性を奪うという面が強調されるが，それは不確実性を無視する見方によるものであり，「日本型経済システム」は全体として不確実性を縮減するものであった。

「日本型経済システム」のうち規制は官僚が管理したが，一方，政界を長期的に支配した自民党政権は，全国総合計画を策定しダムや高速道路といった社会インフラを全国に建設，中央政府から地方政府へ交付税交付金と補助金を移転させることによって，地方経済においても雇用を維持した。こうして日本経済は戦後半世紀の間安定したが，「政・財・官」が法と市場によってではなく「構造」と行政指導で結びつくという癒着ももたらした。1990年代に入りバブルを後始末する過程において，これらの「構造」は「改革」と称される一連の運動により解体されていった。

2. 分断された経済

1970年代半ばに高度成長期は終わったとされる。けれども1971年に金とドルの兌換を停止したニクソン・ショック以降，73年２月までに円が360円から308円に切り上げられ，さらに変動相場制に移行してからは比較的短い寄り戻しの時期を除いて，趨勢として円高となったため，ドルで表示すると日本経済の高度成長は1990年代まで継続した。その間，優良企業は設備投資を内部資金でまかなったり債務の返済を進めたりして，銀行離れを進めた。銀行による支配を嫌ったためで，部分的にはそのように「日本型経済システム」がきしみを見せていた。それが本格的に揺らぐのは，1980年代に始まった金融自由化と，1990年代半ばから着手されたバブル崩壊の後始末を通じてであった。表13-２に見られるように，

（表13-２）　バブル崩壊後のおもな景気対策（単位：兆円）

策定日	対策名	事業規模	うち公共事業	減税	金融政策
1992年３月31日	緊急経済対策				金融緩和
1992年８月26日	総合経済対策	10.7	6.3		
1993年４月13日	総合的な経済対策の推進について	13.2	7.2		
1993年９月16日	緊急経済対策	6.0	2.0		金融緩和
1994年２月８日	総合経済対策	15.3	4.0	5.5	
1995年４月14日	緊急円高・経済対策	4.6	3.9		金融緩和
1995年６月27日	緊急円高・経済対策の具体化増強を図るための諸施策				
1995年９月20日	経済対策―景気回復を確実にするために―	14.2	9.1		金融緩和
1997年11月18日	21世紀をきりひらく緊急経済対策				
1998年４月24日	総合経済対策	16.0	7.7		
1998年11月16日	緊急経済対策	24.0	8.1	6.0	

バブルが崩壊したと政府が宣言した1992年から金融危機が切迫した1998年までに，景気対策は公共事業だけで累計で100兆円を超える規模となった。深刻な不況に陥らなかったのはそれら公共事業の効果と想像されはするものの，顕著な景気浮揚効果があったとも言えず，財政政策には景気対策への効果が薄いという印象が残った。ここで銀行に蓄積された不良債権が問題視されるようになり，なかでも建設業・卸売業・不動産業は「不況三業種」と呼ばれた。

資本と労働について見てみると，まず資本は90年代の10年間で建設・卸小売り・不動産の不況三業種でシェアが3.0％から3.6％（建設），9.2％から10.9％（卸小売り），7.9％から10.7％（不動産）と積み増しされている。逆に資本収益率の高いはずの製造業では29.9％から26.2％へと減っていた[*3]。

また労働のシェアも，10.6％から11.1％（建設），18.7％から19.0％（卸小売り），1.6％から1.6％（不動産）へと横ばいか微増しており，対照的に労働生産性の高い製造業では26.3％から20.6％へと減っている[*4]。

＊3　櫻川昌哉「不良債権が日本経済に与えた打撃」『失われた10年の真因は何か』東洋経済新報社，2003。元データは財務省『法人企業統計季報』

資本と労働は，収益率の高い製造部門から低い不況三業種へと移動したのである。こうした趨勢は，ちょうど労働生産性の低い業種から高い業種に労働が移動した80年代とは逆であった。

問題は，こうした現象をどう解釈するかである。構造改革論では，これは「市場経済では本来起きえないことが起きている」と解釈した。資本や労働は効率的な分野でこそ生きるのだから，そちらに流入すれば経済は成長したはずなのに，逆に非効率な部門へと流入した。それは「異常事態」であり，それゆえ経済の潜在成長率が鈍化した，と解釈するのである。こうした「異常事態」は，公共事業という「カンフル剤」を打ち，不良債権処理を先送りにして不況業種を延命させたこと，また銀行が不良債権の存在を隠蔽するために「追い貸し」したことによって生じた，と理解された。

こうした考え方は小泉内閣（2001〜2006）の「構造改革」に結実するが，その前段階として，すでに1990年代から「日本型経済システム」における「政財官の癒着」への批判と，それゆえの政治改革・行政改革・経済改革が進行していた。まず「金のかかる中選挙区制が政治腐敗を生む」という考え方から，94年３月に小選挙区制の採用を含む政治改革４法が成立した。行政改革としては，製薬業界なら厚生省，電波・通信なら郵政省というタテ割り行政によって複数の省庁が同一の問題を別々に扱ってきたが，それは無駄であるとして，省庁は１府22省庁が１府12省庁に再編され，なかでも大蔵省は2001年に財務省と金融庁に分割された。

さらに規制は官僚の特権を生み，自由な経済活動や新産業の創出を妨げ景気回復の足かせになっているとして，緩和が実施された。たとえば酒販店の距離基準と人口基準は，それぞれ2001年，2003年に廃止されている。これは消費財市場にかかわる「構造」の改革である。

これらの改革は，先進国における「法の下の平等」にふさわしく，政財官関係の不透明性や癒着を排除することを目的としていた。裁量行政が行われた頃，銀行や企業は官僚の意図を知るために，過剰な接待を

＊4　櫻川，同。元データは内閣府『国民経済計算年報』

行った。金融行政における事前の窓口指導はそうした無駄をもたらしたが，金融庁発足以降は法律重視の事後チェック型に変更され，過剰接待は解消された。予算編成にしても，従来は査定当局である大蔵省主計局と予算を要求する各省庁・与党の各部会との間の折衝がどのような内容なのか詳細は不明だったが，会議直後に担当大臣が記者会見をし，数日後には議事録の要点が内閣府ホームページに掲載されるよう変更された。現在では議事録の全文も公表され，発言者までが特定されるというように，情報公開が進んでいる。

さらに経済改革としての小泉構造改革では，それまでの消費財市場における経済的規制の緩和のみならず，生産要素市場の「構造」，すなわち社会的規制の改革にまでも着手した。不良債権処理は，政府の「改革加速のための総合対策」(02年10月）に準じ，金融庁が金融検査マニュアルにのっとり，銀行に自己資本比率を規定値以上に維持させるという形で実施された。不良債権の処理を行う際の指針は，潰れるべき企業は潰し再生できる部分は再生すること，新しい事業の創造を支援すること，そして不良債権処理で失業や貸し渋りが起きた場合の対策としてセイフティーネットを充実することであった。こうして収益率が平均を下回っていた建設・卸流通・不動産に属する不振企業は，市場から撤退させられていった。不良債権の処理は不振企業を倒産させるが，企業とは労働・資本・土地という生産要素のかたまりであるから，「構造」を解体し，生産要素を市場へと流動化させる。小泉構造改革の核心は，収益率の低い産業を排除することを通じて生産要素市場における社会的規制を緩和することにあった[*5]。

その結果，労働市場では，長期雇用制は形を変えて残っているものの，雇用調整が定着した。そして年功賃金制にかわる成果主義も，様々な形で試された。非正規雇用の増大は，無視できない規模になった。

不動産市場にかんする構造改革は「都市再生」論と呼ばれ，不良債権と化した土地を流動化させようとした。建築物の高さ制限はスカイライ

＊5　松原隆一郎（2005)『分断される経済』NHK 出版，参照。

ンを一定に保ち良好な景観を作り出すものだったが，容積率がさまざまな手法により緩和され，不良債権として放出された跡地には，以前にはあり得なかった高さの超高層マンションが急激な速度で建設されていった。低層で容積率を限度ぎりぎりまで使い切っていない建築物については，未利用分を転売する「空中権」売買が可能とされ，購入した側はその分だけ高層階を持つようになった。東京駅周辺のビルが次々に高く改築されているが，それは低層である東京駅の空中権が販売されたからである。

資本市場の構造改革は，間接金融優位から直接金融優位への転換を目標とした。間接金融において銀行が企業に融資し事業が不振にさらされると，不良債権が発生する。対照的に直接金融では，株価が下がるだけである。これは株主にリスクを負担してもらうということだが，日本が後進国として先進国の技術を模倣することができた時代は終わり，先端技術の開発コストをみずから負担しなければならないのだから，直接金融優位へと金融システムを転換することは必然とされた。そして銀行は数が多過ぎる（オーバーバンキング）として政策的に整理され，都市銀行は次々に合併して，巨大銀行が誕生した。

その結果，大手銀行の不良債権比率は2002年３月の8.4％から2005年３月の2.9％へと，劇的に減少した。不況三業種である建設・不動産・卸流通で不良債権を処理すれば，流出した土地・労働・資本がより利益率の高い製造業，IT や介護へと吸収されると期待された。「530万人」*6の労働者が移転しても職にありつき，銀行は企業に融資するはずだという皮算用である。海外で事業展開したり輸出に励む大企業に優先的に利益を上げさせれば，その利益は低収益の中小企業・地方・非正規雇用へとしたたり落ちる，つまり「トリクルダウン」すると喧伝された。そこで大企業には，貿易自由化によって収益を上げることが求められた。TPP によって GDP が急増するというのも，同じ理屈である。

けれども1990年代に労働や資本が不況三業種に吸収されていたことは，

*6　島田晴雄「530万人雇用創出計画と日本経済の再生」第２回　産業構造改革・雇用対策本部における説明，2001年６月18日

本当に「異常事態」だったのだろうか。利潤率の低い業種から高い業種へ労働や資本が移動するはずというのは，手持ちの貨幣はすべて支出され，すべての生産要素はどこかで利用されるとする「効率―公正」モデルでそう想定されているからである。企業家が利潤を上げるために，労働者をより多く雇用したり土地を借りるとは限らない。当時，IT 産業は人員を少なく抑えることで収益を上げていた。不況期においては需要が不足する。経営不振の企業は株主の求めに応じて利潤を確保するために，固定費用である正規雇用を削減し，工場を閉鎖した。家電企業は創業以来の理念である終身雇用制を解体してまでリストラを進め，損益分岐点を低下させた。製造業はもっぱら血の滲む思いでリストラを敢行し，それゆえにこそ生産性を高めることができたのである。

資本が製造業で減ったのも，不良債権処理圧力のなかで銀行が貸し渋りし，企業にしても余裕ができれば銀行に返済していたからで，貸し渋りを裏切りとみなした経営者にとっては当たり前の判断だろう。その結果，有力企業ほどいっそう銀行離れを進めた。そして1997年からは，ついに企業が貯蓄につき黒字主体になった。企業が貯蓄主体である家計から資金を借りるのが資本主義の常態だから，企業がカネを実物投資に使わないこの現象こそが「異常」と形容されるべきである。

何が違うのか。「効率―公正」モデルでは，不確実性は無視される。そのとき，「利潤率が高い」分野が他分野にあれば，資本や労働が移動するのが常態である。なるほど好況の時期にはそうかもしれない。けれども1990年代の不況期，企業が直面していたのは，売り上げや利潤の低迷，不確実性であった。そこで製造業は，労働や資本を減らして利潤を捻出した。企業は不確実性のもとで利潤を確保するためにリストラを行ったのであって，製造業を追われた労働と資本は，不況三業種に向かって行った。これは不思議ではない。公共事業に100兆円が投入され，建設業には仕事があったからだ。もっとも公共事業は公的な便益があると厳選して施行されたわけではなかった。不良債権処理は，製造業で解雇され建設や不動産・卸流通に流れ込んだ労働を，さらにリストラするように働きかけた。そして不振三業種からリストラされた労働・土地・

資本には行き場がなくなった。

不況期に不確実性と不安が拡がると貨幣が貯め込まれて消費や投資に回らなくなる。その分だけ，労働と土地・資本は購入されなくなるのである。これは「不確実性―社会的規制」モデルでは，普通に起きうる現象である。「異常」があるとすれば，長期にわたり不安が解消されないことであろう。

それでも，不良債権処理を断行したからこそ，日本は2002年から08年までの73ヶ月間，いざなみ景気の波に乗れたのではないか，と反論するかもしれない。不良債権処理で「構造」が改革されたために，供給力を強化できた，という主張である。けれどもそれが成り立つには，この時期に日本だけが好況になっていなければならない。ところがこの時期には日本以外にも，中国とアジアの新興国が一斉に躍進している。日独も含めこれらの国々は経常収支の黒字を記録していたのであるが，その背景にはアメリカの巨大な経常収支赤字の存在があった。

図13-3は，2000年頃から顕在化した「グローバル・インバランス」，すなわち世界的な経常収支不均衡を示している。アメリカを中心とする経常収支赤字国のせいで，日本はアジア新興国とともに貿易黒字に牽引されて景気回復し，それとともにアメリカの経常収支の赤字をファイナ

（図13-3） グローバル・インバランスの推移（対世界 GDP 比）

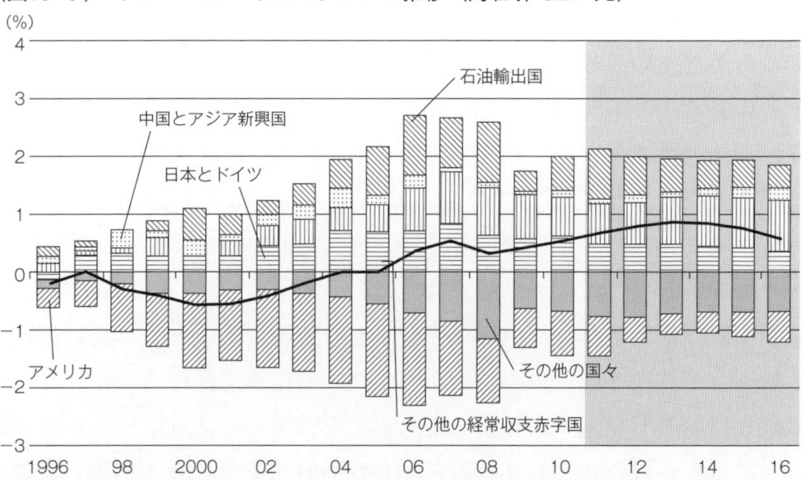

出所：Global imbalances, “*World Economic Outlook 2011*”, International Monetary Fund

ンスした。日本がゼロ金利であったのに対しアメリカが高金利であったことも，資金が日本からアメリカに向かった理由であろう。「グローバル・インバランス」の一部となったことが日本のいざなみ景気を演出したのである。この時期の経済成長の原因は，生産側の効率化よりも輸出の伸びにより総需要が拡大したことにある。輸出を拡大したと言っても，構造改革が行われた不振3業種が生産性を上げ，輸出できたのではない。構造改革の有無にかかわりなく，日独やアジア新興国は対米輸出によって好景気を享受したのである。

3.「世界経済の政治的トリレンマ」

企業が利益を上げるとは，消費者に買ってもらえる商品を生産し販売することである。他企業がその機会を見つけていないなら，自社だけが「付加価値」を得ることができる。付加価値は，企業家がある商品を生産し，買う側がそれに貨幣を支払おうと決断することで発生する。不況の時期には，貨幣を投じてまで「買おう」という意志を示す人が多くない。ところが1998年を境にアメリカがアジア新興国やBRICs諸国から盛大に輸入するようになったために，貨幣の流れが世界を循環することになった。

それ以前の1990年代の不況期においては，日本国内では不確実性が大きく，消費にせよ投資にせよ人々は貨幣を使おうとしなかった。将来につき不安がある場合には，いくら市場が効率的になってもおカネは回らない。対照的に「日本型経済システム」においては，「構造」は貨幣を特定の方向へと安定的に流し込む働きを持っていた。長期的取引慣行は，大企業から下請けの中小企業へと安定的に注文をもたらした。交付税交付金と補助金は，中央から地方へと公的資金を移転させた。労働者は企業から解雇されるとしても，企業集団内の関連企業や下請け会社に転職先が用意されていた。規制や慣行・制度すなわち構造は，一見したところ経済主体にとって選択の自由を拘束するものだが，同時にそれは，不確実性を抑えて貨幣の流れを安定させる働きも合わせ持っていた。

構造改革は市場原理主義であり格差をもたらすとしばしば批判されるが，ここで格差の実態は，輸出や金融緩和によって大企業がカネを得ても，そのカネは大企業の株主や大都市，正規雇用の社員に止まり，国内の中小企業や地方，非正規雇用労働者へは流れなかったこと，すなわち同じ市場の中に「分断」が生じたことにある。

「効率—公正」モデルは「構造」をたんなる自由を制約し効率を妨げるものとみなすが，それは不確実性を軽視するからに他ならない。「日本型市場システム」を形成した「構造」が時代に適合しないことは事実だとしても，経済的規制を緩和したうえで経済慣行や制度を途上国型から先進国型へと組み替え，新たな「構造」へと進化させなければ，不確実性は拡大したままになる。「構造」は不確実性を縮小するために不可欠なのであり，IT 化や「働き方改革」，在宅勤務といった社会的課題に応える新たな構造が長らく未完成であるために，日本経済はいつまでも投資や消費が停滞する「流動性の罠」から抜け出せないでいる。

「構造改革」において希薄だったのが，「経済的規制」と「社会的規制」の見分けである*7。企業が付加価値を生み出しやすいように経済的規制を撤廃するのは正当としても，社会的規制は維持をして，いかに修正し再編するかが問われなければならない。「日本型経済システム」は，「構造」に当たる経済的規制と企業外の共有資本に対する不十分な社会的規制，それに裁量的な政策と慣行・制度によって構成されていた。そのうち幼稚産業の保護を除いて経済的規制は撤廃し，裁量的政策はルールにもとづく政策と置き換えるとしても，社会的規制や慣行・制度については時代に合わせて不確実性を縮減するよう改変しなければならない。

ただし社会的規制や慣行・制度は，国や地域により異なるのが一般的である。ところがそれらは，WTO や TPP といった自由貿易を目指す交渉において，撤廃を要求されている。これに関連して国際経済学者の D. ロドリックが，第12回に述べた「開放経済のトリレンマ」に類似した「世界経済の政治的トリレンマ」を唱え，それが現代の国際経済をむ

*7 「社会的規制」については図 2 - 1 参照。

（図13-４）　世界経済の政治的トリレンマ

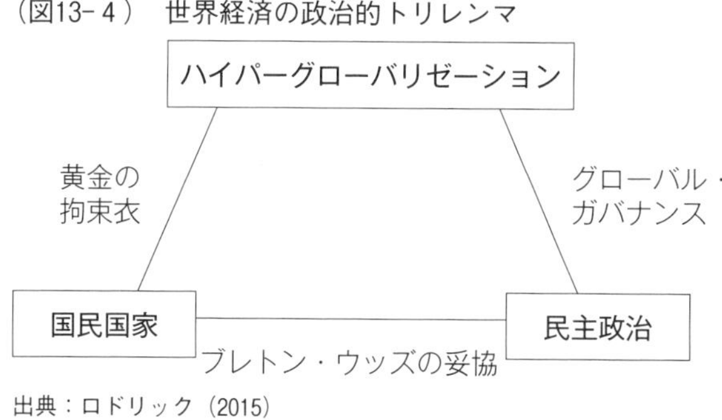

出典：ロドリック（2015）

しばんでいると主張している*8。

トリレンマは，「ハイパーグローバリゼーション」と「民主政治」，「国民国家」の間で生じるという。「ハイパーグローバリゼーション」とは，グローバルな取引に際し適用されるルールが国内でも適用される事態を指す。「民主政治」とは，制度や規制，慣行について，市民が決定することを言う。「国民国家」とは，国家主権のことである。自由貿易のルールにせよ民主政治にせよ国家主権にせよ，いずれも現代社会においては不可欠とされる価値ではある。ところがロドリックは，これらの目標のうち２つが満たされることはあっても，３つは同時に実現しえないと主張している。社会的規制や制度・慣行を誰が決定しどの範囲で適用するのかについて，グローバルな市場で共有されるルールを各国が国内にも導入する（ハイパーグローバリゼーション），国境を越えて市民が民主政治にのっとって決定する（民主政治），国家が主権にもとづき決定し国内に適用する（国民国家）という三つの方針は両立しない，と言うのである。図示しておこう。

歴史を振り返ると，19世紀には金本位制のもと，資本移動は現在に勝るとも劣らないほど激しいものであった。そしてイギリスの帝国主義は，アヘンをも輸出するという自由貿易のルールを，軍艦によって他国にも

---

*8　D. ロドリック（2013）『グローバリゼーション・パラドクス―世界経済の未来を決める三つの道』柴山桂太他訳，白水社（Dani Rodrik “The globalization paradox: democracy and the future of the world economy” 2011）

押しつけた。これは「ハイパーグローバリゼーション」＋「国民国家」の組み合わせである。アヘンは，現代の民主政治によっては容認されない。

第二次大戦後には，「ハイパーグローバリゼーション」を統治するかつてのイギリスのようなスーパーパワーは存在していない。アメリカがそれに替わったと言えなくもないが，GATT にせよ WTO にせよ，一応は独立した機関である。各国に独力で経済政策を施行する権限を残すとして，しかも特定国家の帝国主義も排するなら，「ハイパーグローバリゼーション」は諦めざるをえなくなる。このとき，各国の国内ルール（社会的規制・制度・慣行）の多様性を認め，国家ごとの経済政策を重視する「民主政治」＋「国民国家」の組み合わせが成り立つ。これがブレトンウッズ体制で，グローバリゼーションを抑えて各国の主体性を認めるという構想であった。現在においてもこの方針を採用している国が，開放後の中国だといえる。

中国は市場化を進めるに当たり，国際市場にいきなり組み込まれるビッグバン路線を拒否し，暫時自由化を取り入れるグラデュアリズム路線を採った。資本の自由化も変動相場制も，部分的にのみ取り入れてきた。また一党独裁とはいえ主席は交替しており，一国内での民主政治も採用された。ブレトンウッズ体制の崩壊後，この路線にある国は多くはないが，資本の自由化というハイパーグローバリゼーションを選んだ多くの国が債務危機や経済破綻を経験し着実には発展出来なかったのを尻目に，中国はほぼ唯一順調な市場化に成功している。このことは，ビッグバンは人間に処理能力を越えた自由をもたらし不確実性を高めることを示唆している。

一方，「ハイパーグローバリゼーション」は取り入れるものの，それを統治するルールについては国境をまたいだ「民主政治」が定めるという狙いを実現したのが欧州における経済統合（グローバル・ガバナンス）である。EU では経済統合を，為替相場の変動を排除するところまで推し進め，通貨統合を断行した。ただこの場合，金融政策は共通通貨ユーロに関して行われ，各国は自国の国内事情に沿う金融政策を施行できなくなった[*9]。

トリレンマのもとでは，社会的規制のあり方につき以上3つの類型が存在している。構造改革は，そのうちでハイパーグローバリゼーションを受け入れ「日本型経済システム」を破棄しようとする運動であった。けれどもそのせいで，民主政治と国家主権のいずれかを放棄せざるをえなくなり，金融政策という国家主権を優先した。その結果，社会的規制や慣行・制度は，国内の民主的な手続きでは決定できなくなった。TPPが行おうとしているのは，まさにそうした事態である。けれどもそれは，不確実性を自国なりには縮減せずそのまま受け入れてしまうことを意味している。日銀がいくら当座預金を積み立ててもマネーサプライが増えず信用乗数が下がってしまうのは，投資や消費に貨幣を使うには不確実性が大きすぎるからであろう。

こうした状況に対してロドリックは，いま一度ブレトンウッズ体制を見直すべしと説いている。彼は「七つの原理」を掲げるが，なかでも「市場を統治システムに埋め込ませるべき」という主張は重要だ。社会的規制を市場に合わせて解体するのでなく，逆に市場を社会的規制に従わせるべきというのである。また，「繁栄に唯一の道はない」とも言う。「日本型経済システム」異質論は内外で唱えられたが，日本が「唯一の経済システム」を標榜し他国にも押しつけたとすれば批判を受けて当然であろう。しかし日本型経済システムはそれぞれの国や地域が歴史や環境に応じ，試行錯誤しながら多様な経済システムを生み出した一例にすぎない。どの国にも多様性は認められるべきである。そこで「自国の制度を他国に押しつけるべきではない」ということになる。「国際経済制度の目的は，異なる制度の間に交通ルールを制定することである」のだ。GATTには各国の国内事情を尊重しようとする余裕があったが，WTOには唯一のルールを強要する，ハイパーグローバリゼーションの出先機関という顔がある。けれどもグローバル市場のルールに多様性を認める

---

*9　ロドリック（2015）によれば，（図13-4）の「黄金の拘束衣」とは，戦前の帝国主義においては開かれた国境，外国商人や投資家の権利保護など古典的金本位制のもとでのゲームのルールのことであり，現在ではEUによる経済統合とユーロにかんするルールがそれに当たる。

ならば，国際機関は「交通ルール」の調整役に徹するべきであろう。

以上，各国は社会的規制や制度・慣行を中心とする経済構造を再構築し，不確実性を抑え，市場競争によって付加価値をたえず創造されるような市場社会を目指すべきなのである。なかでも日本は先進国にふさわしいそれへと転換を図るべきといえよう。

参考文献

・櫻川昌哉（2003）「不良債権が日本経済に与えた打撃」『失われた10年の真因は何か』東洋経済新報社
・松原隆一郎（2005）『分断される経済』NHK 出版
・D. ロドリック（2013）柴山桂太他訳『グローバリゼーション・パラドクス―世界経済の未来を決める三つの道』白水社

研究課題

1．「日本的経営」は社会的規制のみならず経済的規制もふんだんに含まれていたため「構造改革」によって自由化が進められたが，それ以来一般物価水準が下落するデフレとともに名目賃金水準の下落も続いている。家計において消費や投資が縮小しているのは名目賃金水準の下落にともなう不確実性が強く意識されているためと考えられるが，さらに21世紀に入ってからの日本においては企業が投資主体ではなく貯蓄主体となってしまっている。後者についてはどのような理由が考えられるか。論じなさい。

2．人間の認識能力・情報処理能力には限界があるため，能力に比べて選択肢が過剰である場合には選択し切れず，それが漸進的な改革や自由化がビッグバン的な改革よりも成果を上げている理由と考えられるが，それでは日本経済における不確実性は何を契機に高まったと考えられるか。具体例を挙げて説明しなさい。

3．今後，日本経済おいては社会的規制や制度・慣行につき，どのようなものが望ましいと考えられるか。労働市場や街づくりについて議論しなさい。

14 | 農業のゆくえ

1. 産業構造の変化と農業

＜農業と比較優位説＞

ハイパーグローバリゼーションによる効率化を支持する論理である比較優位説は，一般に万能であるかにみなされるが，不確実性を考慮するとそれには限界がある。とりわけそれは農業分野で鮮明になる。

農業には第一次産業内でも漁業とは顕著な相違点がある。魚類が天然魚を養分とするために自然の制約が厳格であり，養殖は漁獲の減少に対して抜本的な解決策にはならないということである。対照的に農業では，近代化の過程で発展してきた工業的な考え方にもとづいて開発された肥料や農薬を用いた大量生産がある程度まで可能であり，自然や文化の制約がないかのように見る向きもある。それもあって農業にかんしては，保護すべきか貿易自由化すべきか，激しい意見の対立が続いてきた。

農業そのものの話に入る前に，就業人口，なかでも第一次産業の割合を見ておこう。経済成長が進み実質所得が高まるとき，ある国の就業者の産業別構成は，重心を第一次産業から第二次産業（製造業・建設業・電気ガス業*1），第三次産業（小売業・サービス業）へと移すという経験則があり，「ペティ＝クラークの法則」と呼ばれている。日本における産業別就業者割合の推移においては，戦後一貫して減っているのが農林漁業，増えているのはサービス業で，ほぼ農林漁業従事者の減った割合をサービス業者が埋めている。ペティ＝クラークの法則は，日本にも当てはまると言えそうだ。

*1　C.G. クラークの分類による。第一次産業で採取された原材料を加工する産業が主とされている。第三次産業は無形財が充てられる。これに対し「日本標準産業分類」では鉱業を第二次産業，電気ガスを第三次産業としている。

（図14-１）　産業別就業者構成割合の推移

第一次，第二次産業の就業者割合は傾向的に縮小しており，就業構造のサービス化が進んでいる。

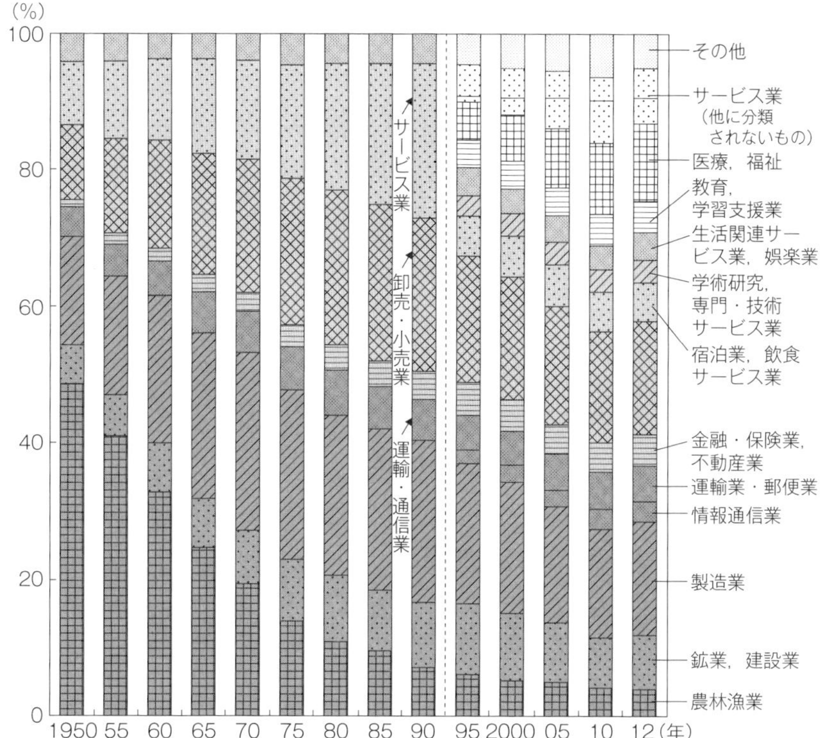

出典：厚生労働省『平成25年版　労働経済の分析』

出所：総務省統計局「国勢調査（1950～2010年）」，「労働力調査（2012年）」

＜直接所得保障＞

こうした趨勢からすれば，第一次産業が日本において比較劣位にある産業と判断し，その就業者数が減ったのは自然な趨勢だと考える向きがあっても不思議ではない。実際，TPP に前向きな政治家は，「(GDP) 1.5%（の農漁業）を守るために98.5%（のその他産業）を犠牲にして良いのか？」と発言している[*2]。この発言からは，GDP の98.5% を占める第二次・第三次産業において付加価値をさらに増やすには，第一次産業

＊2　環太平洋戦略的経済連携協定（TPP）交渉にかんする前原誠司元外相の発言。第七回日経・CSIS（米戦略国際問題研究所）共同シンポジウム，2010年10月19日

は犠牲にすべきという意図が汲み取れる。しかし農産物に対する関税を撤廃するだけで補償をしない貿易自由化には，経済学的にも問題がある。

まず，農業に長年専業で従事した人は労働にかんする可塑性が小さく，他の産業へ移動することが困難である。次の仕事が見つからず元農業従事者が生活保護を受けることになるならば，かえって国庫への負担は大きくなってしまう。では関税と補助金のいずれで保護すべきかというと，図14-2に見られるように，関税よりも補助金で保護する場合の方が余剰は大きい。関税よりも生産者補助金を用いた方が資源配分の歪みによる厚生損失が少ないからである。アメリカやEUでは広く直接支払いに

（図14-2） 関税と補助金の余剰分析

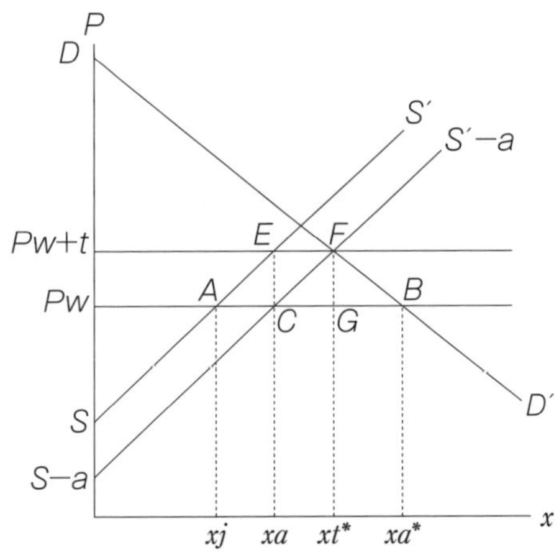

関税も補助金も，パレート最適な場合に比べて社会的余剰の一部を減ずるとされている。まずそれらの保護政策が採られない場合を見ておくと，日本(J)において農産物の市場における供給がSS'，需要がDD'だとしよう。世界的には均衡価格がPwとなっているとすると，均衡点はBとなり，価格はPw，取引量はxa^*。国内で供給できるのはxjまでで，輸入量が$AB=xa^*-xj$，社会的余剰は$DSAB$に囲まれた領域である。

(1) ここで関税を輸入1単位当たりtとすると国内における農産物価格は輸入価格に関税を加えた$Pw+t$であり，均衡点はF，取引量はxt^*である。国内で供給できるのはxaまで増え，輸入量が$EF=xt^*-xa$，関税収入は$EFGC=t(xt^*-xa)$である。社会的余剰は$DSEF+EFGC$である。このとき社会的余剰において$DSAB-(DSEF+EFGC)=ABFE-EFGC=ACE+FGB$の損失が生まれている。

(2) 次に補助金を関税と同額で国内での生産量1単位当たりaとすると，国内の供給が$(S-a)(S'-a)$へとシフトする。国内における農産物価格は輸入価格と同じPw，均衡点はBのままで，取引量はxa^*。国内で供給できるのはxaまで増え，輸入量が$BC=xa^*-xa$，補助金総額は$(S-a)CES=a\times xa$である。社会的余剰は$D(S-a)CB-(S-a)CES$である。このとき社会的余剰には$DSAB-(D(S-a)CB-(S-a)CES)=(S-a)CES-(S-a)CAS=ACE$の損失が生まれている。

以上から，損失同士を比較すると，関税の方がFGBだけ損失が補助金よりも大きいことになる。これは，補助金の場合には国際価格を国内でも受け入れているために消費者にとっては余剰が自由市場の場合と変わらないことによる。

よる農業保護政策が導入されている。財源不足と政権交代で実現しなかったが旧民主党の提案した「農業者戸別所得保障制度」もそれと同類で，それらは関税撤廃とともに補助金による保護を目指すものといえる。

＜食料安全保障＞

さて不確実性を理由とする貿易自由化反対論に，「食料安全保障 food security 論」がある。これは食糧にかんするレジリエンス，強靱化と言える。食料安全保障については，FAO（国際連合食糧農業機関）が2009年のサミットで「すべての人々が，いかなる時にも，活動的で健康な生活に必要な食生活のニーズと嗜好を満たすため，十分で，安全で，栄養のある食料が物理的・社会的・経済的に入手可能なときに確保される」と定義している。

食料安全保障が論じられるきっかけとなったのは，2007～8年に穀物の国際価格が約3倍に高騰したことであった。図14-3は，穀物の価格指数の推移を示している。図によると，06年まで穀物価格は安定していたものの，その後急騰している。2008年のピーク時に小麦は2年前の4.0倍，トウモロコシは3.6倍，コメも3.5倍となった。その結果，食糧危機に直面したアフリカ諸国やメキシコ・バングラデシュ・ウズベキスタンなど多くの国で暴動が起こり，政情も不安定になった。09年に開かれ

（図14-3）　穀物の価格指数の推移

出典：生源寺眞一（2013）

資料：［農林水産省編2011，2012］から作成。原資料は FAO の Food Price Index。

注：2002－04年の平均価格を100とする各月の指数。

たFAOサミットが食料安全保障をテーマとしたのも，これを正当な抗議と受け取ったことの表れといえよう。

価格高騰の原因としては06～07年のオーストラリアでの旱魃による供給減が挙げられるが，需要側で重要なのは，ブッシュ米大統領がバイオエタノール生産を国策として行うことを宣言し，トウモロコシ市場に投機資金が流れ込んだことである。思惑による売買が，基礎食料の供給を脅かしたのだ。この価格高騰を受け，30カ国が自国民の食料を確保しようと，輸出につき数量制限を行った。こうした事態を受け，食料自給率を高めよという声が日本でも強まった。日本は非農業に産業構造がシフトしており食料の多くを輸入に頼っているため，そうした見方が出てくるのは，レジリエンスの観点からも当然であろう。

ただし，食料安全保障上で危機に陥ったのが，途上国の貧困層であることには注意を要する。暴動が起きた国々では穀物輸出国からの穀物輸入が途絶えたために国民の生命が脅かされたのだが，日本については農産物市場が逼迫したことは事実にせよ，関税および補助金の効果もあり食料作物の生産までは放棄しておらず，危機状態にまでは至らなかった。日本の食料安全保障は，現状でうまく機能していると言えるだろう。

2. 農業における技術革新と意図せざる帰結

<食の安全>

次に，技術革新がもたらす不確実性について見ておこう*3。食料はかつて，自然の恵みによるものだった。果実や穀類が実り，野生動物と遭遇するのを待つと，収穫は季節や量的な限界に左右される。そこに農業が興り，畜産の技術が進展して，初めて食物に余剰が生まれた。自給自足を超える余剰が交換されるようになると，２つの方向で変化が生じた。第一は食料不足の解消と人口の増加である。農業技術の発展は，世界の

*3 P. ロバーツ（2012）『食の終焉』ダイヤモンド社（Paul Roberts "The End of Food" 2008）による。

人口を爆発的に増やした。

第二は，市場の成立である。農作物・畜産物は中世まで小規模な農場で生産され消費されて，その余剰が市場で取引されていた。ところが農業生産が利潤をもたらし蓄積が始まると，利潤を目的とした生産が計画されるようになる。自給自足のため食物を生産し余った分を交換するのではなく，需要されるままの品種と量を生産し，利潤を最大限得ようとし始めたのである。その鍵を握ったのが技術革新であった。

アメリカで土壌から消失した有機物を補う化学肥料が開発されると，大規模農業による低コスト化が実現していった。1960年代後半からは，小麦，コメ，トウモロコシに品種改良が相次ぎ，なかでもフィリピンの国際米穀研究所（IRRI）は高収量でも倒れない短稈イネ（IR８）の開発に成功，この「緑の革命」により，アジア諸国の食糧不足が解消すると期待された。漁業では自然の生産性に限界があるのとは対照的に，農業・畜産業は技術革新に限界がないかのごとく展開されていった。

動物の交配も研究されるようになる。小売業が「画一的で傷がなくより安い」ものをという消費者の欲求に応えるよう要望すると，生産者は豚肉を「足のまま」ではなく，肉片を切り貼りして均質なハムとした。鶏も胸肉を大きくすることで利益が得られると分かると，今度は遺伝的に改良して胸肉を肥大させ，生後５週間で歩けなくなったりさせた。さらに加工肉は，天然の調味料だけでなく人工の添加物によっても味付けされた。

そうした食料企業は多国籍化し，より安価な土地や労働を求めて，東欧やアジア，中国へと工場を移動させている。ネスレやウォルマート，マクドナルドといったグローバルに活動する食の巨大メーカーおよびサプライチェーンは，各国の保護壁をも打ち破り，地域の小規模農場を駆逐しつつ，より安くより多くの食品を供給すべく国際競争に挑んでいる。

こうした食にかんする技術革新と自由貿易は，意図されたのとは異なる帰結，すなわち不確実性を呼び寄せた。第一は食料安全保障問題，すなわち自由貿易を受け入れて主要食物（トウモロコシ等）の生産を放棄した国々が，国際市場での価格騰貴によって不安定にさらされたことである。安定供給の不確実性である。第二は，地域によっては水不足や表土流出，土壌汚染から，肥料をいくら与えても減産の趨勢が止まらなくなることがある。大量生産型の農業にも，植物の側ではなく水資源や土壌の側に自然の限界があるのかもしれない。自然資本維持についての不確実性である。

第三には，地球上で十億人近くが飢餓に苦しむ一方で，ほぼ同数が肥満に悩んでいるという矛盾が生じた。摂取カロリーの格差である。しかも肥満に悩まされているのは高所得者とは限らない。低価格のジャンク・フードを食生活の中心としている層に，肥満が蔓延している。これは健康にかんする不確実性である。

第四には，効率的に大量の肉類を生産するよう飼育箱に窮屈に閉じ込められた鶏や豚の体内で，遺伝子の突然変異が起き，病原菌が強い毒性を得るようになった。そうした病原菌は，移動する工場やヒト，渡り鳥とともに世界中をかけめぐる。インフルエンザの「新型」が恐ろしいのはワクチンが効かない可能性があるからで，それは二種類のウィルスが同一細胞に感染し，遺伝子が組み換えられる「再集合」に起因している。

2009年の新型ウィルスには，北米の豚，人，鳥そしてユーラシアの豚由来の遺伝子が折り重なっていたとされる。複雑化した菌が抗生物質に対し耐性を獲得すれば，千万人単位の死者が出るとの予測もある。ウィルスは被害者を選ばず，地球の裏側までも瞬時にやってくる。新型インフルエンザの抑え込みには，世界的な支援・協調体制が必要になる。これは外部不経済（突然変異）にかんする不確実性である。

このように農業にかんする技術革新は食料の大量生産につき目覚ましい発展をもたらし，同時に食の不確実性を生み出した。こうした状況において，世界の農産物市場では，流通・小売りの大型化を受け，酪農協や乳業メーカーの大型合併が相次いでいる。米国には巨大なディーン・フーズが生まれ，デンマークとスウェーデンでは2国でアーラ・フーズの1農協状態となった。規模がないと流通に対抗できないからだ[*4]。し

＊4　鈴木宣弘（2013）『食の戦争』文春新書

かも前述のように欧米諸国では，農業分野に巨額の補助金が投入されている。納税者から生産者への移転額である「生産者支持推定額（PSE）」は，日本はアメリカより高いが，EUよりも低い。ところが農業生産額で除した「パーセントPSE」は，アメリカで6.85%，カナダ13.05%，EUで30.53%，日本47.81%（2008年OECD推計）となっている。

つまり欧米では補助金によって競争力を強化し，食料は生産についても流通についても巨大企業に支配されているが，コンテスタビリティもしくは拮抗力が働き，市場競争が活発なのであろう。対照的に日本では補助金が顕著には競争力に結びついていない。それはなぜなのか。次に日本の国内事情を振り返ってみよう。

3. 戦後日本の農業保護政策*5

日本経済の重工業化は，第一次大戦（1914～1918）を契機として始まった。ヨーロッパが戦場となり，重工業の生産設備が破壊されて，日本に需要が振り向けられたためである。日本経済はこれを機に重化学工業に重点を移動させ，設備投資が活発化した。都会で工場が増え設備投資が行われると，工場労働者が都会に集まってくる。日本の大家族・長子相続制のもとで経済の中心が農業にあると，人口が増えたときに次男以下は故郷を離れるしかなく，とりわけ大正時代にはブラジルやペルー，フィリピンに多くの農民が移民した。彼らに日本国内で仕事をもたらしたのは，第一次大戦以後の都会における重化学工業の工場であった。

そして田舎の地主は製造業の大株主となり，農地は所有したままで都市に移住，農地を貸している小作人からは小作料を取り続けた。そうした地主は不在地主と呼ばれた。彼ら不在地主の土地支配を日本の侵略戦争の原因とみなしたのがGHQで，第二次大戦後の1946年から1950年にかけ，農地改革によって不在地主の一掃が図られた。GHQは日本政府

*5　この項は，多くを神門善久（2010）『さよならニッポン農業』NHK出版／生活人新書の第二章に負っている。

に命じて不在地主所有の小作地のすべて，および在村地主であっても1町歩（約1ha，北海道では4ha）の小作地，さらに自作農からも3町歩（3ha，北海道では12ha）を安価で買い上げ，小作人に売り渡した。こうして日本の小作人は，大半が1ha以下を所有する自作農となった。176万戸の地主から国が買収した農地は174万ha，売り渡された小作農は475万戸に上り，これによって小作地率は46%から10%未満に激減したのである[*6]。

戦時中に集落内で田植えや除草・収穫等の協働作業や灌漑水設備・貯蔵庫への共同投資といった相互扶助を受け持ったのは，市町村ごとの「農業会」であった。GHQはこれも解体し，農村の民主化を目指して農業協同組合（農協；1992年以降のJA）として再編した。農協は地域の単位組合で構成され，単位農協にはすべての農家が地元で加入，農協3事業を営んだ。農産物の販売や肥料・農薬・農業機械の購買，営農指導といった「経済事業」，農林中央金庫を中心とする「信用事業」，組合内の各種共済を扱う「共済事業」である。金融・スーパーマーケット・旅行代理店業務まで，農家にかかわる大半の事業は農協が手がけたのである。

農協は終戦直後の食糧難に際しては農業会から継承した組織を用い効率的に配給を行ったが，配給終了後も組織拡大を継続した。農協法上は合法であったが，他の協同組合は設立されず，独占状態となった。しかも1955年に自民党が結党されると，農協は票のとりまとめ機関として重用され，行政の事実上の下請け機関として，補助金の配分から集落内の利害調整までを受け持った。

米作にかんしては，日本政府は「食糧管理法」を制定，1942年から95年まで政府への売渡義務や厳格な流通規制という経済的規制を通じて全量を管理した。食管法は，もともとは食糧不足への対応から統制を図る制度で，戦後にも工業との格差是正を目的として価格維持を行った。そして生産過剰が基調になっても全量管理はそのままに，1970年には「一

＊6 農林水産省（2007）「農地政策をめぐる事情」平成19年1月

律減反」を開始する。政府が全国について作付けをやめる水田の面積を決めると，農協は集落へと減反および補助金の割り振りを行った。米の消費量はすでに1962年をピークとして減り始め，一方では良質米への要望が高まっていた。政府はこれを受けて1969年に一部市場原理を導入し，あらかじめ米価を定めた政府米以外は直接に卸売業者に販売する「自主流通米制度」を開始した。もっとも1970年代半ばには生産者米価よりも消費者米価が安くなり，逆ざやによる食管赤字が巨額に達したため，自主流通に踏み切らざるを得なかったとの見方もある。

ここで米作について製造業なみの農業所得を維持するためには市場競争を進めるしかなく，競争に踏み切れば大規模化と製品差別化の双方が起き，米価の低下と品質の向上が図られたはずであった。ところが政府はそれ以上の自由化になかなか踏み切らず，複雑な流通・管理体制が維持された。農協もまた，土地を集約するために離農の斡旋を行うといった役割を果たさなかった。

そこに田中角栄内閣（1972～74）が登場する。田中により農政に大きな変化が生じた。農水省予算の重心を農産物価格支持から公共事業へと移動させ，地方経済の振興策としたのである。その影響は甚大で，農地は道路や鉄道の敷設計画に当たると，巨額で買い上げられた。そうした噂は瞬く間に拡がり，農民には減反の中での農業経営よりも農地転用に関心を持つ者も出てきて，公共事業が来るまでは農地を資材置き場や駐車場にして待つ，といった退廃的な現象が現れた。そのうえ農地転用にかかわる土建業や建設された商工業施設が雇用を生むため，農家の多くは兼業となり，地方経済は政治家に公共事業の配分を期待する傾向を強めていった。

図14-4は農家と非農家の所得比の推移を示している。1970年代半ば頃から農家の可処分所得は一貫して非農家を超える水準にある。これに大きく寄与したのが，土地価格が上昇した宅地への農地の転用であった。農家はそれにより，土地価格上昇分だけのキャピタル・ゲインを得たのである。

他方，一律の減反を強いられて生産性を高めることができない農家は，

（図14－４） 農家と勤労者世帯の世帯員一人当たり可処分所得の比値

出典：神門善久（2010）『さよならニッポン農業』NHK 出版／生活人新書
出所：農水省「農業・食料関連産業の経済計算」，農水省「農業経営統計調査」，総理府「家計調査年報」より，神門が推計

経営に熱心である者も次第に意欲を減退させていった。そして1980年代になると，農業にも国際化の波が打ち寄せる。1987～８年には牛肉・オレンジが輸入自由化され，米も93年のウルグアイ・ラウンド合意により，高関税による輸入制限は一定量（ミニマム・アクセス）の輸入義務づけへと変更された。こうした流れを受け，国内でも米市場の自由化が進んだ。1990年には自主流通米価格形成機構が設立され，入札取引が開始された。さらに1995年に食管法が廃止され，民間流通を主として，備蓄とミニマム・アクセスの管理に専念すると規定した「主要食糧法」が制定された。政府は生産調整から手を引いて，食料安全保障（レジリエンス）に徹することになったのである。

JA にかんしては，票の地域割り振りで力を発揮した中選挙区制が小選挙区制（1996実施）へ変更されて政治的に無力化し，黒字が出ていた金融も自由化により信用・共済ともに収益性が悪化した。

図14－５は，日本において政策的に維持された国内米価と国際価格の推移である。1955年頃までは国際価格と生産者価格，消費者価格はほぼ

(図14-5)　コメの生産者，消費者価格及び国際価格の変化（1946－1990年）

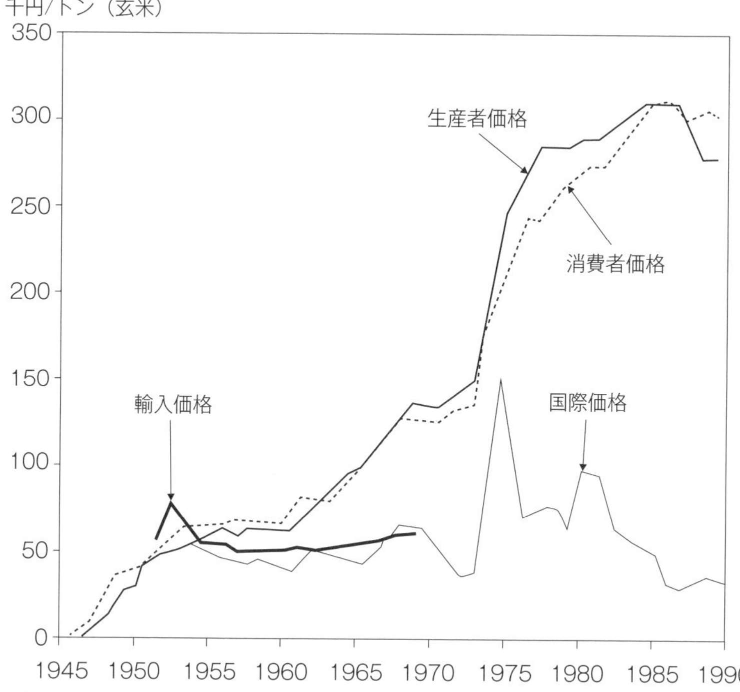

出典：川越利彦（1993）「食糧管理制度と農協」岡崎哲二・奥野正寛編『現代日本経済システムの源流』日本経済新聞社

同水準にあり，日本の米作が国際競争力を持っていたことがわかる。ところが1970年頃から米価の内外価格差が拡がりはじめ，70年代後半頃からは5倍という大きな差が定着した。

それには，農地の70%が3.0ha未満という狭い土地を零細農家が耕作していることが大きい。農水省は1992年に発表した「新政策」で，15haあれば効率的な営農が可能となり，農業のコストは半減すると予測している。それが実現するならば農産物貿易を完全自由化したとしても競争に耐えられるという見方である。土地の集約化と輸入の自由化を同時に進めるという方針は，ここから出てくる。

以上からすれば，計画経済的な生産調整・経済的規制を行ってきた日本の農政は，基本的には失政を重ねたと評するべきであろう。ただしそれは，輸入自由化の波に洗われる1980年代以前のことである*7。それ以降の農政は，むしろ自由化を受け入れてきた。日本は関税が高いかに言われるが，図14-6を見てみよう。1999年の段階でアメリカの農産物の平均関税は5.5%ともっとも低いが，日本はそれに続いて11.7%と健闘していて，EUの19.5%より低くなっている。韓国は62.2%と，相当な高さである。関税が高いのはコメなど一部に限られ，日本は農産物の総生産額5.7兆円に匹敵する約5.5兆円を農産物で輸入しているのである。

農産物の種類別に現状を要約しておこう。まず果樹・野菜は新鮮さが重視され，国産，なかでも直売に人気がある。したがって競争力があり，日本の関税はゼロに近く，ほぼ完全に自由化されている。畜産についても経営努力は目覚ましく，一戸当たりの飼養規模は1970年と2010年の比で肥育牛32.6倍，乳用牛11.5倍，豚100.3倍，ブロイラー14.8倍，採卵鶏は701.7倍と，極限まで規模を拡大している。

これらに対して米，麦，大豆，そば等の土地利用型農業は，土地が狭隘という絶対的条件に生産がどうしても依存する。集約化や自由化が問

(図14-6) 主要国の農産物平均関税率について

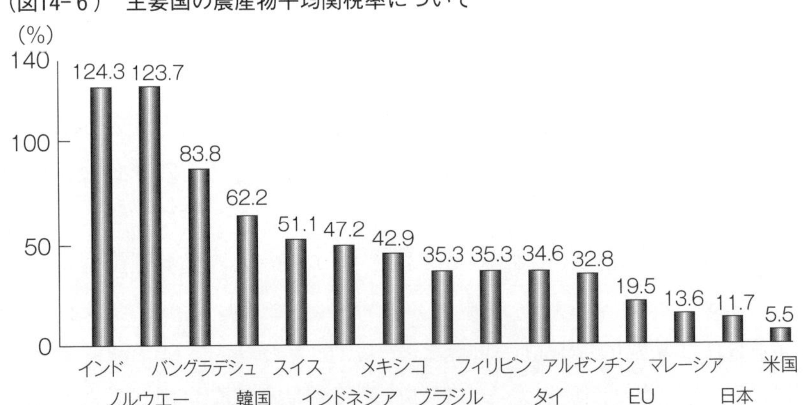

出典：OECD「Post-Uruguay Round Tariff Regimes」(1999)

(注) タリフライン毎の関税率を用いてウルグアイラウンド合意実施期間終了時（2000年）の平均関税率（貿易量を加味していない単純平均）を算出

*7 以下は元農水省官僚・民進党議員篠原孝の指摘による。衆議院予算委員会第14号（平成26年2月27日）。

題視されてきたのは，実はこれら土地利用型農業なのである。そしてTPP 交渉では，農家への所得補償をどうするかも定めないまま，これらの関税を下げるか否かで交渉が進められた。

4．食の多様性を守るための条件

このような状況にあって，生産者および消費者は農業に何を求めるだろうか。近年，日本企業が注目している農法に，ヨーロッパの付加価値型農業がある。12章の１．で紹介したヘクシャー・オリーンの定理によれば，比較優位は生産要素の賦存量が決定する。ということは，農業そのものが比較劣位と決めつけられるわけではなく，資本設備が土地よりも比較的に豊かである日本では，機械化による農業が土地利用型の農業よりも有利になると言えるだろう。

土地を集約して生産性を高めるのはアメリカやオーストラリア，カナダなどで土地面積の巨大な大規模農業だが，それらの国々では小麦・コメ・トウモロコシなど原料農産物につき生産性を高めたものの，収穫が過剰となり，所得の悪化に悩んでいる。それに対しオランダ，デンマーク，スイス，ドイツなどヨーロッパの成熟した先進国では，日本の米価に代表されるような価格支持・保護関税はやめ，農家への保護方針を所得補償に転換して，それを機に市場原理を導入し，高い収益を上げるようになった。

表14-７にも示されるように，国民一人当たりの産出額では，ヨーロッパの国々は世界でも最上位を占めている。これらの国々では，土地が狭くても経営の仕組みを考案することで付加価値を高めているのである。どんな工夫がなされているかというと，花卉（かき）の生産で名高いオランダでは，農家のビニールハウスの隣にIT 管理棟があり，温度や光，CO_2量の操作や作業・出荷の管理を情報機器によって行うといった具合で，機械化・IT 化を進めている。流通についても日々の情報を分析，収益を得られる最適なタイミングで生産物を市場に投入するように心がけている。

(表14-7) 世界主要各国の農業産出額および国民一人当たりの産出額［2007年］

農業産出額（億ドル）			国民一人当たり産出額（US 万ドル）		
1	中国	4873	1	オーストラリア	1087
2	インド	2219	2	オランダ	835
3	USA	1534	3	フランス	827
4	ブラジル	911	4	イタリア	700
5	ロシア	715	5	デンマーク	586
6	日本	713	6	カナダ	568
7	フランス	513	7	日本	560
8	イタリア	417	8	韓国	542
9	ドイツ	287	9	ロシア	506
10	韓国	261	10	USA	492
11	タイ	251	11	ブラジル	475
12	オーストラリア	229	12	タイ	372
13	英国	216	13	中国	362
14	カナダ	189	14	英国	351
15	オランダ	138	15	ドイツ	349

出典：大泉一貫（2014）

ヨーロッパの成熟先進国型農業には，消費者の欲求に繊細に答える「顧客志向」，技術革新に重きを置く「技術開発」，他産業とのネットワーク構築に前向きな「産業融合」，知識資産やビジネス教育を志す「経営革新」を目指すといった特徴があり，土地面積は狭くとも資本設備を集約しうる日本はこちらの方に向いていると考えられる[*8]。

日本には，さらに自然や文化の賦存量が大きいという特徴もある。国民の食への意識も，食習慣が繊細で，衛生や食の安全性に敏感という点で他に類を見ない。大量生産された農産物や添加物について，健康面での不確実性に不安を抱く消費者が少なくないのである。それゆえ比較優位説を論拠とする農産物の貿易自由化については，国によって規定されている社会的規制，なかでも食の安全性基準を脅かす点が見逃せない。比較優位説は消費者が「より大量に」消費することを評価の前提としており，そうした発想から自由貿易交渉では，「より安全に」消費するた

＊8 大泉一貫（2014）『希望の日本農業論』NHK ブックス

めの安全性基準をもしばしば世界共通のものに置き換えようという力がはたらく[*9]。けれども遺伝子組み換え（GM）作物は，安全性が実験で確証されたと言ってもラットで三世代までだけであるし，日本がアメリカから輸入しているトウモロコシ・小麦・大豆のうち半分強が約20年前からGM作物であるものの，「子どもたちが30年食べ続けても大丈夫か」となると，経験的には明らかでない[*10]。つまり絶対的な安全性に達したと言えず，安全性につき不確実性は残されている。

それに対し伝統野菜については，少なくとも人間が食べてきた数百年の期間は，何が起きたかが経験されている。もちろん遺伝子組み換え作物が安全性において問題があると確証されたのではない。安全性には完全には実証され切らない領域があり，その領域で遺伝子組み換え作物とそれ以外の農産物を選択することは，消費者の基本的な権利に属している。経験的安全性を優先する人であれば有機農業や自然栽培を選択するだろうし，それは消費者に保証されるべき権利である。

さて，有機農業とは「化学的に合成された肥料および農薬を使用しないこと並びに遺伝子組み換え技術を利用しないことを基本として，農業生産に由来する環境への負荷をできる限り低減した農業生産の方法」[*11]であり，多様な生物で構成される生態系の機能をできる限り生かそうとするものである。ただしこの農法では，農薬をどの程度まで減らしているのかにつき農産物ごとに認証を得ようとすると，認証そのものに費用がかかってしまう。そこでイタリアやスペインなどの有機農産物生産者は，ながらく消費者協同組合などを通じて信頼する消費者に向けて相対取引を行なってきた。有機農産物には，匿名性を前提とする一般市場で売買するには，安価な認証制度が確立されなければならないという壁がある。また市場が拡大するほどに，有機肥料価格が上昇する傾向も生まれている[*12]。

＊9　P. ロバーツ（2012）
＊10　鈴木宣弘（2013）
＊11　有機農業の推進に関する法律（平成十八年十二月十五日法律第百十二号）
＊12　17年度における日本国内での総生産量に占める比率は0.16%にとどまっている。農林水産省生産局農産振興課「有機農業の現状と課題」平成19年1月。

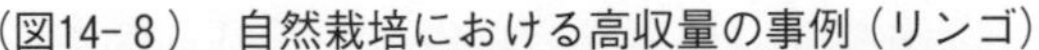

（図14-8） 自然栽培における高収量の事例（リンゴ）

（株）グリーングラス／道法正徳氏提供

次に自然栽培は，農薬のみならず肥料さえも用いず，地中の微生物や雑草を生かし自然の潜在力を可能な限り引き出そうとする農法である。遺伝子組み換え技術が遺伝子のレベルで人工的に農産物を創り出そうとするのに対し，農作物が持つありのままの自然の力で農業を展開しようとするものである。農業は肥料および農薬の技術革新によって発展してきたと見るならば，そうした進歩に根本的に逆行する立場ではある。当然のように人口爆発するアジア・アフリカ地域に向けての食料増産には適さない。けれども自然農法にも技術革新はあり，大量生産の実績を上げる技術者も現れている。自然農法による出荷量はいまだ微々たるものだが，肥料を用いないため価格的にも安さが見込まれている。安全であるだけでなく，農産物本来の野性味溢れる美味しさに溢れており，今後は高付加価値農業として期待を集めている。

これらの農法から一般の消費者がいずれかの農産物を自由に選択する権利を行使する際に，とりわけ重要なのが「情報開示」である。「遺伝子組み換え作物」と「有機農産物」と「自然栽培」が市場で競争するには，まず消費者がそれらを見分け，自由に選択できなければならない。そのためには製法や出荷日，肥料，農薬および遺伝子組み換えの有無がラベルに明記されていなければならない。遺伝子組み換え作物の巨大メーカーである米モンサント社*[13]は，遺伝子組み換え作物につき「食物の構成要素はタンパク，脂肪，炭水化物など，一般的な食物と同じか，実質的に同じ」（実質的同等性原則）であると主張し，安全性に疑念を持たれることは「風評被害」であるとして，遺伝子組み換え作物の表示義務の撤廃を訴えている。けれども自由な市場社会においては，「実質的同等性原則」なるものを信じるか否かも消費者の自由に任されるべきである。その原則は長年の検証を経るまでは不確実であり，仮設にすぎない。遺伝子組み換えであることの表示義務は，消費者の権利を満たすために必須である。

また現在の日本の農地利用は農地が値上がり待ちの耕作放棄地になっていたり，農薬を大量に投入するすぐ隣で有機農業を営まなければならなかったりと，放任状態にある。投機の対象とされた耕作放棄地には税金をかけたり，有機農業・自然農法を行う農業者には農薬・肥料を用いる慣行農業と土地を棲み分けられるように，土地利用についての社会的規制も強化すべきであろう。

参考文献

・大泉一貫（2014）『希望の日本農業論』NHK ブックス

・神門善久（2010）『さよならニッポン農業』NHK 出版，／生活人新書

・鈴木宣弘（2013）『食の戦争』文春新書

・P. ロバーツ（2012）『食の終焉』ダイヤモンド社（Paul Roberts, “The End of Food” 2008）

＊13　2019年にドイツの医薬・農薬大手企業であるバイエル社に買収された。

研究課題

1．関税撤廃を目指す貿易自由化は効率的ではあるが，自然環境の激変や国際経済における短期的な急変という不確実性を見逃している。農協は本来，そうした不確実性に備えるための共同組織という性格を担うべきだが，歴史的には必ずしもそうした位置づけにはなかった。では今後，どのようなあり方が求められるか。検討しなさい。

2．欧米の農業では補助金によって巨大な生産・流通主体が誕生している。また本章でも述べたように補助金は関税よりも資源配分の歪みが小さい経済政策である。とすれば日本においても関税による保護から補助金もしくは所得保障を用いた保護に転換すべきと考えられるが，そうした主張は主流ではない。それはなぜか，考察しなさい。

3．農産物の国際競争力にかんしては，価格という量的な面だけでなく「安心・安全」といった質的な面も重視される。それにつきヨーロッパでは有機農業への需要が高まっているが，日本ではむしろ農産物直売所での新鮮で生産者名のわかる販売形式が拡大している。今後，「安心・安全」面については有機農業・自然農法を含めてどのような展望がありうるか。検討しなさい。

15 地方経済政策

1. 地方自治体の公共サービス[*1]

本講では「経済政策」として主に国の施策を取り上げてきたが，現実に私たちの日常の暮らしにかかわる公共サービスといえば，大半を地方行政が担当している。朝起きて洗面は上水道，トイレに入れば下水道，ごみを出せば収集処理と，これらはみな市町村の所轄である。外出すると道路の信号は公安委員会が管理し，市バスや公営地下鉄等，交通機関にも地方行政に運営よるものが少なくない。それに対し国は，マクロ経済政策や外交交渉，全国で共通する規制の策定等に専念してきた。

各自治体は施策や部署の名称が異なっていたり，規模が小さいと兼務することもあるが，ほぼ同様の機能をなんらかの形で担っている。地方自治体の施政につき，ある自治体の部署名称を例にとると，「健康に生きる（福祉衛生）」は介護や社会福祉・保健で，部署としては福祉課や水道局，保健センターが担当している。「人と文化が育つ（教育文化）」は学校・生涯教育・文化・スポーツで，教育委員会や福祉課（保育園）が扱う。「活力を生み出す（産業振興）」は商工業・雇用で，経済部や農林水産課の所轄，「快適に暮らす（町の基盤整備）」は道路・市街地開発・住宅・景観保全・ごみ収集等で，建設課や環境課の所轄，「安全に暮らす（安全）」は防災・救急で，消防本部や総務課の所轄，といった具合である。

注目したいのが，日本中のどの市町村で暮らしても，義務教育，生活保護や訪問介護等にかんし，同等の負担で同一水準のサービスが受けられることである。中央で決めたナショナル・ミニマムに即して地方政府がサービスを提供しているということで，仕事は市町村がこなし国庫が

---

*1　本章の記述は多くにおいて岡本全勝（2003）『新地方自治入門』時事通信社を参考にしている。

支援するという関係にある。そうしたミニマムな公共サービスにおいて環境対策や障害福祉など新たなものが時代により付け加わると，高度な知識と技能が必要になることがあり，それらを共有するために自治体は合併を余儀なくされてきた。

地方自治体には大小あり，2011年の日本では47都道府県・23特別区・786市（うち指定都市が19）・757町・184村と，総数は1,797となっている。また住民に身近な市町村がまずは仕事をし，都道府県が補完するという二層制を採っている。

こうした日本の地方自治体は，明治以降「大合併」を重ねつつ形成されてきた。明治初期において，ムラやマチと呼ばれる自然村・自然集落は7万強，存在していた。1889（明治22）年，明治政府は国家が妥当と考える行政事務を遂行しうる自治単位を生み出すため「明治の大合併」を断行，300戸から500戸を単位とする約1万6,000の市町村にまとめ上げた。そのうえで第二次大戦が終わるまで，地方政府は中央政府の出先機関として位置づけられた。さらに戦後には，地方行政の対象に新制中学や消防，社会福祉，保健衛生等が加わり，村で中学校を持つのに必要な人口は8,000人が妥当とされて，1953年の町村合併促進法により「昭和の大合併」が遂行された。1961年の時点で，市町村は3,472へと減少している。

ただしこの間に，それぞれの地元でしか持ち得ない個性としての共有資本すなわち自然資本や文化資本が多く消失していったことには注意を要する。合併により広域で全国同一水準のサービスを新たに持ちはしたものの，そうした均質化の過程で地方の自然や文化，歴史は特徴を失ったのである。後述する東京一極集中は，地方自治体が均質化していくのと並行して生じた現象である。

地方財政について見てみよう。平成25年度（2013）の歳出は81.9兆円で歳入は61.2兆円，不足分の20.7兆円が国からの交付金で賄われている。最近では，国は基礎財政収支が悪化するなかで地方を支えている。図15-1からも，地方が国に頼ることが限界に来ていることが見て取れるだろう。

（図15-１）　国と地方の基礎的財政収支・財政収支の推移

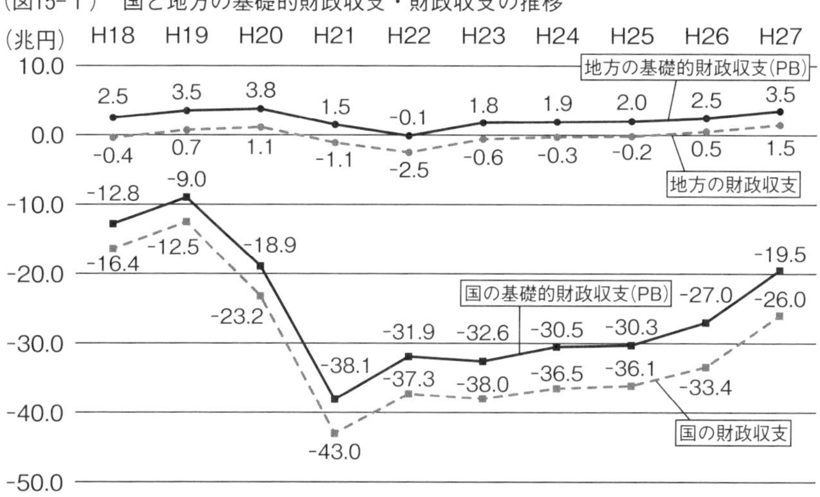

出典：国については，内閣府「国民経済計算確報」。平成25年度以降は「中長期の経済財政に関する試算」（平成27年2月12日 内閣府）。

注：地方については，地方財政計画ベース。国・地方とも，平成23年度以降については，復旧・復興対策の経費及び財源の金額を除いたベース。

出所：財務省主計局（2015）「地方財政について」平成27年5月11日

地方自治体の財政力には，地域が税源を持つか否かで相当な違いがある。それは「基準財政収入額」を「基準財政需要額」で割った「財政力指数」からも推し量ることができる。基準財政収入額とは標準的な課税がなされたときの地方税の税収見込み，つまり自力による税収である。基準財政需要額は標準的な公共サービス供給を行うのに各自治体で必要とされる経費で，ナショナル・ミニマムを満たすための費用に当たる。その差額の財源不足額を，使途を定めない一般財源である地方交付税交付金として，国が交付している。赤字分は，国が国債，地方は地方債を発行して補い，さらに国が使途を指定する国庫支出金である補助金を移転して，国と地方の歳出額が決まる。徴税については財務省の権限が強いが，地方への配分には総務省（旧自治省）が関わっている。平成27年で言うと，総務省は「地域経済循環創造事業交付金」の交付申請を地方自治体から受け付け，外部有識者の評価を仰ぎつつ，交付決定している。

令和元年度（2019）の財政力指数を都道府県別の上位，下位で見ると，

（表15-２）　令和元年度（2019）都道府県別財政力指数

都道府県	単年度	3か年度平均
	令和元年度	平成29年度
東京都	1.18462	1.17736
愛知県	0.92927	0.91971
神奈川県	0.89075	0.89591
大阪府	0.79084	0.79205
千葉県	0.78007	0.77875
埼玉県	0.77019	0.76907
静岡県	0.73610	0.72938
和歌山県	0.33929	0.33255
徳島県	0.32920	0.32669
秋田県	0.32661	0.31752
鳥取県	0.28519	0.28162
高知県	0.27341	0.27201
島根県	0.26464	0.26203

出所：総務省

表15-２の通りである。市町村の多くは自主財源を持たないが，固定資産税収入のある別荘地や原子力・火力発電所の所在地，工場群や飛行場を抱える地域など，１を超える不交付団体も60カ所ほど存在している。都道府県は，東京都以外はすべてが１未満になっている。

各地域が他の地域との間で行っている平成17年度の交易を見てみると，移出が超過になっているのが関東（119,691），中国（132），近畿（9697）で，残りの九州（▲65,603），東北（▲16,009），北海道（▲13,348），中部（▲16,878），四国（▲10,810），沖縄（▲６,873）はすべて移入超過となっている*2（単位；億円）。

この数字が意味しているのは，地域間交易でたとえば四国地区は東京

*2　経済産業省経済産業政策局調査統計部（2010）『平成17年度産業連関表』（概要）平成22年３月

地区から財・サービスを移入し続けるといった形で，交易の赤字が持続していることである。それは地方税に反映され，四国における歳入の不足額は，東京地区が多くを支払っている国税からの交付金や補助金で補われている。

けれども国の財政も赤字が問題視されるようになり，地方は財務省から歳出の削減が要求されている。中央からの歳入が減るなかで，地方自治体は歳出を減らしつつ独自に歳入を増やすことが求められている。これが「地方創生」につながる国と地方の財政事情である。

2. 地方自治の展開

戦前の地方政府は中央政府の管理下にあり，出先機関でしかなかった。しかし，町村税等でできる限り自立しようとする努力も営々と続けられた[*3]。戦後になって「地方自治」が憲法の裏づけを得ると，地方分権への動きが芽生える。1947年に地方自治法が制定され，内務省は地方自治庁（1960年から自治省）へと改組された。さらにシャウプ勧告は，財源の拡充等で地方分権を進めるよう指示した。ところが義務教育や警察等のサービス増加を地方政府へ課したうえでいざ地方分権へと足を踏み出すと，地方での税収が不十分であることが判明した。国税からの移転も十分ではなく，1951年頃からは財政赤字に陥る自治体が続出する。そこで地方は中央に財政支援を要請するようになり，住民のニーズが多様化していないという当時の事情も重なって，地方分権そのものがいったん棚上げされることとなった。

公的に提供する財・サービスを地方によって多様化させるよりも，全国で一律に供給することが優先されたのである。それでもなお自治体によって税収には相当な開きが見られた。しかし歳入をカバーするため自

＊3　戦前においては多くの地方自治体で「町の名士」たちが自腹を切ってでも自治体の自立を促そうとした。そうした気風が失われるに当たっては，戦後に自治体の赤字が自動的に国税によって穴埋めされるようになったことが大きい。松原隆一郎『荘直温伝　忘却の町高梁と松山庄家の九百年』吉備人出版，2020参照。

治体が税率を変えると，享受しうる一律の財・サービスに比し重税感には差が出てしまう。それを解消するため，税率も公的な財・サービスの供給も全国で一律とし，地方交付税交付金と補助金を国から移転することとなった。

一律の公共財につき，地方行政は2つの施策目標を立てることとなった。「社会資本整備」と「ナショナル・ミニマムとしての行政サービス」である。近代以前に農村であった地方自治体では，税収は主に地元の農業から得ていた。けれども産業の中心が工業へと移行すると，企業や工場の誘致には道路や港湾，ダムや工業用水，住宅が必要となる。そこで地方自治体は，社会資本の整備を急いだ。また「健康で文化的な最低限の生活を営む」という憲法に謳われた生存権を満たすため，基礎教育や衛生，福祉，清掃，警察などナショナル・ミニマムとされる住民サービスも，地方行政の目的とされた。

このように地方分権を棚上げにすると，地方政府に対する中央政府の規制や監督が息を吹き返す。地方政府は機関委任事務に専念し，行政への地方議会の関与が制限されて，地方行政は中央の策定したガイドラインや基準，規制に従っていった。公共サービスの水準を全国で一律とした上で向上が図られたのだが，それに当たっては戦後の日本において戦前のような強い価値観が共有されず，代わりに「等しく豊かになる，便利にする」が生活上の目標となったことも大きい。「豊かさと便利さ，等しさ」はいわば国是となり，それをもっとも効率的に追及することを地方行政機構が実現したのである。こうして中央政府の監督のもと，「豊かさと便利さ，等しさ」は全国で現実のものとなっていった。

このように公的部門では，成長と平等が実現されていった。しかし高度成長期を経ると，負の面として地方で環境問題が多発するようになり，自治体はその対応に追われた。また戦後に知事が選挙で指名されるようになると，東京や大阪といった巨大都市で革新知事が誕生，社会福祉を手厚くしていった。こうして地方自治体にとって支出項目が増え，支出額も拡大していく。しかし地方の予算の不足分は中央から自動的に補填されるため，歳出の伸びを抑制する厳格さは欠いていた。そしてオイルショックで経済成長率が下がると，地方自治体の財政赤字が問題視されるようになる。

1980年代に入ると財政再建が中央政府の課題となり，行財政改革につき臨時行政調査会（臨調）が提言，中曽根内閣は三公社（日本国有鉄道，日本電信電話公社，日本専売公社）の民営化を進めた。けれども地方自治体はもともと大半が赤字であるため，国から要請されない限り自発的に財政再建に取り組もうとする動機は持ち合わせなかった。しかも85年のプラザ合意を経て急速に円高が進むと，輸出企業が海外で現地生産を行うようになり，地方の工場は閉鎖されて，産業空洞化が顕著になっていった。

ところが80年代後半にバブル景気が到来すると一転して税収が伸び，国の財政危機は一時的に回避された。ここで公共事業にコスト意識を導入するという名目により，地方自治体と民間が合同で経営する「第三セクター方式」が全国で実施されることとなった。竹下内閣が1988年に「ふるさと創生資金」で支援したことも後押しして，地方政府は国庫補助金を用いて地域開発やレジャー，運輸，スポーツチームなどへ出資し，みずからの企画で単独事業に取り組み始めた。歳入については自立しないながら，歳出については地方自治に取り組む機運が芽生えたのである。

バブル期には地方税も増加したため，基準財政需要が据え置かれれば，交付税配布額が減っただろう。ところが当時の自治省は基準財政需要を拡大し，公共事業による地域振興を進めた。交付金や補助金は地方の既得権益と認識され，知事にはそれらの配分を差配する自治省とのつながりが期待されるようになって，全国で自治省出身の知事が誕生した。そして1990年代前半にバブル崩壊があらわになると，いくつもの第三セクターが債務を抱えて破綻した。それでも総務省（2001年に自治省から改組）は財政需要を抑制せず，交付税特別会計の赤字は増大していった。こうして地方にかんしても，財政再建がふたたび課題とみなされるようになった。

とはいえ財政再建だけであれば，支出（基準財政需要）を抑制すれば済むことではある。ところが問題は，そこにはとどまらなかった。すでにナショナル・ミニマムの供給が全国で達成され，それ以上のサービスについては，住民の要望が多様化し始めていた。中央政府の監督のままに「サービスも負担も同一水準」にするという戦後地方行政の根本方針にも見直しの目が向けられるようになったのである。住民の要望は地域の実情により異なり，中央で調査・対応すると手間と時間がかかりすぎる。そこで歳出にかかわるサービス内容の決定と中央政府依存の歳入について，検討が行われることとなった。以後，長く続く地方分権改革がここに開始された。

1995年の細川内閣時，5年間の時限立法で「地方分権推進法」が成立する。1999 年には「地方分権一括法」により，機関委任事務が廃止された。地方は正式に中央の出先機関ではなくなったのである。そして量と項目において大幅に縮小された法定受託事務と，地方自治体が主体的に行う自治事務に区別が設けられ，東京都の宿泊税のように，地方税とは規定されない法定外普通税を地方自治体が設けることが認められた。

2003年には小泉政権で「三位一体改革」が実施された。国庫支出金の廃止・縮小，それを穴埋めするための税源移譲，地方交付税交付金の算定の透明化と算定への地方の参画，以上の3つが「三位一体」の内容である。これは歳入にかかわる改革だったが，歳出については2006年に「地方分権改革推進法」が3年の時限立法で成立，2009年には「地方分権改革推進計画」となった。以後2014年までに第1次から4次の一括法が成立，国から地方公共団体への権限の委譲，都道府県から政令指定都市への都市計画等の権限の委譲等が進められた。

3. 現状とその評価

このような地方自治体の公共サービスの現状を，住民はどう評価するだろうか。地方自治体の公共サービスは，公共財と言っても排除不可能性の範囲が異なる。国防や外交などは国土の全域にわたり利用を排除することが不可能であるから，国が提供すべき公共財である。それに対して利用される範囲や排除不可能性が地域に収まるような財はクラブ財と呼ばれ，それが地方政府が供給すべき公共サービスに当たる。

ここで重要になるのが，「足による投票」という概念である。住民が地方自治体の政策を重視して住む場所を決めるならば，提供される公共財の質・量から得られる満足と，担税負担とを比較衡量するだろう。住民は税を支払い公共財から便益を受け取って，満足が大きいと定着し，不満がたまると他の自治体に逃げ出す動機を持つ。このような人口移動現象は，「足による投票」と呼ばれる。地方債を乱発し立派なインフラを整備しても，将来に地方税が高騰したり他のサービス，たとえば教育が貧弱化すると予想されるなら，現時点で公共財を利用し将来には逃げ出すという「食い逃げ効果」が現れる。かくして地方自治体は，住民に逃られないよう，時の流れに沿いつつ適切に住民の満足度を高める競争を強いられるのである。

これまでの経緯を見ても分かるように，地方分権は財政改革をきっかけとして始まった改革であった。その結果として地方行政の歳入と歳出に対する国の関与が弱まり，地方が独自に公共サービスのあり方を決める幅が拡がった。地方分権は長引く不景気と少子高齢化のただ中で行われ，「足による投票」が現実のものとなったため，地方自治体は住民と財源をともに失う危険にさらされている。しかし逆に言えば，それは住民と財源を惹きつけるチャンスでもある。こうして少子高齢化のもと，魅力あるまちづくりを通じて人口と財源とを奪い合う競争が，自治体間で開始されたのである。

住民の経済環境を知るために，まず給与関係経費を地方公務員と民間類似職種との対比で見てみよう[*4]。「清掃関係」で約1.5倍，「調理員」が約1.4倍，「用務員」で約1.8倍，「自動車運転手」が約1.6倍，「守衛」が約1.9倍，「バス運転手」が約1.7倍，1.4倍から1.9倍ということで，総じて地方では公務員の給与が民間より高いということが分る。

また厚生労働省が発表している平成27年度の都道府県別の平均賃金は，全国平均が304.0千円。それよりも高いのは７都府県で，高い順に東京

＊4　財務省主計局（2013）『地方財政について』平成25年５月14日

(図15-3)　都道府県別の平均賃金

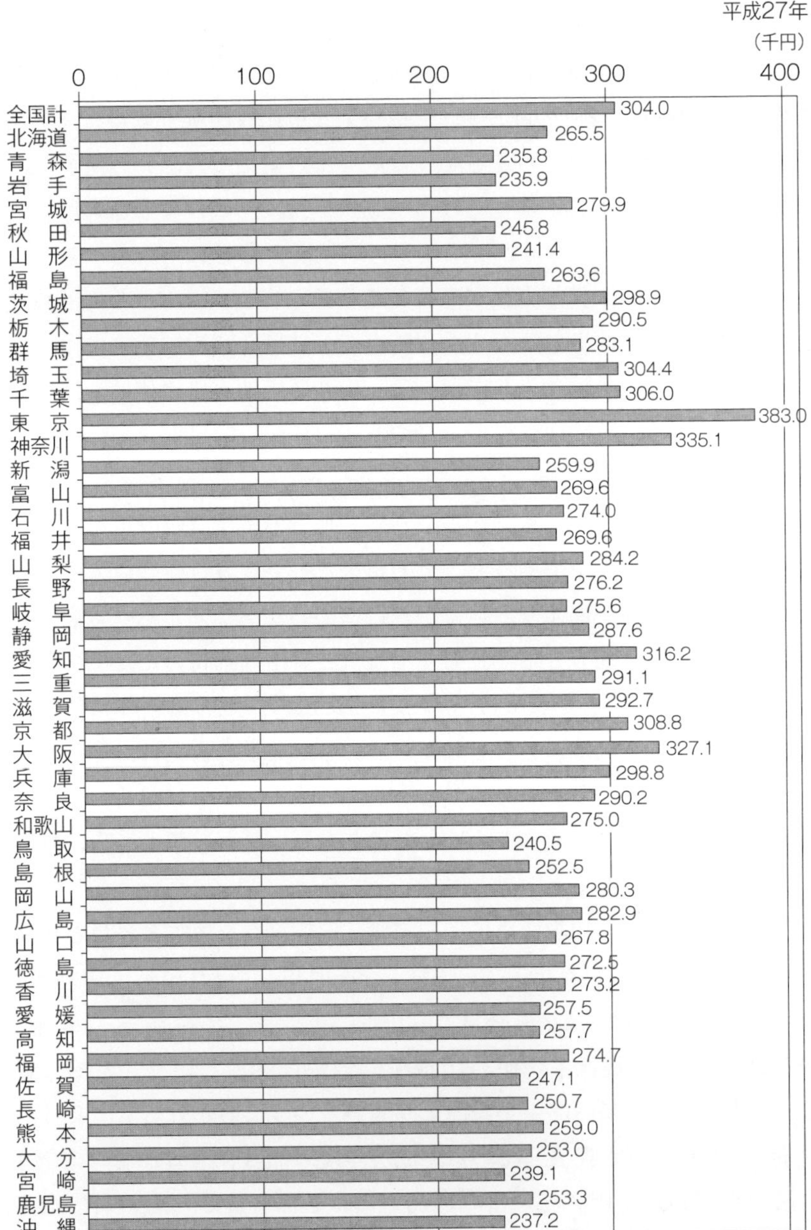

出所：平成27年度賃金構造基本統計調査，厚生労働省

都（383.0），神奈川県（335.1），大阪府（327.1），愛知県（315.2），京都府（308.8），千葉県（306.0），埼玉県（304.4）となっている。240.0千円を切るのは，低い順に青森県（235.6），秋田県（235.8），岩手県（235.9），沖縄県（237.2），宮崎県（238.1）である。地方でいうと，関東，中部，関西，四国，中国，九州，北海道・東北の順になっている。給与・賃金の水準だけで人口が移動するものとすれば，賃金水準に従って人口の吸引力が強く，賃金水準の低い地方には公務員が良い職とみなされ定住していることになる。

では，出費の中心である家賃はどうか。総務省統計局のデータ*5を見ておこう。平成25（2013）年の平均は54,052円で，それを上回るのは4都府県，東京都（77,174），神奈川県（67,907），埼玉県（58,675），千葉県（56,855）である。もっとも安いのは青森県（36,529）で，岩手県（36,679），秋田県（37,158）と続いている。賃金は東京都が宮崎の1.61倍，家賃は同じく2.09倍であるので，賃金と家賃の対比でいえば地方の方が住みやすいことになる。

もちろん賃金と家賃だけが住みたい街の条件ではない。それぞれの街の文化や自然，歴史の特色や仕事の内容，公共サービスのあり方が住民を惹きつけているはずである。それらの全体が影響するであろう「足による投票」の結果としての人口の動向を見ると，名古屋圏・大阪圏では出入がほぼ均衡しており，それ以外の地方圏からは東京圏へと移動が続いている。「東京一極集中」とは，地方圏の間の移動で言えばこのことを指す。

移動には時期が関係していることは明瞭である。高度成長期には地方から東京・名古屋・大阪の三大都市圏へと大人数の人口移動が起きたが，1975年頃に一気に移動が止まり，とくに大阪圏ではマイナスになった。その背景には高度成長期に三大都市圏で工業化が進み雇用が創出され，地方の農村から若者が移動してきたものの，公害に象徴されるごとく大都市では住環境が劣悪化し，他方では公的サービスの均質化が全国で実

＊5 「都道府県，所有の関係別借家数，1か月当たり家賃及び1畳当たり家賃」総務省統計局「住宅・土地統計調査」

（図15-４） 大都市圏の転入・転出超過数の推移（日本人移動者）

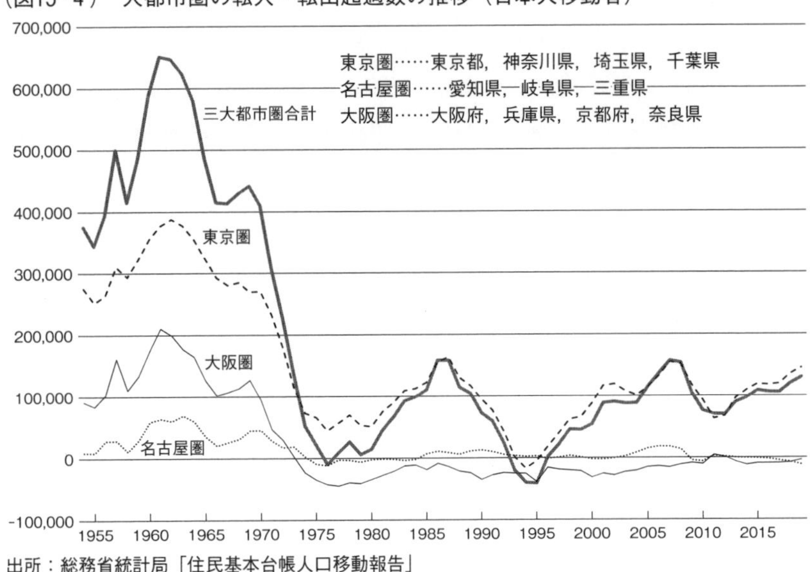

出所：総務省統計局「住民基本台帳人口移動報告」

現したことがある。東京・名古屋圏とその他の地域の住みやすさは，社会インフラがほぼ全国で均質化したことにより，いったん均衡した。

そして地方の財政赤字が問題になり始めた80年代前半に再び移動が活発化したが，バブル期に流れが一気に終息する。これは地方でもリゾート開発などで仕事が多かったせいだろう。90年代にはバブル崩壊後の景気対策で公共事業が増え，そのせいで人口を引き留めたが，公共事業が随時減少していった1990年代後半以降，東京への一極集中が顕著になった。

より詳細に見てみよう。人口の転入超過は，東京だけでなく周辺の千葉・埼玉・神奈川にも及んでいる。これは東京一極集中といいながらも仕事と住まいで違いがあり，住まいは郊外である近隣県にも人口転入超過が拡がっていることを示している。東京への通勤圏は入超なのである。けれども名古屋周辺で言うと，愛知県こそ流入超過だが，近隣の岐阜・静岡・三重・長野はすべて転出超過である。つまり愛知県への転入超過はベッドタウンを自県にとどまらせて他県までは及ぼしておらず，逆に近隣県からも人口を吸収している。大阪圏では大阪府への転入がさほど

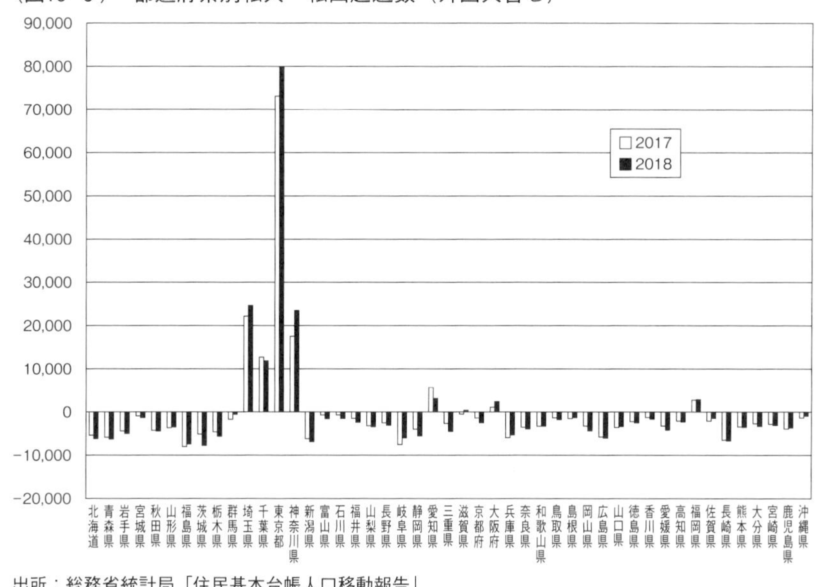

（図15-5）　都道府県別転入・転出超過数（外国人含む）

出所：総務省統計局「住民基本台帳人口移動報告」

多くなく，兵庫・奈良・和歌山では転出が超過している。これは必ずしも圏内の大阪へでなく，東京を含むそれ以外の地域に転出したことを示している。

さらに詳細に目をやると，2015年に転入超過となったのは東京23区の特別区である。次いで大阪市・福岡市・札幌市・川崎市と政令指定都市が続く。川崎市以外は全て県庁所在地である。東京圏のなかでも均等に流入人口が分布しているわけではなく，東京都心とその周辺の一部の人気のエリアへの集中が進んでいる。ベッドタウンとして選ばれる市区町村も埼玉県，千葉県，神奈川県で均等に分布してはおらず，三県も実は過半の市町村が人口減少にさいなまれている。つまり東京一極集中と言われながらも，人口が流入しているのは東京都心と，近県も含み都心への通勤に便利な街，イメージのいい街，中・高所得者向けの新築マンションが多く供給された街なのである。

逆に近年，転出超過となった上位の3市は，北九州市・日立市・東大阪市である。なかでも北九州市の突出ぶりが目立つが，この3市では4

（表15-6）　転入・転出超過数上位20市町村（日本人移動者）（2015年）　（人）

	転入超過数の上位20市町村	2015年	2014年	対前年増減数
1（1）	東京都特別区部（東京都）	68,917	63,976	4,941
2（4）	大阪市（大阪府）	11,662	7,162	4,500
3（3）	福岡市（福岡県）	8,880	7,458	1,422
4（2）	札幌市（北海道）	8,173	8,363	−190
5（5）	川崎市（神奈川県）	7,869	6,553	1,316
6（8）	名古屋市（愛知県）	7,276	5,280	1,996
7（6）	さいたま市（埼玉県）	6,921	5,776	1,145
8（7）	横浜市（神奈川県）	4,026	5,332	−1,306
9（13）	吹田市（大阪府）	3,178	1,939	1,239
10（10）	流山市（千葉県）	2,989	2,387	602
11（18）	藤沢市（神奈川県）	2,233	1,505	728
12（16）	越谷市（埼玉県）	2,181	1,667	514
13（20）	柏市（千葉県）	2,062	1,480	582
14（34）	習志野市（千葉県）	1,902	1,038	864
15（50）	つくば市（茨城県）	1,893	721	1,172
16（506）	調布市（東京都）	1,661	−13	1,674
17（12）	千葉市（千葉県）	1,637	2,169	−532
18（22）	京都市（京都府）	1,629	1,278	351
19（14）	市川市（千葉県）	1,601	1,877	−276
20（61）	豊中市（大阪府）	1,522	593	929

	転出超過数の上位20市町村	2015年	2014年	対前年増減数
1（1）	北九州市（福岡県）	−3,088	−2,483	−605
2（17）	横須賀市（神奈川県）	−1,785	−899	−886
3（5）	長崎市（長崎県）	−1,574	−1,257	−317
4（2）	日立市（茨城県）	−1,504	−1,590	86
5（9）	青森市（青森県）	−1,436	−1,028	−408
6（99）	寝屋川市（大阪府）	−1,363	−408	−955
7（16）	呉市（広島県）	−1,345	−904	−441
8（21）	下関市（山口県）	−1,330	−803	−527
9（3）	東大阪市（大阪府）	−1,186	−1,427	241
10（42）	姫路市（兵庫県）	−1,173	−595	−578
11（13）	静岡市（静岡県）	−1,168	−962	−206
12（15）	堺市（大阪府）	−1,097	−928	−169
13（12）	枚方市（大阪府）	−1,090	−963	−127
14（30）	宇治市（京都府）	−1,083	−720	−363
15（29）	浦添市（沖縄県）	−1,066	−721	−345
16（211）	奈良市（奈良県）	−964	−285	−679
17（6）	佐世保市（長崎県）	−962	−1,199	237
18（49）	八戸市（青森県）	−936	−571	−365
19（26）	河内長野市（大阪府）	−922	−746	−176
20（36）	長岡市（新潟県）	−921	−656	−265

注1）（　）内の数字は2014年の順位。
注2）東京都特別区部は1市として扱う。
注3）転入・転出超過数の「−」は転出超過を表す。
出所：総務省統計局「住民基本台帳人口移動報告」

年連続で1,000人以上も転出超過している。2011年，2012年には震災や放射能などの影響を受け，東北３県には一時的に転出超過になった自治体があるが，それらとは事情が異なるだけに，より構造的な問題が起きていると思われる。

4. 地域再生のゆくえ

それでは地方自治体は人口獲得競争において，どんなまちづくりに取り組んでいるのだろうか。激しい人口流出を起こした自治体は，問題をいかに把握し対処しようとしているのだろうか。大都市圏において特に厳しい人口減少に直面し，対策に取り組んで，改善の兆候が見られる希有な事例として，横須賀市の施策を見てみよう[*6]。

住民基本台帳人口移動報告によると，神奈川県横須賀市は2013年の１年間で転出超過人数が1,772人と全国ワーストを記録している。1992年５月の43.7万人をピークに人口は減少の一途をたどってはいたものの，それがこの時期から一気に加速したのである。2015年に人口は40.2万人まで減り，かつては横浜市・川崎市に次いで県内３位を誇った人口が，相模原市・藤沢市に抜かれて現在は５位に下がっている。死亡が出生よりも多い自然減，転出が転入よりも多い社会減がともに多く，とくに社会減は全国の自治体中のワーストで，原因を突き止めて対策を立てない限り，人口減に歯止めがかからない状況であった。

横須賀市はこうした状況に強い危機感を持ち，人口統計を詳細に分析した。そこで浮き彫りになったのが，20歳代から40歳代，15歳未満の人口の割合が少ないという人口構造のアンバランスであった。年少人口と生産年齢人口がともに減少，一方で老年人口が増加しており，人口減少・少子高齢化という日本全体が抱える問題に直面する典型的な疲弊自治体となっていたのである。中でも20歳代から30歳代の転出超過と転入の少なさが目立っていた。

＊6　横須賀市政策推進部「横須賀市都市イメージ創造発信アクションプラン～結婚・子育て世代から「住むまち」として選ばれるために～」

そこで街のイメージにつきインタビュー調査を行ったところ，市外居住者が横須賀市に居住しない理由としては「職場から遠い，通勤が不便」という印象を持つ者が多いことがわかった。しかし市内居住者の多くは「都心へのアクセスがよく，不便を感じない」と答えており，イメージが実態と乖離していることが判明した。そこで結婚・子育て世代の転入増加を目的に，「子育て・教育環境」の充実，「不動産環境」の向上，「都市イメージ」の創造的発信の3つを人口減対策の指針とした。「子どもが主役になれるまち」として，小児医療費助成の拡充，待機児童ゼロを目標とする保育所定員の確保，学童クラブへの助成，子ども学力向上プロジェクトの推進，子どもが楽しめる公園整備などに積極的に取り組んだのである。地価の割安感も合わせて，正確な都市イメージの発信にも力を入れた。その結果，いまだ転出超過とはいえ，2014年にはその数が前年から半減した。全国ワースト上位の他の市町村がほとんど順位を変えられない中では，目立った成果といえる。

人口の維持・回復には，この事例に見られるように，冷静な現状分析が欠かせない。仕事を求めての転入か，外部に通勤するための居住か，引退後の居住か等，何をどの世代に訴えるのか。またそれを可能とする財源や資源を持ち合わせているのか。他の自治体と競合していないのかを，詳細に検討する必要がある。それは企業が市場を分析して財・サービスを提供するのと同じで，前例に倣うだけだったり他を真似したりでは，競争を勝ち抜けない。ところが多くの地方自治体には，そうした冷静な分析を欠いたまま，思い込みにもとづき似たような対策を講じてきた嫌いがある。

なかでも多くの地方自治体が試みたのが，補助金を用いて外部から企業を誘致することであった。そのひな形となったのが，プロジェクト型地域開発である*7。1987年の第四次全国総合開発計画（四全総）以降，内需拡大策として都市再開発・リゾート開発に巨額の投資がなされ，当時のバブル景気もあって空港や高速道路，新幹線が建設されていった。

＊7　岡田知弘（2005）『地域づくり経済学入門』自治体研究社

けれども新幹線の駅が出来るだけで，田畑の拡がる駅前に突然商圏が生まれるはずがない。大型商業施設を誘致し雇用が生まれたとしても，利潤は地元に住まない株主に流れ，地元の商店街はシャッター通りと化して，逆に荒廃が進んだ地方自治体も珍しくない。

商業施設の誘致については，東京に本店のある大型商業施設を誘致しても根付かないという困難さが，宇都宮市に見られる*8。宇都宮市では，東京にある大型商業施設を次々に誘致したもののいずれも短期間で閉店，地元資本の商業施設も撤退した。地理的条件ゆえに，「東京志向」が商業振興にはつながらなかったのであろう。宇都宮市からだと，新幹線で足を伸ばせば東京にある本家の施設が体験できる。それゆえ地元民はさほどの刺激を受けるわけではなく，東京からの観光客も惹きつけることはできない。餃子のテーマパーク「宇都宮餃子共和国」ですら閉館を余儀なくされた。生産人口が減る一方で高齢人口は増えている。総人口は増加しているだけに，東京志向の施策が年齢分布に合致していない可能性が示唆されている。

さて，地方自治体ならではの財産とは何だろうか。その地域にのみ存在して他の地域にないものであろう。三大都市圏には資本財が集積し，利潤獲得機会に出会いやすいことが特徴である。一方，地方には，クラブ財以外にも自然，歴史，街並みや人情といった共有資本が，衰退を余儀なくされたとはいえ残ってはいる。地価や家賃が賃金に比べて割高な東京圏に人口が流入しつづけているということは，地方の企業や自治体には，共有資本の特色や魅力を発見し，街の魅力に仕立て上げるだけの自己認識力が不足しているからではないか。

もちろん外国人や都会からの観光客を惹きつけるとなると，地方の従来のやり方だけでは難しい。調理やもてなし，交通の便や空調に至るま

＊8　2000年代に地場の上野百貨店が破綻，福田屋百貨店は郊外へ移転，ロビンソン百貨店・西武百貨店が撤退，専門店ではロフト，アムス，109が撤退した。フードテーマパークの「宇都宮餃子共和国」も一年もたずに撤退している。久繁哲之介（2012）『地方再生の罠』ちくま新書，参照。ちなみに宇都宮市は2007年には建築・土木・造園などの専門家からなる「美しい景観を創る会」により「日本の悪い景観百選」にも選ばれている。一方，技術の高いカクテル・バーや古民家を使ったカフェには外部から訪れる人も多い。

（図15-7） 古民家ステイ

出所：茅葺き民家『雲外』 HP「桃源郷祖谷の山里」

で，地元民の視点からではなく，観光客の立場で魅力を感じることが求められる。地方固有の魅力を伝えながらも，都会人にとって不便さや過ごしにくさを感じるものであってはならないのである。

海岸線をコンクリートで埋め，道路と空中を電柱と電線が覆い，江戸時代に建った古民家を壊してきた日本社会をかねてから批判してきた東洋文化研究科の A. カーは，徳島県三好市祖谷で茅葺き屋根と囲炉裏を持つの古民家を再生し，「古民家ステイ」事業を推進している。儚くも美しい日本古来の伝統家屋に，ウォシュレットや床暖房，IH のシステムキッチン，Wi-Fi といった現代の設備を取り入れて，交通では不便な土地柄ながら，都会人の人気を呼んでいる*9。都会人が不可欠と考える設備を前提しつつ，地方ならではの景観や家屋の魅力を打ち出した点が，日本にあっては斬新と映るのだろう。

美しく再生した都市として「世界のモデル」とまで評されるスペインのバルセロナ市は，「官が空間を民が建物を」の方針で一時期の財政難を克服，世界有数の観光都市となった。美しく広大なビーチ，ピカソ美術館を含む中世の街並みやサグラダ・ファミリアは市が都市計画によって適切に区分けし，ハイパーモダンなビル，世界一のサッカーチームと

*9 A. カー（2000）『美しき日本の残像』朝日文庫

合わせて観光客にとって見どころが満載となっている。古い街並みという共有資本を壊すことなく巧みに生かし，民間資本が建設するモダンなビルと都市計画的に対置したことで，幽玄さをも湛える空間となったのである。日本の地方自治体も，外部から大型施設を誘致するだけの安易な路線を脱し，共有資本の美や愉しさを現代に生かすまちづくりを通じて，商業振興を図るべきであろう。

参考文献

・岡田知弘（2005）『地域づくり経済学入門』自治体研究社
・岡本全勝（2003）『新地方自治入門』時事通信社
・A. カー（2000）『美しき日本の残像』朝日文庫
・久繁哲之介（2012）『地方再生の罠』ちくま新書

研究課題

1．東京都は，賃金とともに家賃で他府県を上回るが，賃金の倍率は家賃のそれを下回っている。その点では住みにくい土地柄と言え，それは合計特殊出生率が1.13と全国で最低である点に表れている。それにもかかわらず東京一極集中が進んでいるのにはどのような事情が考えられるか。議論しなさい。

2．地方都市の再生は，東京の特徴を模倣するよりも固有の個性を持つことが必要と思われる。特定の地域を取り上げ，文化資本に注目したときにどのような再生策がありうるか検討しなさい。

索引

●配列は五十音順。欧文は ABC 順。＊は人名。『 』は書名。

●さ　行

●た　行

●な　行

●は　行

●ま 行

●や 行

●ら 行

著者紹介

松原隆一郎（まつばら・りゅういちろう）

1956年　神戸市生まれ
　　　　東京大学工学部都市工学科卒，同大学院経済学研究科博士課程単位取得退学
現　在　東京大学大学院総合文化研究科教授
　　　　国土強靱化懇談会委員，無電柱化推進のあり方検討委員会委員，杉並区では芸術会館運営評価委員会座長を務める
専　攻　社会経済学，経済思想
主な著書　『経済思想入門』（ちくま学芸文庫）
　　　　『ケインズとハイエク』（講談社新書）
　　　　『日本経済論』（NHK 新書）
　　　　共著に小池百合子都知事との『無電柱革命』（PHP 新書）等がある。

放送大学大学院教材　8931011-1-2211（ラジオ）

改訂版　経済政策

発　行　　2022年３月20日　第１刷
著　者　　松原隆一郎
発行所　　一般財団法人　放送大学教育振興会
　　　　　〒105-0001　東京都港区虎ノ門1-14-1　郵政福祉琴平ビル
　　　　　電話　03（3502）2750

市販用は放送大学大学院教材と同じ内容です。定価はカバーに表示してあります。
落丁本・乱丁本はお取り替えいたします。

Printed in Japan　ISBN978-4-595-14178-2　C1333